ro
ro
ro

Zu diesem Buch

Guten Sex kann man lernen. Und das Tolle dabei: Schon das Üben macht unglaublich viel Spaß. Ein bisschen Technik, etwas Verführungskunst plus eine Menge Gefühl – das ist die Gleichung, die Männer und Frauen auf Dauer glücklich macht. Werden Sie G.i.B. – «Gut im Bett»!

rororo

Die Autorin

Katja Hertin, Jahrgang 1967, ist als Textchefin bei Cosmopolitan u. a. für die Ressorts Sex, Liebe und Psychologie zuständig. Sie lebt mit ihrem Mann in München.

Katja Hertin

G.I.B. – Gut im Bett

Rowohlt Taschenbuch Verlag

Originalausgabe
Veröffentlicht im Rowohlt Taschenbuch Verlag,
Reinbek bei Hamburg, Februar 2004

Redaktion Friederike Bilinski
Umschlaggestaltung any.way, Martina Kloke
Satz Proforma Postscript (QuarkXPress)
bei KCS GmbH, Buchholz/Hamburg
Druck und Bindung Clausen & Bosse, Leck
Printed in Germany
ISBN 3 499 61586 x

Die Schreibweise entspricht den Regeln
der neuen Rechtschreibung.

INHALT

Vorspiel

Als V.I.P. dürfen Sie in der Promi-Disco kostenlos Champagner süffeln, als G.I.B. kommen Sie – ebenfalls gratis – in den Genuss weit erlesenerer Köstlichkeiten. Na klar, die Rede ist von Sex, von gutem, von wunderbarem, von unbeschreiblich tollem Sex. Die Sorte, nach der man süchtig ist, wenn man einmal davon gekostet hat. Das Buch, das Sie gerade in der Hand halten, hat vor allem ein Ziel: Ihnen zu vielen dieser sexuellen Höhenflüge zu verhelfen. Damit das klappt, ist von Ihnen persönlicher Einsatz gefordert. Um gut im Bett (kurz: G.I.B.) zu werden, reicht es nicht, dass Sie hier einfach nur ein bisschen herumschmökern. Sie müssen auch so einige Dinge mal ausprobieren, um herauszufinden, was Sie (und Ihren Partner) anmacht. Und was nicht.

In vielen Büchern mit Sex-Tipps wird so getan, als wären alle Menschen gleich gestrickt. Doch leider gibt es keine Supertricks, die jeden «garantiert» in Ekstase versetzen, denn das erotische Erleben ist so individuell wie ein Fingerabdruck. Die größten Pleiten im Bett habe ich beim Nachstellen von raffinierten Spezialmethoden anderer erlebt. Der Blow-Job mit zwei Esslöffeln Basmatireis im Mund – ein Trick, auf den eine Freundin schwört – gehört ganz oben auf meine persönliche Liste der Erotik-Flops. Obwohl wir anschließend viel zu lachen hatten …

Reinfälle beim Experimentieren gehören eben dazu, wenn man G.I.B. sein möchte. Dafür gibt es ja auch zur Belohnung die vielen überraschenden «Oh ja, mach weiter»-Erlebnisse. Wichtig ist nur, dass Sie nie aufhören zu erforschen, was Ihnen Freude bringt, sonst bekommt Ihr Sexleben irgendwann etwas Mechanisches und erstarrt in Routine.

Raffinierte Techniken, neue Stellungen, erregende Spielideen – all das können Sie in diesem Buch finden. Aber um gut im Bett zu sein, braucht es noch viel mehr – nämlich Sinn für Sinnlichkeit, ein Wissen um die körperlichen und seelischen Bedürfnisse des Partners, Kommunikationsfähigkeit, Einfühlungsvermögen, Phantasie, Mut, Neugier … Aus diesem Grund beschäftigt sich dieses Buch in weiten Teilen nicht nur mit der technischen, sondern auch mit der psychologischen Seite der Sexualität, denn unsere größte erogene Zone ist bekanntlich der Kopf.

Ein Großteil der Ratgeber-Literatur zum Thema Sex wendet sich ausschließlich an Frauen, offenbar ist beim weiblichen Geschlecht das Bedürfnis nach erotischer Fortbildung größer. Aber was nützt es, Sexgöttin zu sein, wenn der Mann, mit dem man die Matratze teilt, nicht auf demselben Niveau lieben kann? Denn schließlich ist das Gleichgewicht von Geben und Nehmen eine wichtige Grundlage für erfüllten Sex. Und nur weil man per Zufall mit Y-Chromosom auf die Welt gekommen ist, muss man ja nicht automatisch ein begnadeter Liebhaber sein.

Aus diesem Grund spricht «G.I.B. – Gut im Bett» Frauen wie Männer an. Das hat den positiven Nebeneffekt, dass Sie selbst dazulernen können und gleichzeitig die Möglichkeit haben, Ihren Partner auf das eine oder andere hinzuweisen, was er mal bei Ihnen ausprobieren sollte. Weite Teile des Buchs sind für beide Geschlechter interessant; alle Passagen, die speziell für sie oder für ihn geschrieben sind, habe ich entsprechend gekennzeichnet. Aus praktischen Gründen beschränke ich mich überall dort, wo Männlein und Weiblein gleichermaßen angesprochen werden, auf die männliche Form («Partner», «Liebhaber» etc.). Jedes Mal die weibliche Endung in Klammern einzufügen, würde Ihren Lesespaß mit Sicherheit nicht vergrößern. Und den haben Sie hoffentlich mit diesem Buch, denn Sex soll ja keine trockene Wissenschaft und kein stressiger Leistungssport sein, sondern eine vergnügliche Beschäftigung!

1. Kapitel Was heisst hier gut im Bett?

Frauen und Männer verraten, worauf es ankommt beim Sex

Repräsentativ ist sie nicht, diese Umfrage. Aber aufschlussreich. Zum einen zeigt sie, dass «gut im Bett» für jeden eine etwas andere Bedeutung hat – die Geschmäcker sind eben auch in erotischer Hinsicht verschieden. Zum anderen gibt es aber auch bestimmte Wünsche an Mr. und Mrs. Supersex, die von den Befragten immer wieder genannt werden. Überlegen Sie sich, bevor Sie weiterlesen, was Sie von einem guten Liebhaber erwarten. Interessant wäre es sicher auch, Ihren Partner zu diesem Thema zu interviewen. Vielleicht finden Sie ein Statement oder eine Mischung von mehreren, die Ihre Meinung widerspiegelt. Vielleicht haben Sie aber auch ganz andere Vorstellungen ...

Benedikta, Friseurin, 19 Liebhaber

Das A und O für tollen Sex ist die Verführung. Ein guter Liebhaber muss diese Kunst beherrschen. Wie das funktioniert, kann ich gar nicht so genau erklären. Er muss mir das Gefühl geben, dass es zumindest in diesem Moment niemanden gibt, der mich ersetzen oder übertreffen kann. Dass der Augenblick besonders exklusiv für ihn ist. Selbst wenn es nur um pure Erotik geht, weil die Gefühle für eine Beziehung nicht da sind, muss er mich liebevoll und leidenschaftlich behandeln.
Die Verführung darf ruhig direkt sein. Ich lasse mich gerne nehmen und mag es, wenn ein Mann im Bett die Sau rauslässt. Nur im Bett, wohlgemerkt. Er soll ansagen, worauf er Lust hat. Ich mache ihm das lieber ohne Worte klar, indem ich meinen Körper spre-

chen lasse. Auf Küsse lege ich keinen großen Wert, wichtiger sind mir tiefe Blicke, in denen sich die Leidenschaft spiegelt. Männer, die nur darauf erpicht sind, mich zum Orgasmus zu bringen, machen mich nervös. Ich brauche das Gefühl, ihm etwas geben zu können, sonst vergeht mir die Lust.

Kommen wir zu den Äußerlichkeiten: Mein Traummann hat kräftige, sehnige Arme, breite Schultern und Haare auf der Brust. Gegen ein Bäuchlein habe ich nichts einzuwenden, das finde ich sogar erotischer als ein Waschbrett. Ein großer Schwanz ist geil – aber mehr aus Gründen der Optik. Beim Sex selbst tun's auch kleinere, wendige Exemplare.

Auf derbes Dirty Talking stehe ich nicht besonders. Da komme ich mir schnell wie eine Pornodarstellerin vor. Abtörnend finde ich auch die überraschende Aufforderung «Los Baby, sag mir schmutzige Sachen!». So was reißt mich völlig raus, weil ich nur noch darüber nachdenke, was ich denn jetzt sagen könnte. Zum Weglaufen sind auch Ohrschlecker – iiih! Wobei: Wenn er anfangs ein paar Schnitzer in dieser Art macht, würde ich darüber wegsehen und ihm noch eine Chance geben. Meist wird der Sex ja erst so richtig gut, wenn man sich besser kennt.

Mark, Filmkaufmann, 80 Liebhaberinnen

Ich kann keine spezielle Technik oder keinen besonderen Trick nennen, der eine Frau automatisch zu einer Wahnsinns-Liebhaberin macht. Was «gut im Bett» für mich bedeutet, lässt sich am besten in dem Wort Hingabe zusammenfassen. Wenn eine Frau weiß, was ihr selber gut tut, und dabei noch die Fähigkeit besitzt, sich fallen zu lassen, dann ist das einfach wunderbar. Sie muss meinen Körper mitsamt meinem Penis genauso schön finden und gerne berühren, wie ich alles an ihr schön finde, gerne berühre, rieche, schmecke. Ansonsten ist das Begehren einseitig, und das wird sehr schnell langweilig. Sie muss Spaß daran haben, gemeinsam neue

Dinge zu entdecken, und darf durchaus auch mit Worten ihrer Lust Ausdruck verleihen.

Dumm fickt gut – dieser Spruch ist falsch. An aufregendem Sex ist immer auch der Kopf beteiligt, deshalb kann ich nur mit klugen Frauen Spaß im Bett haben. Zu einer guten Liebhaberin gehört außerdem die Fähigkeit, über sich selbst zu lachen. Wer alles so ernst und verbissen sieht, wird auch beim Liebesspiel nicht locker.

An Kleidung und Styling törnt mich nur ab, was künstlich aufgesetzt wirkt. Wenn eine Frau beispielsweise häufig Strapse trägt, weil sie sich damit sexy fühlt, finde ich das toll. Aber wenn sie sich verkleidet, um mir zu gefallen, schreckt mich das ab. Ich bin sicher, dass jeder halbwegs sensible Mann den Unterschied spürt.

Noch ein Geständnis: Ich habe Schwierigkeiten, mit einer Frau unter die Bettdecke zu steigen, die stark Dialekt spricht – selbst wenn sie noch so schnuckelig aussieht. Ich weiß, dass das unfair und oberflächlich ist. Aber ich kann es nicht ändern.

Susanne, Biologin, 8 Liebhaber

Für mich ist Sensibilität die wichtigste Eigenschaft, die ein Mann im Bett haben muss. Das bedeutet vor allem, dass er bereit ist, zu erkunden, was mir beim Sex Spaß macht und was nicht. Zum Thema Sensibilität gehört auch, dass er spürt und akzeptiert, wenn ich mal keine Lust auf eine bestimmte Stellung habe. Oder keine Lust auf Sex.

Das Zweite, was ein guter Liebhaber mitbringen muss, ist Erregbarkeit: Sex mit Männern, die schon Herzrasen bekommen, wenn man sie auf den Hals küsst, macht einfach mehr Spaß! Was jetzt nicht heißen soll, dass mein Partner im Bett eine große Show abziehen soll. Es geht einfach darum, dass er seine Erregung bewusst wahrnimmt und sie mir zeigt.

Ich finde, dass der technische Aspekt beim Sex überschätzt wird. Natürlich ist es wichtig, Positionen und Praktiken zu finden, die beiden möglichst viel Lust bereiten. Aber der größte Kamasutra-Meister kann mir gestohlen bleiben, wenn er sich im Bett rücksichtslos benimmt. Eine Technik sollte ein guter Liebhaber allerdings doch beherrschen: Er sollte dazu in der Lage sein, seinen Orgasmus hinauszuzögern und zu kontrollieren – und zwar ohne mir durch lange Cool-down-Phasen den Spaß zu verderben. Gefühlvolle, aber kräftige Finger, die wissen, was sie tun, sind auch nicht zu verachten. Kommunikation im Bett ist wichtig, aber nicht ganz einfach. Männer, die beim Sex gerne viel reden, finde ich genauso anstrengend wie solche, die keinen Pieps von sich geben und beim Wort Orgasmus rot werden. Guter Sex braucht Austausch, aber ein Wort hier, ein Signal dort ist meistens schon genug.

Michael, Koch, um die 1000 Liebhaber(innen)

In Sachen Sex habe ich so ziemlich alles ausprobiert, was es gibt. Hauptsächlich habe ich Erfahrungen mit Männern gemacht, aber wenn es sich ergab, habe ich auch mit Frauen geschlafen. Neben meinem Beruf beschäftige ich mich mit keiner anderen Sache so intensiv wie mit Sex. Trotzdem bin ich der Meinung, dass ein guter Liebhaber gar nicht so viel Erfahrung braucht. Wichtig ist vor allem, dass er sich ganz und gar auf die Situation einlassen kann. Auch ausdauernd sollte er sein, denn für richtig aufregenden Sex muss man sich Zeit nehmen – obwohl ein leidenschaftlicher Quickie hin und wieder auch toll sein kann. Außerdem muss ein guter Liebhaber in der Lage sein, sexuelle Phantasien zu entwickeln und sie auszuleben. Es gibt nichts Schlimmeres als einen Kerl, der sich ins Bett legt und sagt: «Jetzt mach mal.» Genial ist es, wenn er anhand meiner Reaktionen selbst herausfindet, was mir gefällt. Plumpe Fragen im Stil von «Worauf stehst du eigentlich?» heizen meine Lust nicht gerade an.

Furchtbar finde ich es, wenn jemand direkt vor dem Sex unter die

Dusche springt – ich will doch nicht mit einem Stück Seife ins Bett gehen. Natürlich ist ein gepflegter Körper wichtig, aber Duschgel oder Deo dürfen nicht den individuellen Körperduft verdecken. Allergisch reagiere ich auch auf peinliche oder schlecht sitzende Unterwäsche – da geht bei mir gar nichts mehr.

Sabine, Bankangestellte, etwa 30 Liebhaber

Oralsex ist ein Must für einen guten Lover. Schließlich ist das im Allgemeinen die sicherste Methode, um eine Frau zum Höhepunkt zu bringen. Und natürlich braucht er geschickte Hände. Ein Mann, der an meinen erogensten Stellen mechanisch rumrubbelt, ist ein Albtraum. Da ich keine Lust habe, ihm beim Sex detaillierte Hinweise wie «Weiter nach rechts» oder «Tiefer» zu geben, sollte er sensibel genug sein, um meine körpersprachlichen Signale deuten zu können. Wenn er merkt, dass ich meine Hüfte hochdrücke oder zur Seite rutsche, sollte er daraus die richtigen Schlüsse ziehen und sich in eine bessere Position manövrieren.
Für einen guten Liebhaber ist der Sex nicht automatisch mit seinem Orgasmus beendet. Wenn ich noch nicht auf meine Kosten gekommen bin, sollte er zu einem Nachspiel bereit sein. Zu erfüllendem Sex gehört bei mir ein enger Körperkontakt. Ich will möglichst viel Haut spüren. Von daher ist es schon mal ein schlechtes Zeichen, wenn ein Lover sein T-Shirt anlässt oder mich nicht komplett ausziehen will. Für mich signalisiert das, dass es ihm nur um eine schnelle, unpersönliche Nummer geht.

Paul, Schauspieler, etwa 100 Liebhaberinnen

Früher fühlte ich mich in meiner Männlichkeit bestätigt, wenn eine Frau gleich mit mir ins Bett wollte und sehr schnell zu tabulosen Sexpraktiken bereit war. Heute lasse ich mir lieber Zeit, finde es sehr schön, wenn man sich erst mal ein bisschen besser kennt, bevor man miteinander schläft. Eine Partnerin, von der ich schon nach fünf Minuten alles haben kann, interessiert mich nicht mehr. Anders sieht die Sache aus, wenn man ein Paar ist. Dann ist Spontaneität etwas Wunderbares. Egal, wo man gerade ist – auf einer Party, beim Einkaufen, zu Hause –, ein tiefer Blick in die Augen, und beiden ist klar: Es muss sofort sein. Außer im Lift und im Flugzeug habe ich deswegen auch schon alle üblichen Sex-Locations ausprobiert.

Von meiner Partnerin wünsche ich mir, dass sie genauso spontan und experimentierfreudig ist wie ich. Auf Frauen, die sich im Bett wie eine unerfahrene Klosterschülerin benehmen, stehe ich nicht. Ich will auf gleicher Augenhöhe lieben und nicht den Lehrer spielen müssen. Meine Traumfrau darf ruhig brüllen beim Sex, auch gegen Dirty Talking habe ich nichts einzuwenden, wenn sie es mag. Falls sie Lust hat, etwas aus Lack, Leder oder Latex ins Liebesspiel einzubeziehen – sehr gerne. Aber es muss nicht unbedingt immer so wild zugehen. Ich finde auch intime, vertraute Sachen schön, zum Beispiel wenn eine Frau sich nach dem gemeinsamen Schaumbad von mir rasieren lässt. Oder wenn sie mich rasiert. Egal, was wir machen, wichtig ist, dass ich merke, dass sie es gerne tut. Wenn eine Frau beispielsweise beim Oralsex nicht schlucken will, dann lasse ich es lieber ganz. Denn offenbar ist sie nicht mit wirklichem Spaß bei der Sache. Ach ja: Toll ist es, wenn sie beim Orgasmus ejakuliert. Das habe ich ein paar Mal erlebt und fand es sehr aufregend!

Marie, Drehbuchautorin, 62 Liebhaber

Wann ein Mann gut im Bett ist? Das kann ich ziemlich genau sagen: Also auf jeden Fall muss er ganz viel küssen – nicht nur beim Vorspiel, sondern auch währenddessen. Er muss eine animalisch-wilde Seite haben, darf gerne auch mal dominant sein. Auf Kuschel-Sex stehe ich überhaupt nicht.

Wichtig ist, dass er gut zupacken kann und mit seinen Händen meinen Körper erforscht. Außerdem macht es mich an, wenn er beim Sex mit mir redet, womit ich jetzt nicht Dirty Talking meine. Er soll mir sagen, wie begehrenswert er mich findet, warum er in dieser Sekunde unbedingt mit mir schlafen muss, was ihn anmacht. Entscheidend ist, dass ich merke, dass seine Leidenschaft mir gilt und es ihm nicht einfach darum geht, mit irgendeiner Frau Sex zu haben. Natürlich braucht ein guter Liebhaber ein bisschen Kondition. Eine Gesamtspielzeit von einer halben Stunde sollte mindestens eingehalten werden. Und wenn er vor mir kommt, dann sollte er so nett sein und nach seinem Orgasmus die Energie für eine kleine Nachbereitung bei mir haben. Ein toller Lover weiß, dass das Rein und Raus beim Geschlechtsverkehr nicht alles ist. Ich mag es zum Beispiel, wenn er seinen Schwanz in mir rotieren lässt. Auch auf Analsex sollte er abfahren, das ist meine Spezialität. Und was die Äußerlichkeiten angeht: Tätowierungen und Piercings können was Schönes sein. Ansonsten ist mir nur wichtig, dass er im Gesicht gut rasiert ist, damit er meine Haut nicht mit seinen Stoppeln zerkratzt.

Stephan, Lehrer, 15 Liebhaberinnen

Guter Sex muss bei mir immer als Tonfilm ablaufen. Es macht mich unwahrscheinlich an, wenn eine Frau im Bett laut ist. Ich will sie stöhnen, schreien, seufzen hören. Dann weiß ich, dass sie mit Haut und Haaren dabei ist. Ich liebe es, wenn es leidenschaftlich und wild zur Sache geht. Richtig wehtun sollte es allerdings nicht. Ich habe schon mehrfach unangenehme Erfahrungen mit Frauen gemacht, die mit meinem Penis ziemlich rabiat umgegangen sind. Viele wissen gar nicht genau, wie sie einen Mann richtig anfassen sollen, sondern rubbeln einfach wild drauflos.
Sehr geil kann es sein, beim Sex mit Kleidung zu spielen. Ich spreche jetzt nicht von Strapsen oder anderer Reizwäsche – das sieht

meistens einfach nur billig aus. Viel erregender ist es, wenn sie zur Abwechslung mal ein knappes Hemdchen oder ihren Rock anlässt. Nicht alles sehen, sondern manches nur erahnen zu können hat einen ganz eigenen Reiz.
Man sagt zwar, dass Männer nur eine erogene Zone haben, aber auf mich trifft das nicht zu. Ich genieße es, wenn meine Partnerin meinen Körper mit Küssen bedeckt und sich nicht gleich auf meinen Unterleib stürzt. Und mit noch einem Klischee will ich aufräumen: Es stimmt nicht, dass Männer nach dem Sex vor allem ihre Ruhe haben wollen. Ich finde es herrlich, wenn man sich danach noch eine Zeit lang in den Armen liegt. Eine Frau, die gleich aufspringt, um sich zu duschen, ist nichts für mich.

Maria, Journalistin, 11 Liebhaber

Ob ein Mann als Liebhaber infrage kommt oder nicht, entscheide ich beim Küssen. Wenn er mich in dieser Disziplin überzeugt, darf's weitergehen. Und zwar möglichst stürmisch und leidenschaftlich. Da ich selbst im Bett eher schüchtern bin, lasse ich mich gerne von ihm mitreißen. Trotzdem sollte ein guter Liebhaber ein feines Gespür für Grenzen und Zwischentöne haben. Wenn er zu früh zu weit geht, schalte ich auf Abwehr. Unsensibel finde ich es auch, wenn er versucht, den Sex auf Teufel komm raus zu erzwingen, selbst wenn meine Stimmung gar nicht danach ist.
Ich mag es, wenn ein Mann mir sagt, auf was er gerade besonders Lust hat. Aber auch hier kommt es auf das Wie an. Nüchterne Ansagen wie «Jetzt mach dies, jetzt mach das» törnen mich ab. Dadurch bekommt das Liebesspiel so etwas Technisches. Seine erotischen Wünsche sollte er so in Sprache verpacken können, dass sie auch mich erregen. Und noch etwas erwarte ich von einem guten Liebhaber: Er muss mit mir zusammen über kleine Missgeschicke und Pannen lachen können. Wer da bierernst bleibt, wirkt auf mich verklemmt.

Thomas, Verkaufsleiter, etwa 25 Liebhaberinnen
Eine Frau, die gut im Bett ist, sollte Souveränität und Ruhe ausstrahlen. Sie lässt sich langsam in die erotische Situation hineingleiten, nimmt sich die Zeit, um erst einmal meinen Körper zu erkunden, und stürzt sich nicht gleich hektisch auf meinen Penis. Wenn sie in einer Sekunde von null auf hundert beschleunigt, artet das für mich in Hochleistungssex aus.
Eine gute Liebhaberin sollte keinen Ekel vor Körpersäften haben. Meinen Schwanz nimmt sie ebenso gerne in ihren Mund, wie sie sich von mir lecken lässt. Wichtig ist, dass sie ein entspanntes Verhältnis zu ihrem Körper hat. Sex im Dunkeln ist zwar immer noch besser als gar kein Sex, aber mit Licht an macht es eigentlich immer mehr Spaß. Ich will was zu gucken haben, und das sollte ihr keine Probleme bereiten. Außerdem muss sie ihren Körper gut genug kennen, um zu wissen, wie sie zum Orgasmus kommt. Und auch keine Scheu davor haben, mir das mitzuteilen. Ein Feedback in Form von Stöhnen oder «Mach weiter so» finde ich wichtig, damit ich weiß, dass ich auf dem richtigen Weg bin. Zudem finde ich es sehr erregend, wenn ich merke, dass sie genießt, was ich tue. Umgekehrt gefällt es mir bei einer Frau sehr gut, wenn sie sich echte Mühe gibt, herauszufinden, was mir besonders gut gefällt. Sie sollte die Initiative nicht ausschließlich mir überlassen, sondern auch selbst tatkräftig sein und neue Anregungen geben.
Eine tolle Form von Vorspiel ist es, wenn sie mit mir außerhalb des Schlafzimmers über Sex spricht. Über Dinge, die sie gelesen, gehört, gesehen hat, gerne mal tun würde oder seltsam findet. Mal abgesehen davon, dass man bei diesen Gesprächen auch viel lernen kann, wirken sie auch sehr erregend auf mich. Was ihr Aussehen betrifft, bin ich nicht festgelegt. Das Einzige, was ich nicht mag, sind Frauen, die so dünn sind, dass man ihre Knochen klappern hört. Auf einen kräftigen Hintern lege ich mehr Wert als auf einen großen Busen. Schön ist auch eine (teil)rasierte Muschi, denn das sieht selbstbewusst, gepflegt und einladend aus. Einfach sexy!

Annika, Anwältin, 35 Liebhaber

Erstaunlicherweise war mir früher der Körperbau eines Mannes ziemlich egal. Erst mit etwa 30 bin ich drauf gekommen, dass der Sex mit einem gut trainierten Lover deutlich mehr Spaß macht. Ein Körper, der regelmäßig gefordert wird, fasst sich einfach besser an. Zudem haben Männer, die regelmäßig Sport machen oder in ihrem Job Muskeleinsatz bringen müssen, häufig ein besseres Körpergefühl. Zugegeben: Auch ein großer Penis macht mich an. Doch was ich gar nicht leiden kann, sind Männer, die allzu fixiert auf ihn sind. Ein guter Liebhaber weiß, dass die meisten Frauen nicht allein durch seinen Schwanz zum Orgasmus kommen können – und er handelt auch dementsprechend. Und zwar ohne seiner Partnerin das Gefühl zu geben, dass mit ihr etwas nicht stimmt, wenn sie beim Vögeln nicht kommt. Dementsprechend erwarte ich von einem guten Liebhaber, dass er Oralsex und Handarbeit mit genauso viel Engagement betreibt wie den Geschlechtsverkehr. Und zwar nicht aus Pflichtgefühl, sondern mit echtem Spaß an der Sache! Und mit Kreativität! Nicht immer die gleiche Nummer, von der er weiß, dass sie funktioniert. Abwechslung muss ins Spiel kommen, damit das Ganze nicht zur Gähn-Nummer wird.

Ein toller Lover ist jemand, der mich immer wieder zu überraschen weiß mit seinen erotischen Wünschen und Phantasien. Jemand, der nicht auf eine stereotype Männerrolle festgelegt ist, sondern sich traut, Grenzen zu überschreiten. Was jetzt nicht heißen soll, dass ich auf Softies stehe. Stark und bestimmend darf er schon sein. Aber eben auch offen für jede Art von Experiment. Mit einer Portion Dreistigkeit oder Draufgängertum. Da ich als Juristin viel mit Sprache zu tun habe, sollte er mit Worten umgehen können. Sie haben eine große Verführungskraft für mich. Allerdings mehr vor dem Sex, nicht wenn man gerade mittendrin ist. Oder am Telefon, um die Vorfreude auf ein Wiedersehen zu steigern. Zwei Dinge finde ich an einem Mann übrigens äußerst unsexy: Geiz sowie ein extremes Bedürfnis nach Sauberkeit und Ordnung.

Bernd, Musiker, um die 40 Liebhaberinnen

Es ist schon seltsam: Die meisten Frauen, die ich kenne, quälen sich, um abzunehmen, damit sie attraktiv sind. Doch wir Männer haben in der Regel überhaupt nichts einzuwenden gegen eine üppige Figur! Also ich jedenfalls mag es gerne handfest im Bett. Nicht nur was ihren Körper angeht …

Absolut geil finde ich es, wenn eine Frau zu mir sagen kann: «Ich will dich. Und zwar jetzt.» Auch wenn sie mir kleine Ferkeleien ins Ohr flüstert, macht mich das an. Sie muss nicht das Sex-Luder schlechthin sein, aber eine Portion Hemmungslosigkeit ist schon gut. Wenn Sie mich in der Tiefgarage oder im Gebüsch vernaschen will, hätte ich absolut nichts dagegen einzuwenden. Sie muss mich überraschen können, erotische Phantasien haben und sie auch ausleben wollen. Dass sie technisch super versiert ist, finde ich dagegen weniger wichtig. Wenn man einander neu erforscht, entwickeln sich neue Stellungen und Praktiken sowieso von alleine. Und letztlich kann man auch in der Missionarstellung viel Spaß miteinander haben.

Doch selbst der tollste Sex wird entwertet, wenn das Danach nicht stimmt. Mein Horror sind Frauen, die gleich nach dem Orgasmus anfangen zu planen, was man denn jetzt noch alles unternehmen könnte. Sich einfach nur in den Armen liegen, zusammen schweigen und dem Sex nachspüren, das ist das Größte!

2. Kapitel Warum Frauen die Augen schliessen und Männer das Licht anlassen. Die Psycho-Geheimnisse von gutem Sex

Wir haben dazugelernt: Gleichmacherei bringt nichts. Männer kommen vom Mars, Frauen von der Venus – die beiden Geschlechter sind grundverschieden. Mit pädagogischen Maßnahmen gegen die Natur anzuarbeiten, ist weitgehend aussichtslos. Am Ende der Reise müssen wir den anderen nehmen, wie er ist, und uns damit, so gut es geht, arrangieren.

Was die körperliche Seite der Sexualität betrifft, ist das augenfällig: Adams erogenste Zone sieht komplett anders aus als die von Eva, logisch, dass sein Penis auch ganz anders behandelt werden will als ihre Vagina. Obwohl die beiden so völlig verschieden gestaltet sind, gehen sie trotzdem eine harmonische Verbindung ein – das Schlüssel-Schloss-Prinzip.

Und was ist mit den emotionalen Bedürfnissen beim Sex? Auch hier gibt es riesige Unterschiede zwischen seinem und ihrem genetischen Programm, nur dass sie nicht so deutlich zutage liegen wie die physischen. Frust im Bett resultiert in vielen Fällen aus mangelndem Verständnis füreinander sowie aus der fehlenden Bereitschaft, sich auf die Bedürfnisse des Partners wirklich einzulassen.

Tolle Körper, schamlose Stellungen, raffinierte Techniken sind viel versprechende Zutaten für eine heiße Nummer. Doch ob daraus wirklich Sex wird, der die Seele berührt, der das Herz erwärmt und uns auf Wolke sieben beamt, steht auf einem anderen Blatt. Die Frauen und Männer, die ich für dieses Buch interviewt habe, waren sich alle einig: Ein G.I.B. muss nicht 143 Stellungen durchturnen können, er muss keine exotischen Techniken draufhaben oder den Body eines Models besitzen. Aber was unterscheidet dann den durchschnittlichen Liebhaber vom wunderbaren? Schlagwörter wie «Hingabe», «Offenheit» oder «Leidenschaft» zeigen, wohin die Reise geht – ins Land der Gefühle, Wünsche, Sehnsüchte, Triebe. Wer sexuelle Erfüllung sucht und schenken will, sollte sich hier gut zurechtfinden.

Er will spüren, dass es ihr Spass macht

Männer denken doch immer nur an ihr eigenes Vergnügen? Das ist ein alter Hut. Sicherlich laufen da draußen immer noch ein paar Dummdödel herum, die sich keinen Cent darum scheren, ob ihrer Frau das Spaß macht, was sie da vor dem Einschlafen mit ihr anstellen. Aber für einen Großteil der Kerle gibt's Absolution: Sie geben alles, um ihre Partnerin im Bett restlos glücklich zu machen. Nach einer weltweit erhobenen Sex-Studie der Kondomfirma Durex sagten 45 Prozent der Männer aus, die Befriedigung ihrer Liebsten sei für sie das Wichtigste beim Sex. Nur für 27 Prozent hatte der eigene Orgasmus Priorität. Interessant ist der Vergleich zu den Frauen: Für 33 Prozent der Damen war der eigene Höhepunkt das entscheidende Ziel, während sich nur 32 Prozent primär für das Wohl ihres Partners interessierten.

Dass Männer im Bett heilige Samariter sind, will ich damit nicht behaupten. Schließlich handeln sie ja auch im eigenen Interesse, wenn sie ihre Liebste glücklich machen. Es gibt kein effektiveres Mittel, eine Frau vom Seitensprung abzuhalten, als rundum befriedigenden Sex. Schon der Neandertaler dürfte diese Taktik verfolgt haben, um zu verhindern, dass seine Lebensabschnittsbegleiterin ihm ein Kuckuckskind unterjubelte.

Außerdem kommt wie immer bei Männern der Leistungsgedanke ins Spiel: Sie messen ihre Liebhaber-Qualitäten an dem Grad der weiblichen Erregung. Kein Wunder also, dass Männer ganz scharf darauf sind, zu hören, zu sehen und zu fühlen, dass ihre Gefährtin das Liebesspiel in vollen Zügen genießt. Stöhnen, Keuchen, steife Nippel, Finger, die sich an seinem Rücken festkrallen, ein zurückgeworfener Kopf, ein zuckender Unterleib – alle Zeichen von Geilheit und Kontrollverlust steigern seine Lust ins Unermessliche und geben ihm die Gewissheit, auf dem richtigen Weg zu sein. Als Siegertrophäe für seine Bemühungen sieht er ihren – wenn möglich multiplen – Orgasmus, auf den er manchmal mit solcher Verbissenheit hinarbeitet, dass sie vor lauter Stress nicht kommen kann.

Tipp für ihn: Frauen brauchen länger, um auf Touren zu kommen. Gehen Sie erst mal spielerisch und zärtlich ran – wenn sie auf Ihre Verführungsversuche eingeht, können Sie Tempo und Intensität langsam steigern. Erwarten Sie kein Porno-Gestöhne, auch ein ekstatisches Aufbäumen beim Orgasmus, wie man es in Filmen so oft vorgeführt bekommt, ist keinesfalls Standard. Manche Frauen genießen ihren Höhepunkt ganz still, das heißt nicht, dass es ihnen keinen Spaß macht. Achten Sie auf die kleinen Zeichen ihrer Erregung – Gänsehaut, erweiterte Pupillen, ein beschleunigter Atem, eine feuchte, stärker durchblutete Vulva, Kontraktionen des Unterleibs … Und versuchen Sie nicht, einen Orgasmus zu erzwingen. Fragen Sie lieber in einer ruhigen Minute nach, was Sie besser machen können.

Tipp für sie: Tun Sie nichts, was Sie nicht tun wollen. Aber bei dem, was Sie machen, sollten Sie mit Leidenschaft dabei sein. Schämen Sie sich nicht, Ihre Erregung zu zeigen. Fließende Körpersäfte, schmatzende Geräusche, Stöhnen, Schreien, Grunzen, rote Flecken im Gesicht – all das wird ihn nicht abstoßen oder irritieren, sondern extrem heiß machen. Und bitte: Erzählen Sie ihm bloß nicht das Märchen «Wir Frauen brauchen keinen Orgasmus zu unserem Glück». Womöglich glaubt er es Ihnen noch.

Sie will spüren, dass es um ihre Person geht

Tja, nicht ganz neu diese Erkenntnis. Aber immer noch wahr. Frauen tun sich äußerst schwer damit, Sex als reine Leibesübung zu praktizieren. Selbst bei einem One-Night-Stand wollen sie spüren, dass ihr Lover speziell sie und (wenigstens an diesem Abend) keine andere sonst begehrt. Ein G.I.B. wird eine Frau immer fühlen lassen: «Ich will dich», und nicht: «Ich will Sex.» Aus diesem Grund werden sich Frauen nie für anonyme Darkrooms, wie sie in der Schwulenszene verbreitet sind, begeistern können. Sex und Emotionen gehören für sie zusammen wie H & M.*

Niemals hören sie auf, nach Hinweisen dafür zu suchen, dass ihr Liebhaber sie auch tatsächlich lieb hat. Wie viel Zeit nimmt er sich für mich? Geht er auf mich ein? Ist er zärtlich? Sieht er mir in die Augen? Flüstert er meinen Namen? Gibt er sich Mühe, mich im Bett zu befriedigen? Hält er mich nach seinem Orgasmus im Arm? Und so weiter.

Für die Steinzeitfrauen war dieser Check-up vermutlich ein überlebenswichtiger Mechanismus, um potenzielle Ernährer von bindungsunwilligen Hallodris zu unterscheiden. Als Beischläfer konnten sie nur einen Mann gebrauchen, der zumindest so lange bei ihr blieb und sie mit Nahrung versorgte, bis der Nachwuchs aus dem Gröbsten raus war. Heute müssen allein erziehende Mütter glücklicherweise nicht mehr verhungern, und dank moderner Verhütungsmethoden können wir ungewollte Schwangerschaften vermeiden, doch trotzdem werden Frauen eins immer im Hinterkopf behalten: Der Mann, mit dem sie schlafen, könnte (zumindest theoretisch) der Vater ihres Kindes werden. Grund genug, sich genauer anzusehen, mit wem man ins Bett steigt.

Tipp für sie: Um herauszufinden, ob es einem Mann um die bloße Nummer oder um mehr geht, gibt es eine einfache, wenn auch ziemlich spießige Methode: Springen Sie nicht sofort mit ihm in die Kiste, sondern lernen Sie sich erst einmal besser kennen und achten Sie dabei darauf, wie er mit Ihnen umgeht.

Tipp für ihn: Wenn Sie glauben, Sie müssten Ihrer Frau beim Sex nicht mehr die Aufrichtigkeit Ihrer Gefühle beweisen, weil Sie doch schon seit fünf Jahren verheiratet sind, dann liegen Sie falsch. Zärtlichkeit und Sensibilität stehen bei Frauen immer hoch im Kurs. Fehlen diese beiden Dinge dauerhaft im Bett, wird sie den Sex schnell als lieblos empfinden, egal, wie lange und wie oft Sie können.

Sie will merken, dass er sie wunderschön findet

Frauen sind äußerst kritische Wesen. Nicht nur, dass sie an der ständigen Optimierung ihrer Mitmenschen arbeiten. Nein, sie selbst gehen mit sich noch viel strenger ins Gericht! Ob als Businessfrau, als Mutter, Köchin oder Liebhaberin – immer wollen sie perfekt sein. Und perfekt soll auch ihr Körper sein. Für einen möglichst makellosen Body sind die meisten Frauen zu großen Opfern bereit. Sport, Diäten, Kosmetikprodukte, chirurgische Eingriffe – Schönheit gilt heute nicht mehr als Geschenk der Natur, sondern sie ist eine Frage von Selbstdisziplin, Energie und Geld geworden. Das Schlimme dabei ist, dass, egal wie heftig man der Vollendung entgegenstrebt, man niemals den Zustand der Zufriedenheit erreichen wird. Selbst mit Kleidergröße 36 findet man noch vieles verbesserungswürdig: Der Po zu breit, die Brüste nicht straff genug, an den Oberschenkeln Dellen – ich habe noch keine Frau kennen gelernt, die mit ihrem Aussehen rundum glücklich war.

Stellen Männer, wenn sie ihre Geliebte nackt sehen, ähnliche Mängellisten auf? Viele Frauen befürchten das und verschwenden beim Sex viel zu viel Energie darauf, ihren Körper möglichst vorteilhaft zu präsentieren. Sie bevorzugen die Missionarsstellung, nicht weil sie so viel Spaß macht, sondern weil in dieser Stellung ihr Bauch schön flach aussieht und die Brüste sich nicht gegen die Erdanziehungskraft behaupten müssen. Oder sie machen beim Sex gleich das Licht aus, um ihre Problemzonen zu verstecken.

Damit eine Frau ganz entspannt und hingebungsvoll lieben kann, braucht sie die Gewissheit, dass ihr Lover ihren ganzen Körper wunderschön findet. Dass es ihn erregt, einen weiblich gewölbten Bauch, baumelnde Brüste oder einen üppigen Hintern zu sehen. Dass er ihr Aussehen nicht misst an den per Computer perfektionierten Aufnahmen von Supermodels (so wie sie das heimlich tut – natürlich mit frustrierendem Ergebnis, denn solche Frauen gibt es in natura nicht).

Tipp für ihn: Sorgen Sie für sanftes Licht im Schlafzimmer, Kerzen bringen die Haut besonders schön zur Geltung. Sowieso klar: Sagen und zeigen Sie ihr immer wieder, wie wahnsinnig aufregend Sie ihren Körper finden. Tun Sie so, als ob Sie in Ihrem ganzen Leben noch nie etwas von Cellulite gehört hätten. Und: Vernichten Sie Ihr Poster mit Gisele Bündchen im Bikini!

Tipp für sie: Möglicherweise fühlen Sie sich wohler in Ihrer Haut, wenn Sie sich nicht komplett ausziehen, sondern einen schönen BH oder ein verführerisches Negligé anbehalten. Das ist in jedem Fall besser, als beim Sex den Bauch einzuziehen oder das Licht auszumachen.

Er will spüren, dass sie seinen Penis wunderschön findet

Frauen machen sich gerne lustig darüber, dass Männer so viel Bohei um ihren Penis veranstalten. Aber ich will nicht wissen, was wir anstellen würden, wenn der liebe Gott uns so eine Fleischwurst mit Eigenleben anmontiert hätte. Eine ungefähre Vorstellung davon bekommt man, wenn man sich überlegt, was wir Mädels mit unseren Brüsten veranstalten – vom Push-up-BH bis zum Silikonkissen-Wahnsinn à la Pamela Anderson. Männer und ihre Schwänze – das ist eine Schicksalsgemeinschaft der besonderen Art. Der Kontakt ist eng, allein beim Pinkeln geben die Herren der Schöpfung ihrem Penis mehrfach am Tag die Hand. Doch das reicht ihm nicht an Zuwendung. Der eigenwillige Kerl macht immer wieder auf sich aufmerksam, und häufig sind es nicht gerade passende Augenblicke, die er auswählt, um sich zu voller Größe aufzublasen. Mann verzeiht ihm das, denn sein treuer Freund garantiert ihm selbst in den einsamsten Momenten seines Lebens Vergnügen. Nun ja, zumindest wenn er sich in den Momenten, wo's drauf ankommt, immer schön aufrichtet.

Hier beginnt der kompliziertere, weil komplexbeladene Teil der Beziehung Mann/Penis. Die Erfahrung, dass ihr Kumpel beim Liebesspiel mit einer Frau auch mal den Dienst versagt, müssen die meisten Männer machen. Die Erfahrung kommt einer persönlichen Katastrophe gleich. Denn um Sex zu haben, braucht man einen Ständer – diese Überzeugung sitzt fest in Männerhirnen. Kein Leiden fürchten die stolzen Besitzer des Y-Chromosoms so wie die Impotenz. Insgeheim quälen viele Männer zudem Zweifel, ob ihrer eigentlich groß und dick genug sei, um eine Vagina glücklich zu machen. Manche fürchten, dass ihr Ding hässlich aussehen könnte oder dass sie mit einem erigierten Prügel in weiblichen Augen wie eine Witzfigur dastehen.

Verständlich, dass ein Mann sich von seiner Bettgespielin sehnlichst wünscht, sie möge ihn von diesen furchtbaren Ängsten und Zweifeln befreien, indem sie ihm zeigt, dass sein Kleiner für sie der Größte, Schönste, Tollste ist. Auch für die Frau zahlt sich ein bisschen Penis-Kult aus: Die weibliche Bestätigung lässt seine Komplexe schwinden und senkt damit die Gefahr von Impotenz.

Tipp für sie: Ein liebevoller Blow Job dann und wann, und seine Bedenken sind wie weggeblasen. Auch mit Ihren Händen und Brüsten können Sie ihm beweisen, wie gern Sie sein bestes Stück haben. Oder Sie gestehen ihm mal in einer schwachen Minute, wie sehr Sie der Anblick seines erigierten Schwanzes erregt. Sie werden sehen, wie sehr ihn das beflügelt.

Tipp für ihn: Fixieren Sie sich beim Sex nicht ausschließlich auf Ihren Penis. Mit Ihren Händen und Ihrem Mund können Sie eine Frau mindestens ebenso gut befriedigen. Je besser Sie darin werden, mit Ihrem ganzen Köper zu lieben, desto entspannter wird sich das Verhältnis zu Ihrem Hosenbewohner entwickeln. Und zweitens: Machen Sie es Ihrer Partnerin leicht, Ihren Penis zu lieben, indem Sie keinen Zweifel daran aufkommen lassen, dass er immer schön sauber ist.

Er möchte, dass sie ihm zeigt, was ihr gefällt

Da ein Mann nie ganz sicher sein kann, dass ihm seine Partnerin ihre Lust nicht einfach nur vorspielt, ist er für klare Signale ausgesprochen dankbar. Nach einer Forsa-Umfrage wünschen sich 78 Prozent der Männer, dass ihre Frau sie über ihre Vorlieben im Bett aufklärt. Nicht mit wortreichen Erläuterungen und Hintergrundinformationen, sondern mit kurzen, knappen Hinweisen wie «tiefer», «höher» oder «Ja, mach so weiter». Noch besser finden sie es, wenn die Partnerin gleich zur Tat schreitet und sie mit sanftem Druck in die richtige Position dirigiert. Von Besserwisserei oder gekränkter Ehre keine Spur. Ganz offensichtlich lernen Männer gerne dazu, wenn es um Sex geht.

Tipp für sie: Führen Sie Ihrem Partner vor, mit welcher Technik Sie sich selbst befriedigen. Legen Sie seine Hand über Ihre und lassen Sie ihn spüren, welche Bewegung und welcher Rhythmus Sie in Stimmung bringen.

Tipp für ihn: Vereinbaren Sie mit ihr ein akustisches Frühwarnsystem. Immer wenn Sie etwas tun, was sie besonders genießt, soll sie stöhnen. Ein leises Zischen signalisiert, dass Sie auf der falschen Fährte sind.

Sie möchte, dass er herausfindet, was ihr gefällt

Normalerweise haben Frauen kein Problem damit, ihrem Partner mitzuteilen, wie er dieses oder jenes noch besser machen könnte. Doch im Bett sind die meisten sehr zurückhaltend mit ihren Verbesserungsvorschlägen. Sie erwarten von einem guten Liebhaber, dass er sensibel genug ist, die Signale ihres Körpers zu verstehen und die richtigen Knöpfe zu drücken. Nur ungern tauchen sie aus dem Strudel der Erregung auf, um ihn mit Ansagen wie «Streichel doch mal meine Brüste» auf die richtige Spur zu setzen. Solche technischen Hinweise geben zu müssen, empfinden sie als ernüchternde Unterbrechung des Liebesspiels. Zudem wollen sie ihrem Partner nicht das Gefühl geben, dass er seine Sache nicht gut genug macht. Sie selbst würden sich nämlich durch entsprechende Bemerkungen von ihm ziemlich leicht aus dem Konzept bringen lassen.

Tipp für ihn: Sprechen Sie mit ihr über die technischen Details der Lust, wenn die Situation alles andere als erotisch ist. Beispielsweise wenn Sie beide auf der Couch liegen und sich über das langweilige Fernsehprogramm aufregen. In so einer Situation wird sie Ihnen viel bereitwilliger Auskunft geben, als wenn Sie während des Liebesspiels dauernd nachfragen.

Tipp für sie: Wenn Sie Probleme damit haben, Ihre sexuellen Wünsche direkt zu formulieren, hilft Ihnen vielleicht ein Spiel auf die Sprünge: Jeder schreibt zehn kleine erotische Wunschzettel, faltet sie und legt sie in eine Schale. Immer wenn Sie Lust und Zeit haben, ziehen Sie ein Liebeslos und erfüllen sich gegenseitig Ihre Wünsche.

Sie braucht das Gefühl, dass sie die Kontrolle hat

«Lassen Sie sich einfach fallen», diesen Tipp bekommen Frauen mit Orgasmusschwierigkeiten immer wieder zu hören. Es klingt wie eine leichte Übung, aber das täuscht. Hemmungen und Ängste über Bord zu werfen, dem Verstand eine Zeit lang freizugeben und sich dem Partner restlos anzuvertrauen, ist eine der schwierigsten Aufgaben überhaupt. Die britische Wissenschaftlerin und Autorin Dr. Dido Davies alias Rachel Swift zeigt in ihrem Buch

«Wege zum weiblichen Orgasmus» einen anderen Weg auf. Um volle Befriedigung zu erleben, genügt es nicht, entspannt auf dem Rücken zu liegen, so Swift. Sie weist nach, dass der Grad der sexuellen Zufriedenheit bei Frauen stark davon abhängt, wie viel Kontrolle sie ausüben. Nicht über ihren Partner. Sondern über das Liebesspiel, ihren Körper und ihre Lust. Logisch: Je sicherer sich eine Frau im Bett fühlt, desto mehr Selbstbewusstsein entwickelt sie, und desto leichter kann sie ihren Verkrampfungen Adieu sagen.

Beim Sex die Kontrolle haben zu wollen, ist für Frauen nicht gleichbedeutend mit dem Bedürfnis, zur Domina zu werden und ihren Partner in Fesseln zu legen. Der Thrill kann zum Beispiel auch darin bestehen, sich dem anderen lustvoll zu unterwerfen. Egal, wer oben und wer unten liegt – wichtig ist nur, dass sie bestimmen kann, wie weit sie gehen will und wie weit er gehen darf. Sie muss die Gewissheit haben, dass für ihren Partner ein Nein auch ein Nein bedeutet, dass er ihre Grenzen respektiert. Erst dann kann sie sich so richtig schön fallen lassen.

Tipp für ihn: Geben Sie Ihrer Partnerin die Möglichkeit, beim Sex selbst Regie zu führen – vor allem, wenn Sie neue Dinge ausprobieren. Häufig ist das schon eine Frage der Stellung. Ideal sind Positionen, in denen sie viel Bewegungsfreiheit hat und selbst entscheiden kann – etwa, welches Tempo das beste für sie ist oder wie tief sie Ihren Penis in sich hineinlassen will.

Tipp für sie: Kontrolle über Ihr Liebesleben können Sie nur bekommen, wenn Sie Ihrem Lover offen sagen, wenn Ihnen etwas wehtut, keinen Spaß macht oder aus anderen Gründen unangenehm ist. Mit Sicherheit verfügen Sie über genügend Charme, ihm das so mitzuteilen, dass er nicht gleich an seinen Fähigkeiten als Liebhaber zweifeln muss.

Er will beim Sex die Kontrolle verlieren

Die männliche Sexualität wird von Wissenschaftlern gern als «extrovertiert» beschrieben. Was nicht bedeuten soll, dass Mann im Bett dazu neigt, Witze zu reißen und Anekdötchen zum Besten zu geben. Vielmehr träumt er davon, seine guten Manieren vor der Schlafzimmertür abstellen und im Bett das wilde Tier herauslassen zu können. Das ist die Erkenntnis einer Studie aus dem Hause von Sex-Pionierin Beate Uhse, bei der ein Großteil der Männer guten Sex mit «animalischer Ekstase» umschrieben. Dabei scheint es den Kerlen weniger um den Bruch von Tabus zu gehen, sondern eher darum, ihren Trieb ohne Hemmungen und ohne schlechtes Gewissen ausleben zu können. Sie sehnen sich danach, beim Sex die Kontrolle verlieren zu dürfen. Denn so einfach, wie sich das Männer zu Zeiten gemacht haben, als man noch wenig bis gar nichts über die weibliche Sexualität wusste, ist es heute nicht mehr.

Das neue erotische Selbstbewusstsein der Frauen hat seine Spuren hinterlassen: Männer haben gelernt, dass ein guter Liebhaber nicht zu schnell kommen darf. Dass Frauen viel Zärtlichkeit brauchen. Dass das Vorspiel mindestens eine halbe Stunde dauern soll. Dass toller Sex abwechslungsreich und phantasievoll zu sein hat … etc. pp. Doch manchmal ist da einfach nur die pure Lust, die Gier nach einer schnellen, harten Nummer ohne großes Geschmuse drumherum: Ich will, du willst – dann lass uns sofort zur Sache kommen. Spaß macht so eine Nummer natürlich nur mit einer Frau, die sich von seiner Lust mitreißen lässt.

Tipp für Sie: Pflegen Sie beim Sex die große Tugend der Spontaneität. Lassen Sie sich ein auf seine Verführungsversuche, auch wenn es gerade gar nicht passt, weil der Besuch jede Sekunde vor der Tür stehen könnte oder Sie zur Arbeit müssen. Machen Sie Ihrem Schatz klar, dass ein stürmischer Quickie dann und wann völlig in Ordnung ist und dass Sie ihn (hin und wieder auch ohne Orgasmus) zu genießen wissen.

Tipp für ihn: Auch Frauen stehen bekanntlich keinesfalls nur auf Schmusesex, sondern genießen es, wenn sich ihr Pantoffeltier mal von seiner wilden Seite zeigt. So wie früher in der Anfangsphase der Beziehung, als man es auf dem Fußboden im Flur getrieben hat, weil der Weg ins Schlafzimmer einfach zu weit schien. Erinnern Sie sich gemeinsam an die Abenteuer aus Ihrer Sturm-und-Drang-Zeit, um wieder Appetit zu bekommen. «Animalische Ekstase» stellt sich übrigens bei vielen Paaren regelmäßig nach heftigen Streits ein. Versöhnungssex löst zwar keine Probleme, aber was soll's: Er fühlt sich tierisch gut an.

Er mag es, wenn sie auch mal den ersten Schritt macht

Warum sollten Männer weniger hungrig nach Selbstbestätigung sein als Frauen? Es ist ein Mythos, dass das männliche Geschlecht beim Sex immer seinen Jagdtrieb ausleben will. Zur Abwechslung würde er liebend gern einmal die Rollen vertauschen und sich vom Objekt seiner Begierde jagen lassen. Für ihren berühmten Report «Das sexuelle Erleben des Mannes» hat Shere Hite die unterschiedlichsten Vertreter der Gattung Kerl zu diesem Thema befragt. Ihr Fazit: «Nur eine Hand voll Männer erklärte, sie würden es vorziehen, immer der Initiator zu sein.» Und weiter: «Immer wieder sagten die Männer, sie wünschten sich, dass die Frauen den ersten Schritt tun würden.» Das lassen wir Frauen uns nicht zweimal sagen. Also: ran an den Mann. Er steht drauf.
Tipp für sie: Mit der Aufforderung, die Initiative zu ergreifen, ist nicht gemeint, dass Sie ihm beim nächsten Mal überfallartig an den Schwanz langen sollen. Meist brauchen Männer deutlich länger als ihr Auto, um auf Höchstgeschwindigkeit zu beschleunigen. Nie etwas falsch machen Sie mit einer zärtlichen Rücken- und Nackenmassage, die sich nach und nach auf weitere Teile seines Körpers ausdehnt.

Tipp für ihn: Wenn Ihre Partnerin Sie selten bis nie verführen mag, dann hat das möglicherweise den Grund, dass Sie ihr nicht die Chance dazu geben. Neue Statistiken bestätigen ein altes Klischee: Männer wollen häufiger Sex als Frauen. Zwar herrscht im ersten Beziehungsjahr noch ein erotisches Gleichgewicht. Doch schon nach dem dritten Jahr bezeichnen sich über 70 Prozent der Männer als den aktiveren Teil, wie eine Studie der Universitäts-Klinik Hamburg-Eppendorf festgestellt hat. Gehören Sie dazu? Dann üben Sie sich mal in Geduld und warten Sie ab, was passiert, wenn Sie Ihre Liebste eine Zeit lang in Ruhe lassen.

Sie will nach allen Regeln der Kunst verführt werden

Das Vorspiel beginnt für Frauen viel früher als für Männer. Komplimente, tiefe Blicke, kleine Aufmerksamkeiten, sanfte Berührungen – das ganze Drum und Dran, das zu einer stilechten Verführung gehört, wirkt auf die weibliche Libido wie Viagra. Was gibt es Aufregenderes als das Gefühl, dass der Herzensmann einfach alles für eine gemeinsame Liebesnacht tun würde?! Um diesen Kick auszukosten, gibt sich manche Lady gern etwas spröde, obwohl sie eigentlich genauso willig ist wie ihr Verführer. Es ist die Inszenierung eines kleinen Machtspiels: Ich habe etwas, worauf du scharf bist. Also streng dich an, wenn du es bekommen willst. Je intensiver er sich um sie bemüht, desto mehr fühlt sie sich in ihrer Weiblichkeit bestätigt.

Tipp für ihn: Der weibliche Lustlevel steht immer in engem Zusammenhang mit dem Zustand der Beziehung. Gibt's Dauer-Zoff, helfen Ihnen auch Ihre Verführungskünste nicht weiter. Dann heißt es erst mal, die anstehenden Probleme zu lösen.

Tipp für sie: Verständlich, dass Sie es genießen, wenn Ihr Partner Sie verführt. Aber legen Sie sich nicht für alle Zeiten auf die passive Rolle fest. Er findet es mühsam, wenn er beim Sex immer in der Rolle des Verführers punkten muss.

Sie will sich ungestört ihren Phantasien hingeben

Das Klingeln des Telefons, ein falscher Satz oder auch schon eine peinlich aussehende Unterhose kann bei manchen Frauen ausreichen, um ihre Lust zu killen. Die weibliche Erotik ist äußerst anfällig für äußere Störfaktoren. Vermutlich schließen aus diesem Grund viele Frauen beim Sex die Augen – sie wollen sich ganz ohne optische Ablenkung dem Strom ihrer Phantasien und Empfindungen hingeben. Bei einem Großteil der Frauen läuft im Kopfkino während des Liebesspiels ein prickelnder Erotikfilm. Psychologen haben festgestellt, dass weibliche Sexphantasien meist einem äußerst raffinierten Drehbuch folgen. Die Lieblingsphantasien werden immer und immer wieder in kleinen Varianten durchgespielt. Manchmal lassen Frauen sich auch einfach nur im Erregungsfluss treiben, ohne zusammenhängende Bilderketten zu entwickeln. Und manchmal, das ist leider wirklich so, denken sie auch an die To-do-Liste vom nächsten Tag, an einen Streit mit der Kollegin oder die Familienpackung Karamel-Eis im Kühlschrank.

Tipp für ihn: Toll, dass Sie das gesamte Kamasutra durchexerzieren können. Aber versuchen Sie nicht, ihr das im Verlauf einer einzigen Liebesnacht zu beweisen. Wenn Sie alle zwei Minuten die Stellung wechseln, kann Ihre Partnerin nie richtig in Fahrt kommen. Wenn Sie kompliziertere Spielchen mit Ihrer Liebsten vorhaben, empfiehlt es sich, alle Accessoires in Griffweite aufgebaut zu haben. Umbaupausen törnen sie ebenso ab wie pragmatische Nachfragen. («Wo hatten wir nochmal den Vibrator versteckt?»)

Tipp für sie: Nichts spricht dagegen, dass Sie in freudiger Erwartung fleischlicher Genüsse ein paar praktische Vorbereitungen treffen: Telefon, Handy, Anrufbeantworter und Türklingel stumm stellen, den Fernseher ausschalten, den Topf vom Herd nehmen etc. Wenn Sie generell Probleme haben, Pflichten und Konflikte für einen Moment links liegen zu lassen, sollten Sie mit Meditationstechniken wie Yoga oder autogenem Training versuchen,

Ihre Entspannungsfähigkeit zu trainieren. Sofort-Hilfe beim Abschalten verspricht ein warmes Schaumbad mit beruhigenden Aroma-Zusätzen wie Lavendel oder Rosmarin.

Er will was zu gucken haben

Wippende Brüste, ein nackter Hintern, gespreizte Schenkel – die einfachste Methode, um einen Typen scharf wie eine Chilischote zu machen, heißt immer noch: Licht anlassen. Nach dem Penis sind die Augen die wichtigste erogene Zone des Mannes. Der Anblick weiblicher Rundungen bringt ihn ganz automatisch auf Touren, das ist ein uralter Reflex, der in keinerlei Zusammenhang mit den gerade angesagten Schönheitsidealen steht. Einige Anthropologen vertreten die These, dass die Hauptaufgabe der weiblichen Brüste darin bestehe, die männliche Aufmerksamkeit zu erregen. Wenn es nur darum ginge, die Milchdrüsen zu beherbergen, könnte der Busen viel kleiner gebaut sein. So besitzen Frauen von der knabenhaften Statur einer Kate Moss gleich viel Milchdrüsengewebe wie naturechte Kurvenstars – nämlich in etwa einen Teelöffel pro Brust, der Rest ist Fett, Bindegewebe und immer öfter auch Silikon.

Da wären wir dann auch gleich beim heiklen Thema Pornographie. Denn leider beschränken sich Männer nicht darauf, die eigene Partnerin mit ihren Blicken zu verschlingen, auch die Kurven anderer Damen ziehen sie magnetisch an. Wenn keine nackte Frau zur Stelle ist, dann sehen sie sich ersatzweise auch gerne mal die Geschlechtsteile von zweidimensionalen Damen an. Durch das Internet ist das zu einer ziemlich weit verbreiteten Beschäftigung geworden. Während früher die berühmte «Playboy»-Sammlung für Ehekrach gesorgt hat, sind es heute oft die leicht verfügbaren Luder aus dem World Wide Web, die für atmosphärische Störungen in der Beziehung sorgen. Die meisten Frauen reagieren wenig erfreut, wenn sie herausfinden, dass ihr Schatz am Computer nicht seine Aktienkurse, sondern die lesbischen Spielchen voll rasierter Platinblondinen checkt. Aus rein wissenschaftlichem Interesse oder purer Neugier selbstverständlich.

TIPP FÜR SIE: Abtrainieren können Sie ihm seine Schaulust nicht. Das wäre auch schade, denn Sie genießen es ja auch, wenn er auf Ihre Reize abfährt. Versuchen Sie also, einigermaßen entspannt zu reagieren, wenn Sie ihn mit roten Ohren vor dem PC erwischen oder beim Ausmisten des Kellers auf alte Porno-Kassetten stoßen. Vielleicht sehen Sie sich das brisante Bildmaterial ja sogar gemeinsam an, was ganz unterhaltsam sein kann, wenn Sie sich vorwurfsvolle Bemerkungen verkneifen. Machen Sie ihm aber auch klar, wo bei Ihnen die Grenzen der Toleranz liegen. Spätestens wenn er mehr Zeit mit seinen Online-Nymphomaninnen als mit Ihnen verbringt, sollte Ihre innere Alarmanlage schrillen.

Aber, nur keine Panik! Meist ist die Eifersucht auf die medialen Masturbationsvorlagen völlig unbegründet. Der Großteil der Männer gibt auch im 21. Jahrhundert einer Frau aus Fleisch und Blut den Vorzug. Machen Sie sich dabei bloß keine überflüssigen Sorgen um Ihre Figur. Wenn Männer von schlanken Frauen schwärmen, dann sprechen sie von einer Figur, die bei Ihnen «mollig» heißen würde.

Den Hunger seiner Augen beim Sex zu stillen, ist leicht: Eine Nummer vor dem Spiegel wird ihn ebenso heiß machen wie alle Positionen, in denen er Ihre leckersten Körperregionen zu Gesicht bekommt. Übrigens beobachten sich die meisten Männer auch leidenschaftlich gerne selber beim Liebemachen. Freie Sicht auf den Penis kommt daher immer gut.

TIPP FÜR IHN: Zur Erinnerung: Sie will spüren, dass Sie Ihren Körper, so wie er ist, wunderschön und aufregend finden. Wenn Sie ihr dieses Gefühl geben, wird sie nichts dagegen haben, dass Sie beim Sex Stielaugen bekommen.

3. Kapitel Die Biologie der Erotik – Teil I: Was Frauen über Männerkörper wissen sollten

Klein oder nicht klein – das ist hier die Frage

Penisneid hat Sigmund Freud den Frauen unterstellt. Und dabei übersehen, dass vor allem seine eigenen Geschlechtsgenossen von diesem Phänomen betroffen sind. Denn das Selbstwertgefühl eines Mannes speist sich zu einem nicht unbedeutenden Teil aus Größe und Funktionstüchtigkeit seines Penis. Je stattlicher das Alter Ego in der Unterhose gewachsen ist, je ausdauernder und härter seine Erektion, desto größer auch das Ego seines Besitzers. Eine üppige Ausstattung steht für Kraft und Macht – vor allem natürlich über Frauen, die der Zauberstab beglücken soll.

Um ihre Stellung im Rudel möglichst präzise einschätzen zu können, lassen Männer keine Gelegenheit aus, um ihre Maße mit denen der Kollegen zu vergleichen. In der Sauna, beim Duschen oder in der Umkleidekabine werfen die Herren heimliche Blicke nach rechts und links. Ihr Penisneid ist vermutlich der wahre Grund dafür, dass auf Männerklos auch im 21. Jahrhundert noch Seite an Seite ohne Sicht- und Spritzschutz gepinkelt wird.

Die Angst, dass der kleine Freund im direkten Vergleich durchs Raster fallen könnte, sitzt tief. Nach einer Umfrage des Nachrichtenmagazins «Focus» hadern rund 54 Prozent mit der Gestalt ihres Penis. «Das verbreitete Gefühl der Unzulänglichkeit entstammt der Erfahrung des kleinen Jungen, der den Penis seines Vaters mit seinem eigenen vergleicht», versucht der amerikanische Sexualtherapeut Barry McCarthy eine Erklärung. Jeder Junge hat wohl schon mal mit dem Maßband aus Mamas Nähkörbchen überprüft, wie viel Zentimeter seine Männlichkeit misst.

Vergleichbare Ergebnisse zu bekommen, ist trotzdem schwierig. Denn als Erstes stellt sich die Frage, ob man den Penis im erigierten oder im abgeschlafften Zustand untersucht. Und zweitens, ob man das Maßband oberhalb oder unterhalb ansetzt. Die Distanz vom Schambein bis zur Eichelspitze ist nämlich wesentlich kürzer als von den Hoden bis zur Spitze.
Bei den Penis-Durchschnittsgrößen, die in den Medien kursieren, handelt es sich in der Regel um Studien am ausgefahrenen Objekt, gemessen nach der Understatement-Methode, also obenrum – vom Schambein bis zur Penisspitze. Der Mittelwert liegt – je nach Untersuchung leicht abweichend – bei etwa 15 Zentimetern Länge. Das längste Ding, das je von Ärzten offiziell registriert wurde, maß 34,3 Zentimeter. Der berühmte Pornodarsteller Long Don John, nach dessen Vorbild auch heute noch Dildos und Vibratoren gefertigt werden, soll von Mutter Natur mit einem Rüssel von knapp einem halben Meter ausgestattet worden sein.
Von der Größe, die sein bestes Stück im Stand-by-Betrieb hat, sollten sich Frauen übrigens nicht voreilig täuschen lassen. Wenn ein Penis schlaff relativ klein ausfällt (weniger als acht Zentimeter), kann das an der Sensibilität der Penisnerven liegen. Die Schwellkörper ziehen sich stärker zusammen und erhalten wenig Blut. Bei einer Erektion machen sie dieses Manko wett: Verschrumpelt aussehende Exemplare vergrößern sich nicht selten um 120 bis 150 Prozent. Der Volksmund hat für dieses Naturwunder die unappetitliche Bezeichnung Blutpenis geprägt. Umgekehrt sind bei einem großen Glied die Nerven weniger sensibel, daher ist in den Schwellkörpern bereits viel Blut vorhanden. Bei Erregung können diese so genannten Fleischpenisse nur noch um 60 bis 70 Prozent zulegen. Im Endeffekt kommen sie damit häufig gar nicht größer raus als die kleinen Dinger.
Je größer, desto besser? Vielleicht zum Angucken. Doch wenn's zur Sache geht, kann ein überdimensionierter Schwengel ganz schön unpraktisch sein. Sein stolzer Besitzer muss aufpassen, dass

er nicht zu heftig zustößt und damit seine Partnerin schmerzhaft an Muttermund und Scheidenrückwand touchiert. Mehr Freude macht es Frauen da schon, wenn ein Exemplar besonders dick ausgefallen ist und damit die erogensten Punkte am Eingangsbereich der Scheide stärker stimuliert. Falls Sie nachmessen wollen: Als Durchschnitt gilt beim erigierten Penis ein Umfang von etwa 13 Zentimetern.

Aber auch mit einem vergleichsweise kleinen Hosenbewohner können Männer Frauen glücklich machen. Auf Dauer vielleicht sogar noch viel besser als die Alphatiere mit dem phänomenal bestückten Gemächt. Denn besonders große Penisse sind auch besonders anfällig für Erektionsstörungen – in ihre Schwellkörper muss logischerweise mehr Blut gepumpt werden, was mit den Jahren zum Problem werden kann.

Berechtigter Penisneid kann übrigens bei einem Vergleich mit dem Tierreich aufkommen. Der erigierte Lümmel eines Elefanten macht etwa ein Viertel seiner Körperlänge aus. Bestimmte Schneckenarten können ihren Penis sogar auf fünffache Körperlänge ausfahren! Trost bietet da nur die Information, dass Menschenmänner ihre nächsten Verwandten, die Gorillas, in puncto Pimmelgröße locker übertreffen.

Ganz heiss! Hier liegen seine Hot Spots

Eigentlich heißt es ja immer, dass Männer nur eine erogene Zone haben: den Penis. Ganz falsch ist das nicht, aber auch nicht ganz richtig. Die Wahrheit ist wie immer ein bisschen komplizierter. Es lohnt die Mühe, einen differenzierten Blick auf Adams Unterleib zu werfen.

Frauen machen oft den Fehler, dass sie den Penisschaft allzu zaghaft berühren. Er ist bei weitem nicht so reizempfindlich, wie man sich das als schwanzloses Wesen so vorstellt, sondern verträgt einen festen Händedruck sehr gut. Die meisten Männer be-

grüßen es mit wohligem Stöhnen, wenn Frau seine harte Stange mal richtig kräftig umklammert. Aber bitte nur am Schaft!
Die von der Vorhaut geschützte Eichel ist ungleich sensibler. Hier reicht schon ein sanftes Züngeln, um ihn wild zu machen. Sein absoluter Hot Spot sitzt an der Penisunterseite – dort, wo das Bändchen (lateinisch Frenulum) seine Vorhaut mit der Eichel verbindet. Wenn eine Frau ihren Lover schnell und ohne Umwege zum Orgasmus bringen will, muss sie vor allem diese Umgebung zärtlich bearbeiten. Da die Eichel bei beschnittenen Männern der ständigen Reibung an der Kleidung ausgesetzt ist, kann sie unempfindlicher sein als bei den Kollegen, die im Besitz ihrer Vorhaut sind. Ein beschnittener Penis braucht daher in der Regel mehr Stimulation als ein unbeschnittener. Das Klischee, dass Liebhaber ohne das schützende Häutchen ausdauernder im Bett seien, ließ sich bisher in wissenschaftlichen Untersuchungen nicht bestätigen.
Da der Phallus immer die Tendenz hat, sich frech in den Vordergrund zu drängen, geraten drei weitere erogene Zonen leicht in Vergessenheit: Hoden, Prostata und Perineum. Dass seine beiden Glocken äußerst empfindlich sind, wissen alle Frauen, die schon mal ein Fußballspiel gesehen haben: Die armen Jungs, die dazu auserkoren sind, beim Freistoß des Gegners ihr Tor als menschliche Wand abzuschirmen, schützen mit den Händen nicht ihr Gesicht, sondern ihre heiligen Testikel. Dass man mit einem gezielten Tritt zwischen die Beine jeden Rambo in die Knie zwingen kann, gehört ebenfalls zum Allgemeinwissen.
Aber wussten Sie auch, dass die Mehrheit der Männer klagt, die Dame in ihrem Bett beschäftige sich nicht ausreichend mit ihren Hoden? Frauen lassen das Gebamsel häufig links liegen, weil sie nicht recht wissen, was sie damit anfangen sollen. So wahnsinnig attraktiv sieht das faltige Säckchen ja nun auch tatsächlich nicht aus. Dennoch liegt es den Kerlen sehr am Herzen, vielleicht auch weil es als Produktionsstätte von etwa 100 Millionen Spermien täglich ein wichtiges Symbol ihrer Männlichkeit ist.

«Männer mit großen Hoden ejakulieren häufiger und schicken bei jedem Verkehr mehr Spermien ins Rennen», behauptet der britische Biologe Robin Baker. Der Autor des Buches «Krieg der Spermien» will herausgefunden haben, dass Kerle mit Eiern der Größe XXL häufiger fremdgehen, um ihre in Hülle und Fülle vorhandenen Keimzellen an möglichst viele Damen zu verteilen. Denkbar wäre auch, dass große Bälle für ein großes Selbstbewusstsein sorgen, und das ist bekanntlich sehr nützlich beim Werben um das andere Geschlecht. Und noch ein interessanter Hoden-Fakt, mit dem Sie beim Smalltalk beeindrucken können: Bei 85 Prozent aller Männer ist der linke Hoden größer und hängt tiefer als der rechte. Das verhindert, dass die beiden guten Stücke beim Gehen aneinander gequetscht werden.

Egal, ob die Hoden rechts oder links durchhängen, miniklein oder monstergroß sind – in jedem Fall zeigen sie sich sehr empfänglich für Zärtlichkeiten ... Streicheln, leichtes Kneten, Kitzeln, Lecken oder Saugen – diese Form der Aufmerksamkeit für seine Testikel wird jeder Mann zu schätzen wissen, vorausgesetzt, seine Dame geht supersanft zu Werke.

Gesteigerte Aufmerksamkeit schenken immer mehr Hetero-Paare auch der Prostata – zu Recht, denn sie ist ein zentraler Brennpunkt männlicher Lust. Die so genannte Vorsteherdrüse, die direkt unter der Harnblase sitzt, ist in unseren Breiten vor allem im Zusammenhang mit dem gefürchteten Krebs bekannt. Doch sie kann auch ein Quell der Freude sein: Wird die von Erektionsnerven eng umschlungene Prostata im Zustand höchster Erregung gerieben oder gedrückt, erlebt er einen höchst explosiven Orgasmus.

Zu einiger Berühmtheit ist in den letzten Jahren auch ein anderer P-Punkt gekommen: das lang missachtete Fleckchen Haut zwischen Anus und Hodensack – Perineum oder auch Damm genannt. Wenn Sie den Zauberpunkt, der ungefähr in der Mitte des Perineums liegt, mit dem Finger rhythmisch drücken, können Sie indirekt seine Prostata stimulieren. Übt man mit Zeige-, Mittel-

und Ringfinger gleichzeitig einen festen Druck auf den Zauberpunkt aus, wird sein Harnleiter verschlossen. Auf diese Weise lässt sich eine gerade in Gang gesetzte Ejakulation umleiten. Der Schuss geht nach hinten los, landet in der Blase und beim nächsten Pieseln in der Kloschüssel. Wozu das gut sein soll? Keine Ahnung. Aber interessant ist's trotzdem.

Harte Fakten: So steht's um seine Erektion

Nüchtern betrachtet, führt so ein Standard-Penis ein ziemlich faules Leben. Im Schnitt zweimal die Woche für 17,2 Minuten Sex, das macht bei 60 erotisch aktiven Lebensjahren zweieinhalb Monate reine Arbeitszeit. Ziemlich simpel erscheint auch der Erektionsmechanismus: Meldet das Hirn Erregung, erschlaffen die glatten Muskelzellen in den Schwellkörpern. Das schafft Platz für die Penis-Arterien, die sich jetzt ausdehnen und mit Blut füllen können: Der Schlaffi bläst sich zum Muskelprotz auf. In Zahlen ausgedrückt: In einem entspannten Glied befinden sich etwa neun Milliliter Blut, in einem gespannten 90 Milliliter. Durch die Ausweitung der Schwellkörper werden die Penis-Venen zusammengedrückt. Das Blut kann nicht abfließen, der Rückstau nennt sich Erektion.

Im Schnitt können Männer diesen äußerst erfreulichen Zustand 40 Minuten lang aufrechterhalten – auch wenn sie oft schon vor Ablauf der Spielzeit vom Platz gehen. Dringend davon abgeraten werden muss, die Erektion durch Hilfsmittel wie zum Beispiel einen Cockring über die Maßen zu verlängern. Bleibt der Ring zu lange drauf, kann sich der Dödel blau verfärben. Es droht eine dauerhafte Schädigung der kostbaren Schwellkörper.

Statistiker wollen festgestellt haben, dass ein Mann rund elfmal am Tag an Sex denkt. Hin und wieder bringen diese Gedankenspiele auch seinen Penis auf Trab. Liebe Frauen, selbst wenn Ihr Schatz etwas anderes beteuern sollte – es ist so: Ein Ständer baut sich nicht einfach von alleine auf. Eine Erektion im Wachzustand ist immer die Folge einer bewusst wahrgenommenen Stimulation. Das kann eine direkte Reizung des Penis etwa durch eine ungünstig sitzende Unterhose sein, der Anblick einer nackten Frau oder ein nicht jugendfreier Film in seinem Kopfkino.

Anders sieht die Sache aus, wenn er schläft. Junge, fitte Männer werden in der Nacht etwa alle 90 Minuten von einer unbewusst ablaufenden Erektion heimgesucht. Ist gegen Morgen die Harnblase prall gefüllt, bleibt der Ständer bis zum Aufwachen erhalten. Der Grund: Die volle Blase reizt die Erektionsnerven an der Prostata. Wenn ein Mann morgens mit einem veritablen Stahlrohr erwacht, heißt das leider nicht automatisch, dass er rattenscharf ist. Vermutlich muss er erst einmal wohin. Es spricht allerdings einiges dafür, dass sie ihn anschließend wieder ins Bett locken kann. Sein Testosteronspiegel erreicht morgens den Höchststand. Biologisch gesehen, ist die Lust eine Frühaufsteherin.

Momentan ausser Betrieb: Die Angst vor dem Versagen

In der Pubertät kommt die Latte meist ungelegen. Eine durchsichtige Bluse oder eine sanfte Brise im Freibad genügt, schon steht er stramm. Wie peinlich, hoffentlich sieht's keiner! Später dann wird's unangenehm, wenn der kleine Kerl nicht zum Dienst antritt, obwohl er gebraucht wird. Dringend! Des Mannes bester Freund führt gern ein Eigenleben, auf Befehle aus der Schaltzentrale will er manchmal partout nicht hören. Die meisten Paare sprechen über «ihn», als ob es sich um eine dritte Person handeln würde, die sich in ihre Beziehung gedrängelt hat.

Dass der Penis hin und wieder zickt, ist also total normal. Auch Männer können und wollen nicht immer, sondern haben ebenso wie Frauen ihre lustlosen Phasen. Oft ist es der Stress, der die Erotik blockiert. Vor allem in den aufregenden ersten Nächten mit einer neuen Partnerin kommt es durch Leistungsdruck und Nervo-

sität häufig zum Totalausfall der Potenz. Von einer Erektionsstörung sprechen Mediziner erst, wenn der Penis sich mindestens drei Monate lang dem Liebesspiel verweigert.
Bei Männern bis 40 erschweren in aller Regel psychische Probleme die ordentliche Befüllung der Schwellkörper. Beziehungsfrust oder Druck im Job können dafür sorgen, dass eine Zeit lang tote Hose herrscht. Das Tückische daran: Hat der Penis erst ein paar Mal im entscheidenden Augenblick schlapp gemacht, bauen sich Versagensängste auf, die den Spaß am Sex schon im Ansatz killen. Potenzpillen wie Viagra können ein Mittel sein, diesen Mechanismus zu durchbrechen. Natürlich sollten Männer nicht auf eigene Faust experimentieren, sondern einen Termin beim Urologen vereinbaren.
Ärzte können auch fast immer weiterhelfen, wenn es aus körperlichen Gründen nicht so klappt, wie es soll. Einen Hinweis darauf, dass physische Ursachen den Sex behindern, gibt die Morgenlatte. Beziehungsweise die Feststellung, dass es beim Aufwachen keine mehr gibt. Wenn es einem unter Erektionsstörungen leidenden Mann auch beim Selfservice nicht möglich ist, eine ordentliche Versteifung herbeizukneten, sollte er sich unbedingt zum Checkup beim Arzt anmelden, denn möglicherweise liegt eine ernsthafte Erkrankung wie Diabetes oder Arterienverkalkung vor.
1000 Schuss, dann ist Schluss? Vergessen Sie dieses Schauermärchen! Nichts macht einen Penis besser fit als regelmäßiger Sex. Wenn der Mann zudem noch seine Blutgefäße durch gesunde Ernährung und Sport gut in Form hält, steht einem lustbetonten Einsatz bis ins hohe Alter nichts entgegen. Trotzdem soll hier nicht verschwiegen werden, dass die Wechseljahre kein rein weibliches Phänomen sind. Auch bei den Herren der Schöpfung verändert sich der Hormonhaushalt, der Testosteronspiegel sinkt mit den Jahren allmählich ab, mit ihm die Härte der Erektion und der Winkel. Während der Penis bei Jungspunden bis zu 30 Grad über die Horizontale steigt, bringen 40- bis 50-Jährige oft nur noch eine

waagerechte Erektion zusammen. Bei 70-Jährigen gilt ein Gefälle von 25 Grad als normal. Wie steil er in den Himmel ragt, ist vor allem für die Optik von Bedeutung.

Ein Senkrechtstarter sieht nun mal aufregender aus als eine Erektion auf Halbmast. Für den Akt als solchen spielt der Winkel keine Rolle. Da sich ein Penis auch im steifen Zustand biegen lässt, kann er problemlos in Position gebracht werden.

Urologen empfehlen übrigens, den in der Unterhose ruhenden Penis nicht seitlich oder gar nach unten gedrückt, sondern in Richtung Bauchnabel zu tragen, damit die so genannten Spontan-Erektionen, die einen Mann mehrmals am Tag überkommen können, nicht zum Ausleiern der Suspensoriumsbänder führen. Von der Spannkraft dieser beiden Bänder hängt ab, wie hoch ein Penis steigen kann.

Wer den Zahn der Zeit nicht einfach ohne Gegenwehr an seinem besten Stück knabbern lassen will, kann durch regelmäßiges Training der Beckenbodenmuskulatur dem schleichenden Niedergang seiner Erektion vorbeugen. Die Muskelgruppe, um die es geht, erstreckt sich vom Schambein bis zum Steiß. Wenn Sie nicht genau wissen, was gemeint ist, dann achten Sie bei der nächsten Pinkelpause mal darauf, welche Körperregion Sie anspannen, um den Urinstrahl mittendrin zu stoppen. Das Anti-Aging-Training besteht darin, genau mit diesen Muskeln so viele Klimmzüge wie möglich zu machen. Ausatmen, Beckenbodenmuskulatur anspannen und nach oben in Richtung Körpermitte ziehen, dann entspannen und gleichzeitig einatmen.

Der Gynäkologe Arnold Kegel entdeckte in den vierziger Jahren, dass die gezielte Kontraktion dieser Muskelpartie Blasen- und Beckenboden-Beschwerden während und nach einer Schwangerschaft vorbeugt. Frauen, die brav ihr Unterleibs-Workout absolvierten, fanden ganz nebenbei heraus, dass Kegels Übungen gleichzeitig ihr sexuelles Vergnügen erhöhten. Auch Männern kann das Training ihres Sexmuskels viel Freude bereiten. Um die

Muskulatur spürbar zu stärken, sollten Sie ihn am besten dreimal täglich jeweils ein paar Minuten lang kontrahieren. Wie praktisch, dass man dabei in aller Ruhe fernsehen, Auto fahren oder am Computer arbeiten kann. Ein Mann mit einer kräftigen Beckenbodenmuskulatur sollte imstande sein, mit seinem Ständer ein Handtuch auf und ab zu schwenken. Probieren Sie doch mal aus, ob Ihnen das Kunststückchen gelingt!

Feuer frei! So kommt er – immer öfter

Alle Männer sind Meister darin, es sich rasend schnell selbst zu besorgen. In zwei bis drei Minuten ist der ganze Spaß meist schon wieder vorbei. Ein großer Teil der Liebeskunst besteht deshalb darin, das Niveau der Erregung ganz langsam zu erhöhen, ohne vorzeitig seinen «Point of No Return» zu erreichen. So nennt man die nur wenige Augenblicke dauernde Phase, in der ein Mann seine Ejakulation kommen spürt, ohne sie noch aufhalten zu können. Das Schlimmste, was eine Frau ihrem Lover antun kann, ist, genau an diesem Punkt ihre Zuwendung zu stoppen.
In dem Moment, in dem er fühlt, dass es kein Zurück mehr gibt, sammelt sich in dem von der Prostata umgebenen Abschnitt der Harnröhren Samenflüssigkeit. Einen Wimpernschlag später durchlaufen wohlige Kontraktionen den gesamten Unterleib und schleudern das Sperma in mehreren Schüben durch den Penis an die Luft. Mit bis zu 18 Stundenkilometern kommt der Samen herausgeschossen; die durchschnittliche Schussweite liegt bei einem halben Meter.
Ein Orgasmus verschafft Männern nicht nur totale Befriedigung, sondern auch das Gefühl, Großes vollbracht zu haben. Am liebsten liegen sie da wie ein totes Stück Fleisch und lassen sich den Rücken kraulen. Auch ihr bestes Stück braucht eine Ruhepause, die von Sexualwissenschaftlern auf den sexy Namen «Refraktärphase» getauft wurde. Wann er wieder fit für eine zweite Runde

ist, hängt von Alter und körperlicher Verfassung ab. 20- bis 30-Jährige sind oft bereits nach wenigen Minuten wieder startklar, bei älteren Semestern kann es schon mal einen Tag oder länger dauern, bis es wieder heißt: neues Spiel, neues Glück.
Wenn Sie Lust auf eine zweite Runde haben, sollten Sie besser auf die Zigarette danach verzichten. Nikotin verengt bekanntlich die Gefäße, und das können die Arterien im Penis gerade gar nicht gebrauchen. Sachdienlicher ist es, wenn Sie sich gegenseitig weiter streicheln und küssen und auch den Penis in dieses Spiel einbeziehen. Bleibt eine erotische Restspannung erhalten, kommt er schneller wieder auf die Beine.
Übrigens können nicht nur Frauen, sondern auch (manche) Männer mehrfach in rascher Folge einen Höhepunkt erleben. Allerdings erfordert das Training und ein gutes Körperbewusstsein. Das ganze Geheimnis der multiplen Freuden liegt darin, die wonnevollen Kontraktionen des Orgasmus zu erleben, aber eine Ejakulation zu unterdrücken. Das geht, denn Höhepunkt und Samenerguss sind zwei voneinander getrennte Körpervorgänge, auch wenn sie in den meisten Fällen in harmonischer Verbindung auftauchen. Doch es gibt Ausnahmen: So können Jungs vor der Pubertät, wenn ihr Körper noch nicht in der Lage ist, Sperma zu produzieren, sehr wohl zum Orgasmus kommen. Sehr ausdauernde Liebhaber erleben «trockene» Höhepunkte, wenn nach mehreren Durchgängen vorübergehend die Samenflüssigkeit knapp geworden ist. Wenn Sie ein multiorgasmischer Mann werden wollen, dann ist es wichtig, dass Sie haarscharf vor dem «Point of No Return» Ihre Lust zu zügeln wissen, sodass Sie zwar die Kontraktionen, aber keine Ejakulation erleben. Üben lässt sich das am besten bei der Selbstbefriedigung.
Das klingt in Ihren Ohren alles ein bisschen kompl iziert und mühsam? Auch recht. Ein G.I.B. muss nicht unbedingt multiorgasmisch sein, schließlich machen ja auch die eins, zwei, drei ganz normalen Orgasmen viel Freude.

4. Kapitel Die Biologie der Erotik – Teil II: Was Männer über Frauenkörper wissen sollten

Vaginal, klitoral, ganz egal – die weiblichen Zonen der Lust

Die armen Männer haben's auch wirklich nicht leicht. Anders als den neuen DVD-Player müssen sie die erogenen Zonen der Frau so ganz ohne beiliegende Gebrauchsanweisung bedienen. Es gibt noch nicht einmal einen roten Hebel, wo «Push» oder «Pull» draufsteht. Zudem irritiert die Männer, dass ihnen am Ende kein TÜV-Siegel bestätigt, dass ihre Bemühungen tatsächlich erfolgreich waren. Wenn ein Mann kommt, kommt am Ende was heraus. Für den Orgasmus einer Frau hat er keine sichtbaren Beweise. Er muss darauf vertrauen, dass sie ihm nichts vormacht.
Dabei ist der überwiegende Teil der Recken ganz scharf darauf, es der Liebsten nach allen Regeln der Kunst zu besorgen. Leider fehlt oft das Wissen, wie das am besten funktioniert. Unter anderem auch deswegen, weil Frauen sich häufig nicht trauen, zu sagen, was ihnen gefällt, und der Einfachheit halber einen Big O mit viel Stöhnerei vortäuschen. Wie die Sexualwissenschaftlerin Ulrike Brandenburg berichtet, nimmt die Zahl der jungen Frauen zu, die sich zwar selbst ohne Probleme zum Höhepunkt streicheln können, aber beim Sex mit ihrem Partner leer ausgehen. Nach einer Befragung des Hamburger GEWIS-Instituts kommen knapp ein Drittel der Frauen beim Liebesspiel zu zweit selten bis nie in den Genuss eines Orgasmus. Zudem kursieren Mythen und Irrtümer über den weiblichen Orgasmus, die dem unbeschwerten Spaßgewinn im Wege stehen. So wird in manchen Sex-Ratgebern immer noch die unsinnige Unterscheidung zwischen vaginalem und kli-

toralem Orgasmus gepredigt – ein hartnäckiger Irrglaube, den wir Sigmund Freud zu verdanken haben. Der Vater der Psychoanalyse unterteilte den weiblichen Höhepunkt in zwei Güteklassen: den «reifen» First-Class-Orgasmus, der durch den Penis beim Geschlechtsverkehr ausgelöst wird, und den «unreifen» Höhepunkt zweiter Wahl, der durch Stimulation der Klitoris hervorgerufen wird. Frauen, die nicht allein durch das Rein und Raus des männlichen Zauberstabs, sondern durch Zusatzmassage ihrer Lustperle zum Gipfel kommen könnten, unterstellte Freud, sie hätten sich mit ihrer passiven Rolle als «Empfangende» noch nicht abgefunden.

Der Penis als allein selig machender Frauen-Beglücker. Und wenn es der Gespielin trotz heftigen Gerammels nicht kommen mag, dann muss es daran liegen, dass bei ihr was nicht ganz richtig ist. So dachten viele Männer jahrzehntelang. Und auch viele Frauen wussten es nicht besser. Weil sich bei ihnen das Feuerwerk der Lust nur durch eine Spezialbehandlung der Klitoris entzünden lässt, glaubten sie, einen minderwertigen Orgasmus zu erleben.

Dabei wiesen die berühmten Sexualforscher William Masters und Virginia Johnson schon Mitte der 60er Jahre nach, dass die beiden Spielarten des weiblichen Orgasmus in Wahrheit ein und dieselbe sind. Die Nervenfasern, die den unteren Beckenraum durchziehen, stehen in engem Austausch mit dem weiblichen Zentrum der Lust: der Klitoris.

Ein echtes Nervenbündel! Lernen Sie Miss K. kennen

Miss Klitoris gilt als weibliches Gegenstück zu Mister Penis, da sie sich beim Embryo aus dem gleichen Teil des Geschlechtshügels entwickelt wie die Peniseichel. Doch während der Penis sich beim ausgewachsenen Mann in ein multifunktionales Körperteil verwandelt, das Lust erregen, pinkeln und ejakulieren kann, hat die Klit nur eine Funktion: der Frau Lust zu verschaffen.

Das weibliche Eroscenter ist ein echtes Nervenbündel: Rund 8000 Nervenfasern durchziehen den kleinen Knubbel, eine deutlich höhere Konzentration als in Lippen, Zunge, Fingerspitzen – sogar doppelt so hoch wie im Penis! Diese Dichte an Nerven erklärt, warum Frauen es nicht als erregend, sondern als unangenehm oder sogar schmerzhaft empfinden, wenn ein Lover ihr Lustknöpfchen allzu heftig und punktgenau traktiert. Zudem ist Miss K. viel ausladender gebaut, als man gemeinhin denkt. Die leicht zu ertastende Klitors-Eichel, die sich unter dem Dach der inneren Schamlippen versteckt, ist nur die Spitze des Vulkans. Darunter liegt der Klitoris-Schaft, der sich tief unter der Haut in die zwei Schenkel oder Arme der Klit verzweigt.
Da sich das weibliche Organ der Lust anders als der extrovertierte Penis weitgehend im Inneren des Körpers versteckt hält, sind Längenmessungen schwierig. Für den von außen fühlbaren Teil der Klitoris haben Wissenschaftler einen Mittelwert von 16 Millimetern errechnet. Aktuelle Untersuchungen gehen davon aus, dass der weibliche Penis in der Gesamtheit bis zu 11 Zentimeter Länge aufweisen kann.
Ähnlich wie ihrem männlichen Pendant steigt auch der Klitoris bei sexueller Erregung das Blut in den Kopf. Sie kann sich bis auf das Doppelte ihrer Normalgröße aufblähen. Einen Blutstau und damit eine harte Erektion bekommt sie jedoch nicht. Sexualforscher vermuten, dass ihre Fähigkeit, sich schnell auszudehnen, aber auch genauso schnell wieder zu entspannen, die Voraussetzung für eine äußerst angenehme weibliche Eigenheit ist: den multiplen Orgasmus.
Lang, dünn, klein, dick: so individuell, wie des Mannes Hannes aus der Wäsche schaut, ist auch die Klitoris gebaut. Was erklärt, warum es bei manchen Frauen nur in der Reiterstellung «Zoom» macht, bei anderen in der Missionarsstellung und bei wieder anderen orale oder manuelle Nachhilfe vonnöten ist. Die letztgenannte Gruppe ist übrigens in der absoluten Überzahl: Rund 70

Prozent der Frauen bringt der Penis allein, egal in welcher Stellung, nicht zum Höhepunkt.

Orgasmus auf Knopfdruck? Der Streit um G-Punkt und AFE-Zone

Der amerikanische Gynäkologe Ernest Graefenberg stieß 1950 auf einen angeblich äußerst erogenen Gewebe-Knubbel von der Größe eines Zwei-Cent-Stücks, der sich drei bis vier Zentimeter tief an der Scheidenvorderwand ertasten lässt. Bei leichtem Druck auf diesen Punkt soll Frau dem Orgasmus entgegenfliegen. Endlich schien der Power-Knopf für den Vaginal-Orgasmus gefunden! Das Inselchen der Lust – nach seinem Entdecker G-Punkt genannt – wurde zu einem echten Medien-Hype.

Nur leider suchen die meisten Frauen bis heute vergeblich nach diesem ominösen Hot Spot in den Tiefen ihres Unterleibs. Der Orgasmus auf Knopfdruck bleibt weiter Illusion. Wie eine deutsche Studie ans Tageslicht brachte, empfinden nur 8,5 Prozent der Frauen die Reizung der G-Spot-Region überhaupt als sonderlich angenehm. Bis heute streiten sich die Wissenschaftler angeregt darüber, ob der Zauberpunkt a) gar nicht existiert, b) ein Ausläufer der Klitoris ist, c) mit dem Harnröhren-Schließmuskel oder d) mit einer Schleimdrüse identisch ist. Doch trotz aller Skepsis, die heute der Entdeckung Graefenbergs entgegengebracht wird, gibt es viele Frauen, die glaubhaft beteuern, dass ihnen die Stimulation des G-Punkts schon viel Freude bereitet hat. Da kann man nur gratulieren und sagen: Weiter so! Allen anderen, die immer noch vergeblich im Dunkeln stochern, empfehle ich, die Suche aufzugeben und sich lieber mit ihrem K-Spot zu vergnügen.

Oder Sie probieren es mal mit der AFE-Zone. Anterior Fornix Erotic hat der malaiische Sexualforscher Chua Chee Ann den hinteren Scheidenbereich an der Bauchseite zwischen G-Punkt und Muttermund genannt. In einer Studie will er herausgefunden haben, dass Frauen auf die Stimulation dieser Zone außerordentlich lustvoll reagieren. Aber auch die erotische Sprengkraft der AFE-Zone ist umstritten. Einige Wissenschaftler bezweifeln die Aussagekraft der malaiischen Studie. Es bleibt den Frauen also nichts anderes übrig, als ihre ganz private Testreihe durchzuführen. Für AFE- und selbstverständlich auch für G-Punkt-Probandinnen sind mittlerweile eine Vielzahl speziell zurechtgebogener Vibratoren und Dildos auf dem Markt. Sie helfen, herauszufinden, an welchen Stellen man für Stimulation besonders empfänglich ist.

Ooooh ja! So kommt sie, gerne auch mehrfach

Heute weiß hoffentlich jeder Mann, dass Frauen einfach länger brauchen, um beim Sex die richtige Betriebstemperatur zu erreichen. Während sie im Schnitt 13 Minuten benötigt, um auf direktem Weg den Gipfel zu erklimmen, flutscht es bei ihm schon nach 2,5 Minuten. Ein äußerliches Zeichen für ihre Erregung ist, dass ihr Unterleib stärker durchblutet und ihre Scheide in froher Erwartung des Kommenden schön gleitfähig ist. Anders als beim Mann, dem seine Erektion schwerlich unbemerkt bleibt, registrieren viele Frauen die Zeichen ihrer körperlichen Erregung nicht. Bei einem Experiment führten Forscher einer Gruppe von Probandinnen einen Pornofilm vor. Gleichzeitig überprüften sie die körperlichen Funktionen. Bei der anschließenden Befragung gaben die meisten Frauen an, durch die gezeigten Szenen keinesfalls angetörnt, sondern abgestoßen worden zu sein – obwohl die Messwerte aussagten, dass der Porno, rein physiologisch betrachtet, seine beabsichtigte Wirkung erzielt hatte.
Das bedeutet: Sex ist bei Frauen noch in viel stärkerem Maß Kopfsache als bei Männern. Diese Tatsache macht es den Forschern auch so schwer, ein weibliches Pendant zu Viagra zu entwickeln. Alle Versuche, eine Sexpille herzustellen, die es Frauen mit Orgasmusschwierigkeiten ermöglicht, leichter und schneller zum Gip-

fel zu kommen, waren bisher wenig erfolgreich. Wenn bei Frauen die Lust brachliegt, hat das in den meisten Fällen eben nicht mit körperlichen Störungen, sondern mit einer psychischen Blockade zu tun, gegen die die Chemie nichts ausrichten kann. Sich völlig fallen lassen und trotzdem die Kontrolle nicht verlieren – oft ist es der Konflikt zwischen Hingabe und Autonomie, der der weiblichen Erregungskurve einen Dämpfer verpasst.

Fühlt Frau sich dagegen wohl in ihrer Haut und sieht die erotische Situation ganz entspannt, stehen die Chancen bestens, dass sie das Halleluja der Liebeslust aus voller Kehle singen wird. In seinen Grundzügen ähnelt der weibliche Weg zum Orgasmus dem männlichen: langsames Ansteigen der Erregung bis zur Plateauphase; dann möglichst lange Spaß auf hohem Niveau, bis sich die erotische Spannung im Orgasmus entlädt. Beim Big O ziehen sich Gebärmutter und Scheidenmuskulatur im Sekundentakt zusammen, Herzschlag und Blutdruck erhöhen sich, die Nippel werden steif, der ganze Körper spannt sich, einige Frauen erleben bei intensiven Orgasmen eine Ejakulation. Während Männer nach dem Höhepunkt schlagartig zusammenbrechen, klingt bei Frauen die Erregung weit langsamer ab. Häufig fühlen sie sich danach voller Energie und bestens in Stimmung für eine Fortsetzung. Um ihr weitere Höhepunkte zu schenken, ist es geschickt, das Feuer am Brennen zu halten. Sprich: kein Päuschen einlegen, sondern gleich weitermachen, aber mit veränderter Technik oder Stellung. Unmittelbar nach dem Orgasmus sollte Miss K. nicht überstrapaziert werden. Sie ist jetzt noch sensibler als sonst.

Der Simultan-Orgasmus, den man häufig in Filmen bewundern kann, mag zwar in der Theorie besonders romantisch sein, weil er die Idee der Verschmelzung im Liebesakt verkörpert, in der Praxis bringt er aufgrund der unterschiedlichen Erregungsmuster von Mann und Frau leider oft nicht die befriedigendsten Erlebnisse. «Ladies first» – bei guter Kondition gleich mehrmals hintereinander – ist immer noch das beste aller Patentrezepte.

Zu kurz, zu eng, zu weit – kommt es auch bei Frauen auf die Grösse an?

Über die idealen Abmessungen des Penis wird freizügig diskutiert. Aber was ist mit ihrem besten Stück? Spielt die Größe der Scheide eine Rolle für das sexuelle Vergnügen des Mannes? Seltsamerweise wird diese Frage in der reichlich vorhandenen Literatur zum Thema Sex meist schamhaft übergangen. Doch insgeheim machen sich viele Frauen Sorgen, ob sie vielleicht zu eng oder zu weit gebaut sein könnten. Gerade in der Schwangerschaft stellt sich die bange Frage, ob durch die Geburt die Vagina «ausgeleiert» werden könnte. Die körperfixierten Brasilianerinnen bringen aus diesem Grund ihre Babys routinemäßig per Kaiserschnitt zur Welt.

Die Antwort der Männerwelt fällt eindeutig aus: Klar kommt es auch bei Frauen auf die Größe an. Was die Länge angeht, gibt es selten Probleme, denn die Vagina ist ein sehr flexibles Organ, das in der Lage ist, sich bei Bedarf zu dehnen. Zudem kommt es ja beim Mann vor allem auf die Reizung der Eichel an. Ist sein Larry besonders lang geraten, muss er sich eben bei der Tiefe der Stöße etwas zurückhalten.

«Zu eng» ist für die meisten Männer kein Problem, sondern ein Wunschtraum, weshalb sie unter anderem der Gedanke an Analsex so wild macht. Doch kann ein Zuviel an Reibung gepaart mit einem Zuwenig an Feuchtigkeit in der Scheide zu Schmerzen bei beiden Beteiligten führen. Ein ausgedehntes Vorspiel, Gleitcreme und «Einfühlungsvermögen» sollten helfen, die Situation zu verbessern. Ernster ist die Lage, wenn eine Frau unter Vaginismus leidet. So nennen Mediziner die krampfartige Verengung des Scheideneingangs, die den Geschlechtsverkehr schmerzhaft oder ganz unmöglich macht. Sowohl ernsthafte körperliche Gründe wie eine Entzündung der Gebärmutter als auch psychische Ursachen wie traumatische Erfahrungen können die unwillkürliche Kontraktion der Scheidenmuskeln auslösen. Betroffene Frauen sollten sich unbedingt einem Gynäkologen anvertrauen.

Die häufigste Klage der Männerwelt heißt «zu weit». «Da hat man das Gefühl, völlig orientierungslos im luftleeren Raum zu vögeln», so beschrieb mir das ein Mann. Die Wissenschaft spricht hier sehr prägnant vom «Lost Penis Syndrome». Die gute Nachricht: Frau kann mit Beckenbodenübungen vorbeugen, damit es erst gar nicht so weit kommt. Die noch bessere Nachricht: Bei regelmäßigem Training steigert sich auch ihre Lust ganz gewaltig. Denn je stärker die Beckenbodenmuskulatur ausgebildet ist und je aktiver sie sich am Liebesspiel beteiligt, desto größer ist die Durchblutung und damit auch die Erregung. Zudem gibt es weniges, was Männer mit so viel Effekt und so wenig Umstand erregt wie eine kräftig zupackende Vagina. Angeblich soll es Frauen geben, die allein durch die Muskelkontraktionen ihres Unterleibs in der Lage sind, einen Mann zum Orgasmus zu bringen. Pompoir heißt der Fachausdruck für diesen Zaubertrick.

Speziell für Frauen gibt es außerdem diverse Fitnessgeräte für den Unterleib. Am bekanntesten sind die Liebeskugeln (auch Geishakugeln, Rinotama, Ben-Wa-Bälle oder Ruckzuck-Orgasmuslust genannt). Die japanischen Geishas sollen sich angeblich schon seit Jahrhunderten mit ihrer Hilfe fit halten. Das in jedem Sexshop erhältliche Spielzeug besteht aus zwei Kugeln, die durch eine Schnur zusammengehalten werden. Frau schiebt sich die Kugeln in die Scheide ein und lässt sie dort auf Schritt und Tritt herumkullern. Anders als oft behauptet, bringen einen die Dinger nicht von alleine zum Orgasmus. Doch wer sich regelmäßig die Kugel gibt, trainiert damit seine Beckenbodenmuskeln. Wenn Sie die Vagina-Hanteln ausprobieren wollen, dann aus Hygienegründen besser latexüberzogene Kugeln kaufen, um zu verhindern, dass Körperflüssigkeit am Bändchen ins Innere der Kugeln dringen kann.

5. Kapitel Der Sex-TÜV: Hat Ihr Date das Zeug zum G.I.B.?

Das Risiko, im Bett einen Flop zu erleben, können Sie minimieren, wenn Sie Ihren potenziellen Partner vorher ein bisschen genauer unter die Lupe nehmen. Sie brauchen keine Hellseher-Qualitäten, um wenig aussichtsreiche Kandidaten auszusortieren. Es genügt, dass Sie den Bereich Ihres Gehirns in Betriebsbereitschaft versetzen, in dem Ihre Menschenkenntnis beheimatet ist. Denn die Art und Weise, wie ein Mensch sich bewegt, sich kleidet, wie er isst, ein Gespräch führt oder mit Geld umgeht, verrät viel über seine erotische Persönlichkeit. Ein Rendezvous reicht aus, um den Erotik-Faktor einer neuen Bekanntschaft zu testen.

Was Essen mit Sex zu tun hat

Ein Abendessen beim angesagten Thailänder Ihrer Stadt eignet sich bestens, um herauszufinden, wie offen und genussfreudig das Objekt Ihrer Begierde is(s)t. Bestellt Ihre Begleitung nur Dinge, die sie schon einmal gegessen hat, oder reizt sie gerade das Unbekannte, Neue? Wer mit sinnlichen Erfahrungen beim Essen experimentiert, wird sich auch beim Sex auf neue Spielarten der Lust einlassen. Moniert Ihr Gegenüber hingegen, dass er im «Little Bangkok» sein geliebtes Steak mit Ofenkartoffel nicht auf der Karte findet, wird er es im Bett ebenfalls bei Hausmannskost belassen wollen.

Beobachten Sie während des Essens, wie achtsam und lustvoll Ihr Date die Köstlichkeiten auf seinem Teller probiert. Mit ähnlicher Hingabe wird er oder sie vermutlich auch an Ihren delikatesten Körperstellen herumknabbern ... Mmm! Bietet Ihr potenzieller

Lover Ihnen dann auch noch einen besonders appetitlichen Happen zum Probieren an, hat er den Test schon so gut wie bestanden. Ein Mythos ist übrigens, dass barocke Genießertypen beim Sex ebenso maßlos sind wie bei Wein, Schweinebraten und Mousse au chocolat. Üppiges Schlemmen kann auch ein Weg sein, mangelnde Befriedigung beim Sex zu kompensieren.

Spezial-Hinweis für Frauen: Macht Ihr Begleiter den Kellner zur Schnecke, weil der Wein aus dem falschen Jahrgang stammt oder das Dessert schon drei Minuten auf sich warten lässt, ist Vorsicht angesagt. Der Typ scheint es nur schwer verkraften zu können, dass etwas nicht ganz genau so läuft, wie er es sich vorgestellt hat. Gut möglich, dass er auch im Bett nicht aus seiner Haut schlüpfen kann, sondern ein verklemmter Pingel ist.

Spezial-Hinweis für Männer: Ihre charmante Tischdame trägt Kleidergröße 36 und scheint ihr Essen trotzdem so ausgesucht zu haben, dass die Anzahl der darin enthaltenen Kalorien nicht über Zimmertemperatur liegt? Das bedeutet zum einen, dass die Gute sehr auf Ihr Äußeres achtet, was Ihnen ja recht sein kann. Zum anderen ist es aber ein Hinweis darauf, dass sie sich schwer tut, beim Genießen den Kopf auszuschalten. Kontrollwut und Perfektionismus mögen im Berufsleben ja zwei sehr erfolgreiche Eigenschaften sein, für leidenschaftlichen Sex sind sie nicht sehr förderlich. Ebenfalls kein gutes Zeichen: wenn sie tausend Sachen nicht isst, weil sie ihr zu «eklig» sind. Glauben Sie, dass sie Ihren Penis genüsslich in den Mund nimmt, wenn ihr schon vor Rosinen, Pilzen und Muscheln gruselt?

Die Geheimnisse der Körpersprache

Damit es im Bett richtig knistert, muss die Chemie stimmen – und das lässt sich an der Körpersprache ablesen. Geben Sie sich beim ersten Date eine halbe Stunde zum Warm-up, dann sehen Sie sich Ihren Flirtpartner genauer an: Hat er die gleiche Körperhaltung wie Sie angenommen, nur spiegelverkehrt? Das zeigt, dass Sie einen Draht zueinander gefunden haben, auf einer Wellenlänge schwimmen. Wenn Ihnen Ihr Gegenüber im Verlauf des Abends immer näher kommt, bis sich Ihre Knie «zufällig» unter dem Tisch berühren oder Ihre Hände streifen, ist das ein viel versprechender Hinweis, dass er keine Angst vor Zärtlichkeit und Intimitäten hat, sondern schon ganz heiß darauf ist, Ihnen auch im Bett auf die Pelle zu rücken. Ein leidenschaftlicher Liebhaber wird sich beim Treffen mit einer neuen Flamme nicht bequem in den Sessel zurücksinken lassen, sondern vibrierend vor Energie auf der Stuhlkante sitzen. Seine Gesten sind ausladend und dynamisch, seine Augen wandern lebhaft über Ihren Körper und suchen immer wieder den direkten Augenkontakt mit Ihnen. Anstarren sollte er Sie dabei aber nicht, das weist auf wenig Sensibilität und Charme hin.

Interessanter als die ins Auge stechenden Körpermerkmale, die ein Mensch von Mama Natur mitbekommen hat, ist die Art und Weise, wie er mit ihnen umgeht. Nehmen wir eine Frau mit reichlich Oberweite. Fühlt sie sich wohl in Ihrem Körper und trägt ihre beiden Freundinnen mit Stolz durch die Gegend, wird sie die zwei bei einer Verabredung mit einem attraktiven Mann auch geschmackvoll in Szene setzen. Hat sie eher ein Problem mit den fraulichen Rundungen ihres Bodys, versucht sie, durch gedeckte Farben und gerade Schnitte ihren Vorbau zu kaschieren. Ein groß gewachsener Mann mit gutem Körpergefühl durchquert einen Raum mit vielen Menschen aufrecht und lässig, einer mit wenig (erotischem) Selbstbewusstsein zieht die Schultern nach vorn, macht sich klein. Natürlich soll das jetzt nicht heißen, dass ein G.I.B. beim Ausgehen daran zu erkennen ist, dass er die weniger attraktiven Teile seines Körpers betont. Es geht um den gelassenen Umgang mit dem, was uns unverwechselbar macht.

Auch an der Kleidung lässt sich ablesen, ob ein Mensch mit seinem Körper im Reinen ist. Unförmige Pullis, zeltartige Gewänder

oder ein Lagen-Look, der kein Fitzelchen Haut vorblitzen lässt, deuten auf ein nicht sehr enges Verhältnis von Body & Soul hin.
Spezial-Hinweis für Frauen: Achten Sie auf seine Hände. Wirken sie kräftig, beweglich und zupackend, erwarten Sie in der Horizontalen die wunderbarsten Streicheleinheiten.
Spezial-Hinweis für Männer: Ziehen Sie aus offensiv erotischer Kleidung keine voreiligen Schlüsse! High Heels, für die man eigentlich einen Waffenschein beantragen müsste, oder ein Lederrock, der so schmal ist, dass er auch als Gürtel durchgehen würde, bedeuten noch lange nicht, dass die Dame, die sich so scharf aufgebrezelt hat, zwischen den Laken ein heißer Feger ist. Viele Frauen genießen es, sich mit Kleidung immer wieder neu zu inszenieren, sich auch gezielt zu ver-kleiden. So kommt es gar nicht selten vor, dass Frauen, die sich ihrer Liebhaber-Qualitäten unsicher sind, sich besonders scharfe Klamotten zulegen, weil die ihnen mehr Sicherheit geben. Wenn dann die schützenden Hüllen fallen, denken diese Pseudo-Vamps möglicherweise eher daran, in welcher Stellung ihre Brüste am besten zur Geltung kommen, als sich vom Strudel der Leidenschaft mitreißen zu lassen.

Hören, was nicht gesagt wird

Vielsagend ist schon der Klang der Stimme. Spricht Ihre Begleitung in monotoner oder sogar leidender Stimmlage, wird sie sich im Schlafzimmer nicht in ein begeisterungsfähiges Temperamentsbündel verwandeln. Kann Ihr potenzieller Lover dagegen in bewegtem Ton schwärmen wie schimpfen, ist er eine gute Wahl, denn es zeigt, dass er in der Lage ist, intensiv zu empfinden und seine Gefühle mitzuteilen.
Wichtig ist natürlich auch, was jemand erzählt. Schildert Ihre Verabredung den ganzen Abend lang in leuchtenden Farben, was für ein Chaos und Druck gerade in der Arbeit herrschen, sollten Sie für die Nacht möglicherweise umdisponieren. Stress ist der Lust-

killer Nummer eins. Wer sich an einem romantischen Abend nicht davon frei machen kann, wird es vermutlich auch beim Sex nicht können.
Schwallt Ihre Begleitung Sie stundenlang mit drögen Geschichten zu, in denen es nur eine Hauptperson gibt – und zwar den Erzähler –, dürfen Sie sich mit Recht die Frage stellen, ob das Interesse für sein Gegenüber auch in erotischer Hinsicht so dürftig ausfällt.
Ein absolutes No-No in der Kennenlernphase sind allzu intime oder fiese Anekdoten über Expartner. Wenn ein Mensch, mit dem Sie gerade beim zweiten Glas Wein angekommen sind, so respektlos über eine ehemals sehr vertraute Person spricht, hat er Ihr Vertrauen wirklich nicht verdient.
Erwartungsvoll dürfen Sie erotischen Abenteuern entgegenblicken, wenn Ihr Gegenüber im Gespräch Witz, Phantasie und Einfühlungsvermögen beweist. Abwechslungsreicher, spannender Sex braucht Sensibilität und einen kreativen, beweglichen Geist, denn das Gehirn ist bekanntlich die größte erogene Zone.
Spezial-Hinweis für Frauen: Männer fühlen sich bei ersten Dates oft verpflichtet, den Entertainer zu geben und die angehimmelte Frau mit lustigen Anekdoten und Hinweisen zur Wichtigkeit ihrer Person zu beeindrucken. Häufig scheuen Sie vor direkten Fragen an ihre Gesprächspartnerin zurück, weil sie fürchten, damit neugierig und indiskret zu wirken. Wenn der Fang, den Sie an der Angel haben, beim ersten Treffen allzu viel von sich redet und allzu wenig Interesse für Sie demonstriert, heißt das nicht automatisch, dass er ein heilloser Egozentriker ist. Geben Sie ihm die Chance, zu beweisen, dass er sich jenseits seines (eigentlich recht süßen) Imponiergehabes für Sie interessiert. Auch im zweiten Anlauf scheint er Ihre Redebeiträge als unwillkommene Störung seiner Exkurse zu verstehen? Zeigen Sie ihm die rote Karte!
Spezial-Hinweis für Männer: Erhöhte Aufmerksamkeit ist angesagt, wenn Ihr Schwarm im Lauf der Unterhaltung immer wieder die Bemerkung fallen lässt, diese Freundin oder jener Kollege

sei «sehr schwierig». Meist heißt das nämlich nur, dass die Beschwerdeführerin selbst eine sehr schwierige Persönlichkeit besitzt und im schlechtesten Moment zu zicken anfängt.

Die ersten Berührungen

Bevor Ihr Flirt das erste Mal mit Ihnen in den Clinch geht, haben Sie vielleicht die Möglichkeit, zu beobachten, ob und wie er mit anderen Körperkontakt aufnimmt. Nimmt er alte Bekannte zur Begrüßung herzlich in den Arm oder hält er sie mit ausgestrecktem Arm auf Abstand? Je leichter er sich tut, Gefühle in Berührungen umzusetzen, desto besser für Sie. Stopp! Damit will ich natürlich nicht sagen, dass alle Busengrapscher und Hinterntätschler begnadete Liebhaber abgeben. Wer gierig zulangt, ohne dafür vorher eindeutig grünes Licht empfangen zu haben, hat mindestens ein Glas Rotwein über die Hose verdient.

Der erste Kuss sollte Ihnen weiche Knie machen, ganz egal, wie technisch versiert Ihr Bett-Kandidat seine Zunge in Ihrem Mund rotieren lässt. Präsentiert er sich beim Knutschen als Multitasking-Talent, indem er nicht nur Ihren Mundraum erforscht, sondern gleichzeitig seine Hände auf Wanderschaft schickt, dann lässt das auf viele lustvolle Turnstunden im Schlafzimmer hoffen. Verspielte, sinnliche Naturen werden verschiedenste Kusstechniken variieren, mal zärtlich an Ihrer Oberlippe knabbern, dann wieder leidenschaftlich züngeln, lecken, saugen.

Auf dem Nachhauseweg haben Sie eine weitere Gelegenheit, Ihren Lover in spe zu checken. Als besonders erotisch gelten Menschen, die beim Händchenhalten ihre Finger mit denen des Partners verschränken und damit ganz ohne Worte ausdrücken: Ich will mit dir verschmelzen. Sollte Ihr Date hingegen Ihre Hand mit spitzen Fingern halten wie einen hygienisch nicht ganz einwandfreien Gegenstand, ist immer noch Zeit genug, leise Servus zu sagen und sich allein ins Bett zu begeben.

Spezial-Hinweis für Frauen: Wenn er schon beim ersten Rumknutschen seine Hände auf Ihren Hintern legt und Sie so nah an sich heranzieht, dass sich seine ganze Männlichkeit an Ihren Eierstöcken reibt, dann heißt das: «Fühl mal, wie scharf ich auf dich bin! Diese gigantische Latte wird dich nicht enttäuschen.» Das spricht dafür, dass Ihre Eroberung ein zupackender und selbstbewusster Typ ist. Wenn Sie Lust darauf haben, sich von einem Don Juan im Sturm erobern zu lassen, genießen Sie es! Als treusorgender Lebensgefährte ist der Herr vermutlich weniger geeignet.

Spezial-Hinweis für Männer: Wehrt eine Frau Ihre Küsse ab mit dem Argument, dass Ihr Lippenstift verschmieren könnte, dann bringen Sie den Abend am besten mit Anstand zu Ende und löschen anschließend ihre Handynummer aus dem Verzeichnis. Das kann nix werden! Gute Liebhaberinnen knutschen ohne Rücksicht auf Frisur und Make-up.

6. Kapitel Der Mund ist nicht nur zum Küssen da! Guter Sex braucht Kommunikation

Heute wird so viel über Sex gesprochen wie nie zuvor. Diesen Eindruck bekommt man jedenfalls, wenn man einmal quer durchs Fernsehprogramm zappt: In Talkshows erläutern bekennende Windelfetischisten den erotischen Reiz schmutziger Pampers, TV-Reportagen entführen uns abwechselnd in Swingerclubs, Domina-Studios oder an die Sets von Pornofilmen, jeder zweite Krimi spielt im Rotlichtmilieu.

Ob diese mediale Sex-Inflation dazu führt, dass Paare mehr als früher über ihre erotischen Bedürfnisse sprechen? Hoffen wir's mal, denn guter Sex ist vor allem eine Frage der Kommunikation. 6 x 69 Sex-Tricks auf Lager zu haben, ist wunderbar. Nur was nützt das, wenn man keinen blassen Schimmer davon hat, auf was der Partner wirklich abfährt? Und umgekehrt: Wie soll Ihre bessere Hälfte wissen, was Sie sich wünschen, wenn Sie es für sich behalten?

Erwarten Sie nicht, dass sich im Bett alles automatisch fügen wird, nur weil die Chemie zwischen Ihnen stimmt. Vor allem Frauen haben oft die romantische Vorstellung, dass der Partner ihre Bedürfnisse intuitiv erfassen müsse, wenn er sie wirklich liebt …

Doch leider verfügen die wenigsten Männer (und übrigens auch die wenigsten Frauen) über die Fähigkeit des Gedankenlesens. Wenn Sie wollen, dass Ihre Wünsche in Erfüllung gehen, dann müssen Sie sie klar mitteilen – so ähnlich, wie Sie das als Kind zu Weihnachten mit dem Wunschzettel gemacht haben. Damals haben Sie schließlich auch nicht erwartet, dass der Weihnachtsmann von sich aus genau wusste, welches Playmobil- oder Barbie-Set er Ihnen unter den Tannenbaum stellen sollte.

Natürlich kann man sich im Bett auch mit Hilfe körpersprachlicher Signale verständigen. Doch wer ausschließlich auf die nonverbale Methode setzt, wird nicht sehr weit kommen, denn mit Worten können wir uns nun mal viel differenzierter ausdrücken als mit pantomimischen Verrenkungen.

Wie man sagt, was man will. Und es auch bekommt

Der schlechteste Zeitpunkt, um über unerfüllte erotische Wünsche zu sprechen, ist die postkoitale Kuschel-Phase. Egal, wie vorsichtig Sie es anpacken, jedes «Ich würde gerne mal ...» klingt in dieser Situation wie Kritik. Ihr Partner wird sich mit Recht fragen, ob Sie das Liebesspiel so unbefriedigt gelassen hat, dass Sie zwei Minuten später schon mit Verbesserungsvorschlägen kommen.
Wenig geschickt ist es in der Regel auch, den Bettgefährten mit neuen Ideen zu überraschen, wenn man gerade voll bei der Sache ist. Die unerwartet vorgetragene Aufforderung «Gib mir Tiernamen!» oder «Steck mir den Finger in den Po!» könnte den anderen dermaßen aus dem Konzept bringen, dass der horizontale Spaß ein ziemlich abruptes Ende findet. Wäre schade drum. Anders sieht es aus mit Praktiken, die sowieso schon zum Standardprogramm eines Paares gehören. «Nimm mich von hinten» oder «Ich hab mal wieder Lust auf 69» – spontane Eingebungen wie diese muss sich niemand verkneifen.
Wie stellt man es nun am geschicktesten an, den Liebsten mit Wünschen bekannt zu machen, von denen man nicht weiß, ob er sie ebenso erregend findet wie man selbst? Hier sind Diplomatie und Feingefühl gefragt. Am besten, Sie bringen das Gespräch erst einmal ganz unverfänglich auf das gewünschte Thema, ohne dabei von sich zu sprechen. Dann müssen Sie sich nicht verletzt fühlen, wenn Ihr Partner mit wenig Begeisterung reagiert.
Ein konkretes Beispiel: Sie als Frau würden gerne mal einen Vibrator in Ihr erotisches Tête-à-Tête integrieren, weil Sie mit maschi-

neller Unterstützung wesentlich leichter zum Höhepunkt gelangen als durch einen Zauberstab aus Fleisch und Blut. Allerdings fürchten Sie – berechtigterweise –, Ihr Lover könnte sich von der batteriebetriebenen Konkurrenz in seiner männlichen Ehre gekränkt fühlen. Aus diesem Grund müssen Sie ihm die Sache gut verkaufen – etwa so: «Schatz, stell dir vor, was ich in ‹Cosmopolitan› gelesen habe! Ein Vibrator soll auch Männer zum Orgasmus bringen. Glaubst du, das funktioniert?» Egal, was er antwortet, Sie wetten dagegen – Einsatz: eine Flasche Champagner/eine 30-minütige Rückenmassage/einmal die Küche putzen. Ehrensache, dass der Verlierer hinterher seine Wettschulden begleicht.

Zeitschriften-Artikel, erotische Kurzgeschichten, Fotobände, Filme, Fernsehbeiträge, Websites oder auch nur «Sabine hat erzählt ...» – es gibt unzählige Aufhänger, um das Gespräch ganz beiläufig auf das Thema Sex zu lenken und dabei herauszufinden, ob der Partner entsprechenden Experimenten aufgeschlossen gegenübersteht. Tut er das, fällt es schon wesentlich leichter, ein «Das würde ich gerne mal mit dir ausprobieren» hinterherzuschicken.

Je besser Sie einschätzen können, wie Ihr Spielkamerad tickt, desto leichter wird es Ihnen fallen, Ihre erotischen Anregungen so zu formulieren, dass er darauf eingeht. Verzichten Sie dabei auf Vorschläge, die von vornherein zum Scheitern verurteilt sind. Wenn eine Frau zu Eifersuchtsattacken neigt, wird sie bei dem Vorschlag, einen Swingerclub zu besuchen, nicht gerade in die Hände klatschen. Einem Klaustrophobiker braucht man nicht mit Fesselspielchen zu kommen usw.

Vor allem Männer vermasseln sich häufig durch unsensibles Vorgehen die Chance, ihre Liebste für neue Experimente zu begeistern. Ansagen wie «Meine Ex hat das immer gemacht» wirken ebenso abtörnend wie evolutionsbiologische Erklärungsversuche («Als Mann braucht man eben Abwechslung»). Auch die Überrumpelungstaktik kann nur schief gehen. Besser: Der Wagemutigere tastet sich langsam und vorsichtig an das Thema heran, hat

Verständnis für die Ängste und Vorbehalte seines Partners und zeigt ihm vor allem eines ganz deutlich: Es geht mir in erster Linie um dich, alles andere ist zweitrangig.
Um dem Partner bestimmte Praktiken ans Herz zu legen, helfen ansonsten all jene Kommunikationsstrategien, die von Psycho-Trainern für jede Form von Motivationsgesprächen empfohlen werden. «Stärken stärken» heißt hier vor allem die Devise. Will heißen: Statt in pauschaler Weise zu bewerten, was in der Vergangenheit falsch gelaufen ist («Du stellst dich mit deinen Händen immer so ungeschickt an»), sollte man lieber die erfreulichen Dinge mit viel Lob begießen («Von deiner Zunge kann ich nicht genug bekommen»). Auch beim Liebesspiel selbst darf man nicht mit positivem Feedback geizen, tiefes Stöhnen oder ein «O ja, mach weiter» sind für den anderen ein wertvoller Hinweis, dass er auf dem richtigen Weg ist. Zudem stärken diese Erfolgserlebnisse das erotische Selbstbewusstsein – und mit einem starken Ego liebt es sich nun einmal mutiger.
Psychologisch geschickt ist es außerdem, Vorschläge für neue Sexperimente mit einem Kompliment zu verknüpfen. Also beispielsweise: «Dein Körper macht mich verrückt. Ich würde zu gern mal sehen, wie deine Wahnsinnsformen in einem Latexkleid zur Geltung kommen.» Mit nichts kann man Menschen so gut motivieren wie mit Lob und Komplimenten – selbstverständlich müssen die Schmeicheleien aufrichtig gemeint sein, sonst wirken sie unglaubwürdig.
Eine andere Möglichkeit besteht darin, mit gutem Beispiel voranzugehen und das, was man sich vom anderen wünscht, erst einmal ihm angedeihen zu lassen. Zugegeben, nicht in jedem Fall ist das die geeignete Methode – gerade beim letztgenannten Beispiel mit dem Latexkleid dürfte es sogar eine abschreckende Wirkung haben ... Doch prinzipiell ist es ein guter Ansatz, bevor man Dinge von seinem Partner fordert, sich erst einmal zu überlegen, ob man denn selber dazu bereit wäre. Wer sich eine ausgedehnte

erotische Massage wünscht, kann den anderen am besten dazu inspirieren, indem er ihn die wohltuende Wirkung dieser Technik am eigenen Leib spüren lässt.
Das soll kein Plädoyer dafür sein, einen Liebesdienst kleinlich gegen den anderen aufzurechnen, aber eine erfüllte sexuelle Beziehung braucht eine gewisse Balance zwischen Geben und Nehmen, sonst entstehen langfristig gesehen nur Frustrationen.

Grenzen setzen, ohne zu verletzen

Ihr Schatz versucht, Sie nach allen Regeln der Kunst zu verführen, aber leider sind Sie nicht recht in Stimmung. Wie ihm das klar machen, ohne dass er sich verletzt oder abgelehnt fühlt? Sehr schwierig. Egal, ob der stressige Tag, Schlafmangel oder plötzlich auftretende Kopfschmerzen als Begründung herhalten sollen, es ist und bleibt für den anderen eine Zurückweisung. Ein G.I.B. wird in dieser Situation ein kaltes «Heute nicht, Schatz» vermeiden und sich auf die Verführungsversuche seines liebeshungrigen Partners einlassen. Der Appetit kommt beim Essen – das gilt auch beim Thema Sex. Im ungünstigsten Fall kommt eine nette, kleine Nummer mit einem geliebten Menschen dabei heraus. Was sind diese paar Minuten harmloser Leibesübungen schon im Vergleich zu all den anderen Dingen, die wir uns aus purer Höflichkeit antun? Stundenlanges Herumgestehe auf todlangweiligen Geburtstagspartys, weil es gegen die guten Sitten wäre, sich vor Mitternacht zu verdrücken. Freiwillige Selbstvergiftung mit süßem Perlwein, um die Kollegin, die das Gesöff spendiert hat, nicht zu beleidigen. Den ganzen Samstag in der Stadt herumrennen, um ein teures Hochzeitsgeschenk für ein Pärchen zu besorgen, das man eigentlich gar nicht richtig kennt. Jeden Tag quälen wir uns, um anderen Menschen seelischen Kummer zu ersparen. Also warum unserem Bettgefährten nicht den Gefallen tun und die eigene Trägheit überwinden?

Liegt Ihre sexuelle Unlust nicht in akuter Faulheit begründet, sieht die Situation natürlich anders aus. Unbedingt sollten Sie die Avancen Ihres Schatzes stoppen, wenn Sie krank sind, Schmerzen haben, wenn Ihr Kopf wegen Stress, Kummer, Sorgen völlig blockiert ist oder Sie aus unerfindlichen Gründen überhaupt keinen Bock auf sexuelle Aktivitäten haben. Sich hinter fadenscheinigen Ausreden zu verstecken, bringt da nichts. Sagen Sie Ihrem Partner ehrlich, wie Sie sich gerade fühlen und was er tun kann, um Ihnen auf anderem Wege nah zu sein. So fühlt er sich nicht völlig vor den Kopf gestoßen. Zum Beispiel: «Tut mir Leid, aber die Präsentation morgen liegt mir im Magen. Es wäre schön, wenn ich einfach nur in deinem Arm liegen könnte.» Insbesondere, wenn Sie häufiger in der Rolle des Nein-Sagers sind, sollten Sie darauf achten, dass die Initiative zum Sex immer mal wieder von Ihnen ausgeht. Das signalisiert dem anderen: «Ich begehre dich, auch wenn ich zwischenzeitlich nicht in Stimmung bin.»
Kommen wir zum nächsten heiklen Punkt: Wie reagiere ich am besten, wenn mein Partner mir einen erotischen Wunsch anvertraut, den ich ihm nicht erfüllen kann oder will? Vielleicht schockiert es Sie im ersten Augenblick, wenn Ihr Schatz Ihnen ins Ohr flüstert, dass er mal mit Ihnen schlafen möchte, wenn Sie nichts als Ihre High Heels tragen. Oder dass ihn der Gedanke an einen Dreier erregt. Aber bitte, flippen Sie nicht gleich aus! Wenn Sie auf sein Geständnis mit einem angeekelten «Du bist ja pervers!» reagieren, enttäuschen Sie das Vertrauen, das er Ihnen durch seine Beichte entgegengebracht hat.
Versuchen Sie lieber, Ihr Befremden zu überspielen, und fragen Sie gelassen nach, was genau ihn an dieser Vorstellung erregt. Lassen Sie sich seine Worte in aller Ruhe durch den Kopf gehen. Wenn Ihnen der Wunsch am nächsten Tag immer noch inakzeptabel erscheint, sollten Sie ihm das klar sagen und es begründen.
Dabei brauchen Sie Ihre Entscheidung ja nicht gleich in Stein zu meißeln. «Im Moment kann ich mir das nicht vorstellen, weil ...»

ist besser als «Das würde ich nie tun». Um Ihrer Ablehnung etwas von ihrer Schärfe zu nehmen, sollten Sie sich bemühen, einen Kompromiss auszuhandeln, mit dem Sie gut leben können, etwa: gemeinsam Pornos gucken nein, ein Privatvideo drehen ja; Französisch ja, schlucken nein; Komplettrasur nein, Teilrasur ja …
Bei aller Toleranz, tun Sie niemals etwas, was Sie nicht tun wollen – das ist in Sachen Sexualität immer ein guter Rat, der allerdings leichter ausgesprochen als befolgt ist. Denn was passiert, wenn sich der Partner das, was wir ihm nicht geben wollen, woanders holt? Die Angst, betrogen oder verlassen zu werden, treibt vor allem viele Frauen dazu, sich auf sexuelle Praktiken einzulassen, die ihnen eigentlich zuwider sind.
Neugier? Offenheit? Toleranz? Abenteuerlust? Hingabe? Ja! Ja! Ja! Davon kann Ihr Sexleben gar nicht genug vertragen. Doch es bringt nichts, sich widerwillig den erotischen Wünschen des anderen zu beugen, um die Beziehung vor dem Scheitern zu bewahren. Sollte Ihr Partner Ihre Grenzen nicht respektieren, Sie vielleicht sogar unter Druck setzen, dann hat er eigentlich nichts mehr in Ihrem Leben verloren. Übrigens wird er auch wenig Freude daran haben, wenn Sie seine Wünsche lustlos erfüllen. Es gibt wohl kaum etwas Abtörnenderes als einen Bettgefährten, der gegen seinen erklärten Willen bei der Sache ist!

Kritik, die richtig ankommt

Schon im normalen Leben ist es schwierig, Kritik zu äußern, ohne dass der Zurechtgewiesene aggressiv zurückschlägt oder sich wie eine beleidigte Leberwurst aufführt. Im hochsensiblen Schlafzimmer-Kosmos ist es gleich noch zehnmal komplizierter, kritische Worte anzubringen. Trotzdem wird man nicht drum herumkommen, will man den Spaß im Bett nicht der Harmoniesucht opfern. Erste goldene Regel im Kritik-Knigge: Bevor Sie den Mund aufmachen, Kopf einschalten und überlegen, wie Sie sich fühlen wür-

den, wenn Sie das, was Sie im Begriff sind zu sagen, von Ihrem Partner zu hören bekämen.
Zweite Regel: Sie sind nicht der liebe Gott oder die Vorsitzende der G.I.B.-Jury, sondern ein Individuum, das ganz allein für sich spricht. Formulieren Sie Ihre Kritik deshalb so, dass klar wird, dass Sie nur über Ihre Bedürfnisse, Gefühle, Ängste reden und kein allgemeines Urteil fällen. Ich-Botschaften nennen Kommunikationsprofis diese Technik, die es dem Gegenüber wesentlich leichter macht, Kritik anzunehmen. «Ich habe das Gefühl, dass dir mein Orgasmus nicht so wichtig ist» klingt weit weniger aggressiv als «Mein Orgasmus ist dir doch egal».
Dritte Regel: Pauschalisierungen wie «immer» oder «nie» vermeiden, denn sie fordern sofortigen Widerspruch heraus. Der Kritisierte wird garantiert ein Gegenbeispiel parat haben, und schon ist man mittendrin in ätzenden Diskussionen, wer damals vor drei Jahren was, wie und wie oft gemacht oder nicht gemacht hat.
Vierte Regel: Möglichst nur einen Punkt ansprechen und nicht nach dem Motto «Da wir schon mal dabei sind» eine ganze Liste von Problemen präsentieren. Erdrückt von der Fülle der Vorwürfe, bekommt der Kritisierte sonst das Gefühl, dass die Lage völlig hoffnungslos ist und er es Ihnen voraussichtlich niemals recht machen kann.
Fünfte und letzte Regel: Kritik möglichst immer in einer hübschen Schachtel verpacken: «So wie du das jetzt machst, ist es toll. Noch besser wäre es, wenn du es mal so versuchen könntest.» Selbst wenn Ihr Partner diesen rhetorischen Trick durchschaut, wird er Ihnen dankbar dafür sein, dass Sie ihm den Gesichtsverlust ersparen.

Für Frauen: Rhetorikhilfe für den Super-GAU

Hilfe! Seine Stahlrute hat sich zur Unzeit in eine verschrumpelte Weißwurst verwandelt, und das, obwohl Sie alles gegeben haben, um die Erektionsstörung zu stoppen und wieder rückgängig zu machen. Ihr Bettgefährte ist verzweifelt («Das ist mir noch nie passiert»), Sie sind verunsichert («Findet er mich unattraktiv?») und suchen fieberhaft nach den richtigen Worten, um die desaströse Situation zu retten. «Ist nicht so schlimm» klingt wie Hohngelächter in seinen Ohren und suggeriert zudem noch, dass Sie leichten Herzens auf Sex mit ihm verzichten. «Wir brauchen deinen Johannes ja gar nicht, um Spaß zu haben» ist ebenfalls keine Lösung. Die Tatsache, dass Johannes auf Johnny-Format geschrumpft ist, hat ihn so ernüchtert, dass an eine Fortsetzung des Liebesspiels zunächst nicht zu denken ist. «Liegt es an mir?» – völlig daneben, weil eine Diskussion über die weiblichen Problemzonen das Letzte ist, was er jetzt braucht. Perfekt: «Ich hole uns jetzt erst mal was zu trinken» sagen und in Richtung Küche verschwinden. Das gibt ihm eine kurze Verschnaufpause allein mit sich und schließt zudem nicht aus, dass es später weitergeht. Auch ein cooles «Das kommt bei den besten Liebhabern vor» ist nicht schlecht. Ansonsten Schwamm drüber, Thema wechseln.

Und was ist, wenn er immer wieder oder sogar über einen längeren Zeitraum hinweg diese Systemabstürze hat? In diesem Fall kann Totschweigen natürlich keine Lösung sein. Vorwürfe und Psycho-Diskussionen aber ebensowenig. Das Einzige, was Sie tun können, ist, das Thema Sex möglichst frei von Stress und Leistungsdruck anzugehen. Und ihn zur Ursachenforschung inklusive Arztbesuch zu ermuntern. Verführungsaktionen im Hauruck-Verfahren bringen absolut gar nichts, weil sie ihn nur noch mehr unter Druck setzen. Bedrängen Sie ihn nicht, Sie dürfen sicher sein: Seine Potenz liegt Ihrem Partner noch mehr am Herzen als Ihnen.

7. Kapitel Verführung auf die sanfte Tour

Es gibt Leute, die lassen beim Sex nur Leder oder Latex an ihren Körper. Doch der Großteil der Menschheit kennt im Bett nichts Schöneres als das Haut-auf-Haut-Gefühl. Zärtliches Streicheln, liebevolles Walken, sanftes Kitzeln – die Berührungen des Partners setzen in unserem Körper Endorphine frei. Diese kleinen Stimmungsbomben sorgen dafür, dass wir uns zufrieden, geborgen und relaxt fühlen. Berührungen sind die Basis der Liebe, ohne Körperkontakt würden wir emotional verhungern.
Was wäre Sexualität ohne die Magie erotischer Massagen? Streicheleinheiten durchfluten jede Zelle des Körpers mit Wohlgefühl, ein sattes Glücksgefühl macht sich im Bauch breit. Und wer dann noch den erogensten Regionen seines Geliebten die nötige Aufmerksamkeit schenkt, verwandelt die wohlige Entspannung im Handstreich in lustvolle Hochspannung.

Erotische Massagen – die Basics

Bringen Sie sich in Stimmung. Um die Haut – mit 1,6 bis 2 Quadratmetern unser größtes Reizorgan – raffiniert zu verwöhnen, brauchen Sie keine Ausbildung zum Physiotherapeuten. Gefragt sind Einfühlungsvermögen, Entdeckergeist und ein wenig Ausdauer, denn eine sexy Massage muss so genüsslich zelebriert werden wie ein Degustationsmenü. Weil sie nicht nur Hautsache ist, sondern alle Sinne berühren soll, dürfen Sie ruhig ein wenig den Regisseur geben und eine stimmungsvolle Kulisse inszenieren. Als Präludium vielleicht eine gemeinsame Dusche, danach ein fruchtiger Drink, Lounge-Musik, Schummer-Beleuchtung. Vergessen Sie nicht, im Schlafzimmer tüchtig einzuheizen, denn bei Bibber-Temperaturen kann keine knisternde Atmosphäre aufkommen, selbst wenn Sie das Fleisch Ihres Liebsten noch so hingebungsvoll massieren.

Sparen Sie nicht am Öl. Massageöl lässt nicht nur Ihre Finger flinker tanzen, sondern fördert auch die Durchblutung und löst durch den Duft ätherischer Öle im Gehirn in Sekundenschnelle Wohlgefühle aus. Vorausgesetzt, Sie haben ein Produkt in Ihrem Nachttischschränkchen, das Sie gut riechen können. Es gibt mittlerweile viele Bücher auf dem Markt, die Rezepturen für selbst angesetzte Öle von «belebend» bis «sinnlich» bieten. Doch wer hat schon Lust und vor allem Zeit, vor dem Liebesspiel seinen Chemiebaukasten aufzubauen, um mit Ylang-Ylang-, Patchouli- und Sandelholz-Essenzen zu experimentieren? Ein hochwertiges Fertigprodukt mit angenehmer Duftnote erfüllt seinen Dienst mindestens ebenso gut.

Kriechen Sie in Ihre Fingerspitzen. Na ja, stellen Sie sich wenigstens vor, Sie würden es tun. Der Sinn dieser Übung: Ihre Hände strahlen geheimnisvolle Kraftfelder aus, egal, ob Sie Ihrem Partner federleichte, flüchtige Berührungen mit den Fingerkuppen schenken oder ob Sie herzhafter zupacken. Der einzige Fehler, den Sie machen können, ist, dass Sie halbherzig bei der Sache sind. Vage, lauwarme Streicheleinheiten haben den gleichen Reiz wie ein schlaffer Händedruck.

Streichen ist besser als kneten. Anders als bei der klassischen Rückenmassage teutonischer Prägung geht es bei der Erotikmassage weniger darum, verspannte Muskelpartien intensiv durchzukneten. Gefragt sind gleichmäßig fließende Streichbewegungen. Schließlich soll die Behandlung dem Partner ja nicht wehtun, sondern ihn entspannen und seine Sinne sensibilisieren. Der einzige Körperteil, den Sie kräftig bearbeiten dürfen, ist der Po.

Bleiben Sie in Kontakt. Das kennen Sie vielleicht von Ihrer letzten Rückenmassage auf Krankenschein: Profis bleiben immer mit einer Hand am Mann, auch wenn sie die Position oder die Technik wechseln. Nie direkt auf der Wirbelsäule massieren, das kann schmerzhafte Folgen haben.

Lassen Sie sich Zeit. Was jetzt nicht heißen soll, dass Sie Ihren Partner vom kleinen Zeh bis zur Haarwurzel massieren müssen, bis Sie Muskelkater in den Fingern haben. Wunderbar anregend kann es auch sein, wenn Sie sich nur eine bestimmte Körperpartie wie zum Beispiel die Schultern oder die Füße vornehmen. Jede Bewegung mehrfach wiederholen, auch mal an einem Punkt länger verweilen, wenn der Partner lustvoll zu seufzen beginnt. Wichtig: Mit dem Rücken anfangen, dann zur Vorderseite wechseln, die Geschlechtsteile kommen erst gegen Ende der Massage an die Reihe, da hier die Empfindungen am intensivsten sind. Wenn Sie gleich an den Hot Spots Hand anlegen, muss zwangsläufig alles, was Sie anschließend tun, dagegen verblassen.

Wechseln Sie die Rollen. Ich kenne keinen Menschen, der nicht gern massiert wird. Daher sollte das Verhältnis von Schenken und Empfangen in etwa ausgeglichen sein – jedenfalls über einen längeren Zeitraum hinweg betrachtet. Nur erwarten Sie nicht, dass sich Ihr Partner gleich im Anschluss an Ihre hingebungsvolle Massage mit einer entsprechenden Gegenleistung revanchiert. Das Herrliche an der Sache ist ja gerade, dass man einfach nur still daliegen und genießen kann, ohne selbst aktiv werden zu müssen. Das passiert einem schließlich selten genug!

Zehn zärtliche Verwöhnideen für einen nackten Mann

Waschen, schneiden, legen. Lassen Sie ihn nicht bis zum nächsten Friseurbesuch warten, sondern verpassen Sie ihm einfach zwischendurch mal eine wunderbare Kopfhautmassage. Besonders gut funktioniert das, wenn Sie hinter ihm stehen, während er in einem Sessel sitzt. Spreizen Sie Ihre Finger, setzen Sie Ihre Fingerkuppen auf und massieren Sie mit langsamen, kreisförmigen Bewegungen, sodass sich die Kopfhaut unter Ihren Fingern bewegt. Besonders raffiniert: Shampoos oder andere Haarprodukte mit Teebaumöl hinterlassen auf der Kopfhaut einen prickelnd-kühlenden Effekt. Kommt toll im Sommer, zum Beispiel beim gemeinsamen Duschen oder Baden.

Kreuzweg. Stress, Ärger und Anspannung lagern sich bei Männern mit Vorliebe im Kreuz ab. Um einen geschafften Krieger wieder fit zu bekommen, ist daher nichts so wirkungsvoll wie eine gepflegte Rückenmassage. Wenn Sie sich die Sache etwas leichter machen wollen, können Sie einen Massageroller zur Hand nehmen und damit auf seinem Buckel spazieren fahren. Um Spannung abzubauen, hilft folgende Übung: Knien Sie sich vor seinen Kopf und setzen Sie Ihre Handflächen rechts und links von seiner Wirbelsäule auf. Fahren Sie jetzt mit den Händen abwärts bis zum Steißbein. Dort wandern Sie nach links und rechts auseinander zu den Hüften, dann bewegen Sie sich an der Außenseite des Rückens wieder hoch bis zu den Achseln. Wiederholen Sie diesen Bewegungsablauf ein paar Minuten lang und nutzen Sie Ihr Körpergewicht, um mit Ihren Händen Druck auf seine verspannten Muskeln auszuüben.

Zupacken erlaubt! Da sind sich fast alle Frauen einig: Ein kompakter, anmutig geschwungener Männerpo ist ein unwiderstehlicher Hingucker. Sie dürfen auch gerne zupacken! Greifen Sie mit beiden Händen in seine Backen und kneten Sie sie durch wie Kuchenteig. Vielleicht gefällt es ihm, ein paar Klapse mit der flachen Hand hintendrauf zu bekommen? Die Nähe zu Anus und Hoden macht für ihn das Vergnügen besonders reizvoll. Ebenfalls dankbar für Aufmerksamkeit: die Gegend um das Steißbein. Wenn Sie hier die richtigen Punkte stimulieren, macht sich das direkt an seinem Penis bemerkbar.

Lollipop. Widmen Sie sich seinen Händen, denn die müssen den ganzen Tag über viel leisten und werden dafür nur selten belohnt. Lockern Sie seine Handgelenke, indem Sie seine Hand sanft kreisen lassen, und stimulieren Sie dann seinen Handteller durch Druckbewegungen Ihres Daumens. Anschließend sind seine Finger dran: Streichen Sie sie aus und beginnen Sie, an jedem einzelnen zu lecken. Zum guten Schluss lassen Sie Finger für Finger in Ihre Mundhöhle gleiten und nuckeln ein bisschen daran herum. Sehen Sie ihm dabei tief in die Augen. Um jetzt seine Gedanken lesen zu können, müssen Sie wirklich keine Wahrsagerin sein ...

Ölwechsel fällig? Warum einfach, wenn es auch raffiniert geht? Ölen Sie ihn ein, aber benutzen Sie dafür nicht die Hände, sondern den Rest Ihres Körpers. Das wird zwar mit Sicherheit Ihr Bettlaken ruinieren, aber der Spaß sollte es Ihnen wert sein.

Nicht vergessen! Auch wenn die männlichen Brustwarzen reine Deko sind, können sie doch genauso sensibel sein wie die weiblichen. Ein Mann erzählte mir, dass er allein durch die Stimulation seiner Nippel zum Orgasmus kommen könne. Auch wenn Ihr Schatz nicht über diese beneidenswerte Fähigkeit verfügen sollte, lohnt es sich, seinen Brustwarzen etwas Aufmerksamkeit zu schenken. Probieren Sie aus, was am besten bei ihm ankommt: Streicheln, Zwirbeln, Saugen, Lecken, Küssen ... Lassen Sie sich nicht entmutigen, wenn er nicht gleich darauf abfährt. Häufig braucht es ein paar Anläufe, um diese erogene Zone zu aktivieren.

Rund um den Nabel. Der Bauchnabel ist eine hypersensible Stelle, viele Menschen mögen es nicht, dort direkt berührt zu werden. Aber versuchen Sie es doch mal mit dieser Massagetechnik: Setzen Sie sich seitlich neben seinen Oberkörper – eine Hand liegt oberhalb und die andere unterhalb seines Nabels. Lassen Sie beide Hände langsam im Uhrzeigersinn um seine Bauchmitte kreisen. Mit jeder Umkreisung nimmt der Druck Ihrer Hände ein wenig ab. Das wirkt äußerst entspannend und weckt zudem seine sexuellen Energien.

Doppelt hält besser. Streicheln Sie mit einer Hand seine Hoden und mit der anderen seinen Nacken. Die Simultanmassage gibt ihm das Gefühl, gleich von zwei Frauen verwöhnt zu werden.

Seine Phantasien können Sie noch weiter anheizen, wenn Sie ihm vor der Massage die Augen mit einem dunklen Tuch verbinden.

Stille Post. Nach so vielen Streicheleinheiten sind Sie jetzt mal dran? Dann drehen Sie ihn wieder auf den Bauch und lassen sich rittlings auf seinem Hinterteil nieder. Schreiben Sie mit dem Zeigefinger auf seinen Rücken, welchen erotischen Wunsch er Ihnen als Nächstes erfüllen soll. Mal sehen, ob er feinfühlig genug ist, um Ihre Botschaft zu verstehen.

Inspiriert von Christo. Der spektakuläre Abschluss einer ausgedehnten Ganzkörper-Massage könnte aber auch so aussehen: Schön durchgewalkt und eingeölt liegt er nackt auf dem Rücken. Sie bedecken ihn mit einem großen, federleichten Tuch (am besten aus Seide), sodass er aussieht, wie ein Kunstwerk von Christo und Jeanne-Claude, lassen sich an seinem Fußende nieder und ziehen den Stoff Millimeter für Millimeter nach unten – bei absoluter Stille! Die kaum spürbare Reibung des Tuchs jagt ihm eine gigantische Gänsehaut über den Körper. Ebenfalls gut möglich, dass sich auf Höhe seines Unterleibs bald ein kleines Zelt bildet …

Zehn zärtliche Verwöhnideen für eine nackte Frau

Transsilvanische Taktik. Schon Dracula wusste: Eine der empfindlichsten und erotischsten Stellen der Frau ist der Hals. Hier können Sie wunderbar ansetzen, um sie in Stimmung zu bringen. Beginnen Sie mit zarten Küssen und leichtem Knabbern an Hals und Nacken. Mit Ihren Händen sollten Sie derweil ihre Schultermuskulatur ein wenig ausstreichen, um Verkrampfungen zu lösen. Sobald sie in Fahrt gekommen ist, dürfen Sie es auch mit ein paar sanften (!) Bissen probieren. Achtung: Frauen jenseits der Pubertät freuen sich über Knutschflecken am Hals ungefähr ebenso sehr wie über einen Staubsauger zum Valentinstag.

Porträt-Studie. Eine sehr zärtliche und intime Form der erotischen Einstimmung ist die Gesichtsmassage. Entspannen Sie mit streichenden Bewegungen ihre Muskulatur, zeichnen Sie mit Ihren Fingerkuppen die Linien ihres Gesichts nach und massieren Sie mit kleinen, kreisenden Bewegungen Stirn, Schläfen und Wangen. Küssen Sie Ihre Partnerin zum Abschluss zart auf den Mund, sagen Sie ihr, wie sehr Sie jedes Detail an ihrem Gesicht lieben.

Gut zu Fuß. Ich kenne Frauen, die für eine gute Fußmassage zu allen Schandtaten bereit sind. Gerade wenn man den ganzen Tag auf den Beinen war, vielleicht noch in hohen, unbequemen Schuhen, wirkt eine Massage unglaublich entspannend und belebend. Da in den Füßen jede Menge Energiebahnen auf engstem Raum zusammenlaufen, kann eine Druckmassage der Sohlen mit der Kuppe Ihres Daumens effektiver sein als jede Ganzkörpermassage. Sollte Ihrer Partnerin der Druck zu intensiv sein, können Sie ihre Füße natürlich auch einfach nur ausstreichen und lockern. Eine Sonderbehandlung haben sich in jedem Fall die Zehen verdient: Gleiten Sie mit Ihrem eingeölten Zeigefinger zwischen den großen und den benachbarten Zeh. Drehen Sie Ihre Hand langsam hin und her und lassen Sie Ihren Finger dann zum nächsten Zwischenraum weiterwandern.

Ballspielen erlaubt. Bekanntlich sind die meisten Männer busenfixiert. Doch erstaunlicherweise erschallt recht häufig die weibliche Klage: «Er beschäftigt sich beim Sex viel zu wenig mit meinen Brüsten.» Kann es sein, dass die Kerle die Bälle nur anhimmeln, aber nicht damit spielen wollen? Oder wissen sie etwa nicht, wie rasend erogen die weiblichen Brüste sind? Manche Frauen sind sogar so empfindlich, dass sie kaum mehr als ein zartes Züngeln an ihren Nippeln ertragen können. Andere finden es göttlich, wenn ihr Partner sie beim Liebesspiel kräftig in die Brustwarzen zwickt. Zudem verändert sich häufig der Grad der Empfindsamkeit je nach Zykluszeitpunkt.

Probieren geht also in diesem Fall mal wieder über Studieren: Testen Sie aus, was Ihrer Liebsten besonders gut gefällt. Das Streicheln der gesamten Brust in Kombination mit dem Saugen und

Lecken ihrer Nippel? Nur das eine ohne das andere? Oder will sie lieber, dass Sie ihre Brustwarzen zwischen die Finger nehmen? Wie dem auch sei: Lassen Sie sich das Vergnügen nicht entgehen!

Blinde Kuh. Wenn einer unserer Sinne ausgeschaltet wird, arbeiten die anderen umso schärfer. Nutzen Sie diesen Effekt, indem Sie den Körper Ihres Schatzes in totaler Dunkelheit und Stille erkunden. Sie werden merken, wie viel sensibler dadurch Ihr Tastsinn wird. Wenn sich Ihr Schlafzimmer nicht völlig abdunkeln lässt, können Sie sich beide die Augen mit einer Maske oder einem Schal verbinden.

Glück von Kopf bis Fuß. Eine Liebeserklärung der sinnlichen Art: Bedecken Sie jeden Quadratzentimeter ihres Körpers mit kleinen, flüchtigen Küssen. Noch raffinierter: Sie befeuchten bestimmte Hautpartien mit der Zunge und hauchen dann leicht darüber. Versteht sich, dass ihr Schatzkästchen erst ganz zum Schluss drankommt.

Auf dem Land fliegen. So nennt sich eine taoistische Massageübung, nach der sich Ihre Partnerin fühlen wird, als hätte sie Flügel. Außerdem soll diese Technik die sexuelle Energie zum Fließen bringen, was Ihnen beiden zugute kommt. Grund genug, die Sache mal auszuprobieren: Bitten Sie Ihre Lady, sich auf den Rücken zu legen, und knien Sie sich zwischen ihre Beine in Blickrichtung auf ihre Füße. Streichen Sie mit den Handflächen von den Fußspitzen nach oben bis zu den Knien und auf der Außenseite der Unterschenkel wieder zurück. Wiederholen Sie diese Bewegung mehrere Minuten lang. Anschließend drehen Sie sich um und nehmen sich die Oberschenkel vor: Legen Sie Ihre Hände oberhalb des Knies ab, beide Handflächen übereinander. Lassen Sie die Hände mit leichtem Druck den Schenkel hochgleiten. An der Hüfte angekommen, legen Sie eine Hand an die Außen- und die andere Hand an die Innenseite des Schenkels und streichen wieder hinab bis zu den Knien. Machen Sie ein paar Minuten weiter so und wenden Sie sich dann dem anderen Bein zu. Versuchen Sie beide, im Gleichtakt tief ein- und auszuatmen, das verstärkt den Schwebe-Effekt der Streichelmassage.

Aufwachen! Ellbeugen, Kniekehle und Achselhöhle sind drei erogene Zonen, die meist im Verborgenen ruhen. Sie sollten sie aus ihrem Dornröschenschlaf wecken! Küssen, anknabbern, lecken, anpusten, mit einem feuchten Finger bestreichen – all diese zarten Reize kommen bei den drei kleinen Hot Spots außerordentlich gut an.

Gegensätze ziehen sich an. Fordern Sie den Tastsinn Ihrer Partnerin heraus, indem Sie bei Ihrer Streichelorgie mit gegensätzlichen Reizen arbeiten: leicht und kräftig, zart und rau, warm und kalt. Setzen Sie die Striche einer Pfauenfeder gegen das Kratzen eines Massagehandschuhs, das vorgewärmte Massageöl gegen den Eiswürfel, die Kraft Ihrer Hände gegen die Sanftheit Ihrer Lippen …

Schön schmutzig. Der Wellness-Boom hat einige netten Anregungen für sinnliche Spielereien hervorgebracht. Eine erotische Versuchung ist zum Beispiel die Rasul-Anwendung, eine orientalische Variante der Fango-Packung. Dabei dürfen Sie gemeinsam mit Ihrer Partnerin in einer Dampfsauna Platz nehmen und sich gegenseitig nach Herzenslust mit Heilerde einschmieren. Schlamm auf feuchter, warmer Haut, und niemand sieht zu – da kann man beim besten Willen nicht voneinander lassen. Das Beste daran: Sie müssen den Dreck hinterher nicht wegputzen, und gesund soll es auch noch sein. Das ist ein Wellness-Trip, der auch Männern gefällt!

8. Kapitel Handarbeit, die hörig macht

Für Frauen: **Warum Sie öfter mal Hand anlegen sollten**

Eine Frau, die einen Penis mit ihren Händen lustvoll zu verwöhnen weiß, kann Männer hörig machen. Sie lieben es, wenn man ihrem Heiligtum ungeteilte Aufmerksamkeit schenkt, es nach allen Regeln der Kunst streichelt und knetet. Viele Frauen nutzen die Geschicklichkeit ihrer Hände nur zu Beginn des Liebesspiels, um eine kleine Sache ganz groß zu machen. Dabei spricht nichts dagegen, den zweiten Gang einfach mal wegzulassen und dafür die Vorspeise zum Festessen auszuweiten: Massieren Sie seinen Schwanz langsam und wollüstig, als ob es kein Morgen gäbe, und genießen Sie den Anblick eines sich vor Erregung windenden Mannes. Der Orgasmus fühlt sich völlig anders an als beim Geschlechtsverkehr und ist auch mit dem durch Selbstbefriedigung nicht zu vergleichen.

Die Magie Ihrer Hände können Sie ebenfalls beim Nachspiel nutzen – frei nach dem Motto «Nach dem Sex ist vor dem Sex». Mit der richtigen Dosierung von Druck und Tempo machen Sie aus einem Lover mit durchschnittlicher Kondition einen Marathon-Mann, der zwei- oder dreimal hintereinander kann.

Gute Handarbeit eignet sich zudem ausgezeichnet für diskreten Sex in Situationen, die dafür eigentlich völlig ungeeignet sind, etwa wenn Sie mit dem Auto im Stau stehen, in der Opernloge Verdi lauschen oder es sich am Strand in der Sandburg gemütlich gemacht haben.

Der perfekte Handjob – die Basics

Wärmen Sie Ihre Finger vor. Selbstverständlich gehört es zu den heiligsten Pflichten eines jeden Mannes, seiner Holdesten im Bett als Heizkissen für ihre blau gefrorenen Extremitäten zu dienen. Aber vergessen Sie nicht, liebe Frauen: Dieser Dienst ist heroisch, nicht erotisch. Eisfinger am Schwanz sind ebenso abtörnend wie Mundgeruch. Wärmen Sie Ihre Hände lieber vorher unter heißem Wasser an. Bei dieser Gelegenheit können Sie dann gleich Ringe, Uhr oder Armband ablegen, um sein Stahlrohr nicht versehentlich zu zerkratzen.

Schmieren Sie ihn großzügig. Lassen Sie kühles Gleitgel nicht einfach aus der Flasche auf seinen Penis tropfen, sondern wärmen Sie es vorher in Ihren Händen an und reiben Sie ihn dann damit ein. Oder Sie stellen eine Flasche mit Massageöl, das Sie vorher im Wasserbad erwärmt haben, in Ihrer Reichweite auf. Möchten Sie schon das Auftragen zu einem kleinen Spektakel machen, dann probieren Sie folgenden Kniff: Gießen Sie sich so viel Gleitmittel in die über seinem Penis befindliche Hand, dass das Zeug durch Ihre Finger auf seinen Unterleib tropft. Dieses Bild weckt nahe liegende Assoziationen und wird ihn in Vorfreude erbeben lassen.

Bringen Sie beide Hände ins Spiel. Der liebe Gott hat uns mit zwei Greifwerkzeugen ausgestattet, es wäre doch schade, eines davon beim Sex unbenutzt zu lassen. Was nicht zwangsläufig heißt, dass Sie sich mit Ihren Streicheleinheiten nur auf den Penis konzentrieren müssen. Wenn Sie nicht wissen, wohin mit der freien Hand, deponieren Sie sie sanft an seinen Hoden. Das ist nie falsch.

Finden Sie die richtige Technik. Es bringt nichts, ihn mit einer raffinierten Rotationstechnik beeindrucken zu wollen, wenn Ihnen dabei schon nach wenigen Sekunden das Handgelenk wehtut und Sie nach einer Minute «Ich kann nicht mehr» wimmern. Ein Handjob erster Klasse kann es nur werden, wenn Sie mit Spaß und Hingabe bei der Sache sind. Daher sollten Sie nur Techniken anwenden, die Sie ohne Verspannungen locker aus dem Ärmel schütteln können, denn nur fließende, rhythmische Bewegungen sorgen für höchsten Genuss. Als Musterschülerin in der Sex-Klasse könnten Sie natürlich vor dem Ernstfall an einer Salatgurke oder einem Dildo üben, wie es hier und dort empfohlen wird. Ich würde immer zum Realitäts-Check am lebenden Objekt raten. Denn selbst wenn Gurke oder Dildo ähnliche Maße wie der Penis Ihres Lovers haben sollten, verraten sie Ihnen hinterher noch lange nicht, ob es schön gewesen ist.

Suchen Sie sich eine bequeme Position. Liegt er auf dem Rücken, sollten Sie ihm ein dickes Kissen unter den Kopf legen, damit er die aufregende Behandlung, die Sie seinem Schwanz angedeihen lassen, auch genüsslich bewundern kann. Sie selbst knien sich zwischen seine gespreizten Beine, um mit beiden Händen optimalen Zugriff zu haben. Zur Abwechslung können Sie sich auch im Reitersitz auf seinem Oberkörper niederlassen mit Blick auf seine Füße beziehungsweise seinen Penis. Das ermöglicht ihm eine wunderbare Aussicht auf Ihren nackten Hintern – wow! Wenn Sie das Hinunterbeugen schnell ermüdet, bitten Sie ihn, sich hinzuknien oder sich hinzustellen, während Sie auf einem Stuhl sitzen. Den gleichen Effekt erzielen Sie, wenn er in erhöhter Position sitzt, zum Beispiel auf einer Treppenstufe über Ihnen oder auf der Bettkante, wenn Sie am Boden auf einem Kissen hocken.

Arbeiten Sie in Slow Motion. Wenn Sie schon einmal zugesehen haben, wie sich ein Mann es selbst besorgt, dann glauben Sie vielleicht, im Akkord arbeiten zu müssen. Fehlanzeige. Versuchen Sie erst gar nicht, seine schnellen Schüttelbewegungen zu imitieren. So viel Übung wie er werden Sie dabei sowieso nie bekommen. Machen Sie es lieber ganz anders – nämlich schön langsam. Ein Hand-Job in Slow Motion gehört zu den intensivsten und lustvollquälendsten Erlebnissen überhaupt. Allerdings darf der Rhythmus auch wieder nicht so langsam werden, dass sein Erregungslevel gegen null absinkt. Am besten fragen Sie ihn zwischendurch einfach mal, ob das Tempo stimmt.

Befragen Sie ihn als Experten. In der Regel fühlen sich Männer äußerst geschmeichelt, wenn eine Frau an ihrem besten Stück liebevoll herumhantiert, um die angenehmsten Massagemethoden herauszufinden. Der technische Aspekt der Sache stört sie nicht. Wieso auch, können sie hier doch endlich mal ihr Insiderwissen weitergeben. Haben Sie deswegen keine Scheu, verschiedene Massagemethoden auszuprobieren und ihn nach seinem Urteil zu befragen. Oft sorgt gerade die Kombination diverser Techniken für die aufregendsten Empfindungen.

Die besten Techniken und Tricks für Handwerkerinnen

Der Klassiker. Bei diesem Griff handelt es sich um eine Verfeinerung der Standardtechnik, die viele Frauen bei ihren ersten sexuellen Abenteuern angewendet haben. Sie können dabei an seiner Seite liegen oder es sich zwischen seinen Beinen bequem machen. Nutzen Sie eine Hand, um den Penis am Schaft zu halten. Besonders angenehm für ihn wird's, wenn Sie seinen Stamm mit einem Ring aus Zeigefinger und Daumen umfassen und die restlichen Finger der Hand dazu nutzen, seine Hoden in sanfter Umarmung zu halten. Mit der anderen Hand bilden Sie eine Faust, die Sie am Penisschaft hinaufgleiten lassen. Wenn Sie die Eichel erreichen, drücken Sie etwas zu. Probieren Sie vorsichtig aus, wie kräftig Sie rangehen dürfen – wenn er jault, waren Sie wohl übereifrig. Mit steigender Erregung sinkt übrigens sein Schmerzempfinden, sodass Sie sanft anfangen und sich dann noch steigern können. Ist Ihr Schatz noch im Besitz seiner Vorhaut, dann ziehen Sie auf dem Rückweg nach unten das Häutchen sanft zurück und rollen es abwärts. Beim erneuten Aufstieg können Sie es wieder leicht über die Eichel gleiten lassen.

Arbeitsteilung. Eine Variante der Standardtechnik, bei der beide Hände aktiv zum Einsatz kommen: Formen Sie eine feste Faust um seinen Penis und beginnen Sie, den Schaft hoch- und hinunterzustreichen. Die andere Hand hat währenddessen locker die Eichel im Griff. Mit ihr können Sie entlang der Furche, wo Eichel und Schaft ineinander übergehen, leichte Drehbewegungen ausführen, mit dem Daumen über das Frenulum streichen oder sanft seine Eichel drücken – erlaubt ist, was gefällt.

Zwei Fäuste für ein Halleluja. Entweder sitzen Sie zwischen seinen geöffneten Beinen, oder Sie machen es sich auf seinem Oberkörper bequem. Eine kräftige Faust um den unteren Penisschaft ballen und in mäßigem Tempo über die Penisspitze hinaus nach oben führen. Wenn die Hand die Eichel erreicht hat, bereits die andere am Schaft anlegen und die Bewegung wiederholen. Wichtig ist, dass Sie den fliegenden Wechsel der Hände in gleichmäßigem Tempo hinbekommen. Es muss immer mindestens eine Hand Kontakt zum Penis haben. Das Ganze klappt übrigens auch in umgekehrter Richtung – die Fäuste streichen dann von der Eichel Richtung Peniswurzel.

Ringlein, Ringlein. Das Prinzip funktioniert ähnlich wie die Fausttechnik, nur dass Sie anstelle der ganzen Hand bloß zwei Finger benutzen. Formen Sie mit Daumen und Zeigefinger einer Hand das Okay-Zeichen und legen Sie den Ring fest um die Eichel. Streichen Sie den Schaft hinunter. Kurz bevor Sie am Ende angekommen sind, wiederholen Sie das Gleiche mit der anderen Hand. Wenn Ihr Schatz von der Natur besonders großzügig ausgestattet ist, empfiehlt sich eine Variante der Okay-Technik: Legen Sie hierfür die Fingerringe der rechten und linken Hand auf mittlerer Höhe übereinander um seinen Penis. Jetzt bewegen Sie beide Ringe in gleichem Tempo voneinander weg, also eine Hand wandert nach oben, die andere nach unten. Wenn Sie an der Wurzel beziehungsweise an der Spitze angekommen sind, geht's zurück Richtung Mitte, wo die Finger wieder aufeinander stoßen. Und auf ein Neues …

Für faule Mädchen. Genau die richtige Technik für Tage, an denen Sie zwar Lust auf Sex, aber nicht auf anstrengende Aktionen haben, denn sie bietet maximale Wirkung bei minimalem Aufwand. Setzen Sie sich zwischen seine geöffneten Beine und verschränken Sie Ihre Finger locker hinter seinem Penis. Nur die beiden Daumen sollten auf Ihrer Schauseite (der Penis-Unterseite) zu sehen sein – sie sind die einzigen, die arbeiten müssen. Wie zwei Scheibenwischer streichen Sie von rechts nach links und links nach rechts über die hochempfindliche Stelle der Eichel, wo das Vorhautbändchen sitzt. Damit die Mini-Massage auf Dauer nicht schmerzhaft wird, ist reichliches Ölen Pflicht! Eignet sich auch perfekt für eine Genitalmassage im Zeitlupentempo.

Betschwester. Verschränken Sie Ihre Hände, als ob Sie ein Stoßgebet gen Himmel senden wollen. Stülpen Sie dieses Zelt über seine Latte und fahren Sie langsam den Schaft hinunter, bis seine Spitze aus dem Fenster zwischen Daumen und Zeigefinger herausguckt. Hinauf, hinunter, hinauf ... Wenn Sie sich dabei nicht das Handgelenk verrenken, können Sie die gefalteten Hände in der Auf- und Abwärtsbewegung auch noch langsam seitlich hin und her drehen und damit die Stimulation verstärken.

Kreisel auf der Glatze. Am besten lässt sich diese Spezialmassage der Eichel bewerkstelligen, wenn er ganz relaxt auf dem Rücken liegt und Sie seitlich neben ihm sitzen. Nehmen Sie die Hand, die seinen Füßen am nächsten ist (wenn Sie auf seiner rechten Seite sitzen, die rechte), ziehen Sie die Vorhaut (falls es eine gibt) seines schon steifen Glieds nach unten und umfassen Sie den Schaft ganz unten mit einem Ring aus Daumen und Zeigefinger; die restlichen Finger umgreifen die Hoden. Formen Sie mit der anderen Seite eine hohle Hand und reiben Sie mit der entstandenen Kuhle Ihres Handtellers in kreisförmigen Bewegungen über seine Eichel. Bei manchen Männern schlagen die Wonnen, die diese Technik auslöst, nach einiger Zeit in eine Überstimulation um. Fragen Sie ihn nach seinem Befinden, wenn Sie sein Gestöhne nicht eindeutig interpretieren können.

Alles Gute kommt von oben. Mit Ihrer ungeübteren Hand halten

Sie seinen Penis stabil, genau so, wie bei der Kreisel-Technik beschrieben. Die Schreibhand heben Sie über seinen erigierten Schwanz und lassen die Finger locker nach unten hängen. Nun massieren Sie seinen Schwengel mit Auf- und Abwärtsbewegungen – die Finger stimulieren rundum den Penisschaft bis zur Furche, die Handfläche stupst beim Tiefgehen in regelmäßigem Rhythmus gegen die Penisspitze.

Heiße Wickel. Benutzen Sie für Ihre erotische Massage zur Abwechslung ein glattes Stofftuch. Wickeln Sie seinen Penis damit ein und legen Sie dann Hand an. Sie können auch mit anderen Stoffen wie zum Beispiel Satin-, Leder- oder Latexhandschuhen oder mit abgeschnittenen Nylons experimentieren. Vielleicht entdecken Sie ja seine Schwäche für ein bestimmtes Material, das er gerne öfter auf Ihrer Haut sehen würde …

Fernbedienung. Versuchen Sie, ihn anstatt mit den Händen mit Ihren Füßen in Wallung zu bringen. Am besten geht das, wenn Sie mit einem Kissen im Rücken liegen (damit Sie sehen können, was Sie da tun) und er Ihnen gegenüber sitzt. Mal abgesehen davon, dass Sie damit Ihre Fußreflexzonen aktivieren: Es ist ziemlich spannend, sich selbst mit mehr Abstand als gewöhnlich beim Kneten eines Penis zu beobachten.

FÜR MÄNNER: **WARUM IHRE PETTINGKÜNSTE IMMER NOCH GEFRAGT SIND**

So fing alles an. Erinnern Sie sich – an die ersten Erkundungstouren in die engen Jeans der ersten Freundin. An zarte, ungelenke Rubbelversuche hinter der verschlossenen Tür des Kinderzimmers, immer in Panik, von Eltern oder Geschwistern überrascht zu werden. An erhitztes Petting auf dem schmalen Bett, das ganze Nachmittage lang dauern konnte … Mit dem Erwachsenwerden verliert die Handarbeit meist an Bedeutung – leider, denn nicht wenige Frauen würden lieber auf den Penis ihres Liebhabers verzichten als auf seine geschickten Hände, die ihnen so wundervolle Orgasmen bereiten können.

Als Wesen, das es gewohnt ist, Bierkästen zu schleppen und Winterreifen zu wechseln, machen Sie sich vielleicht Gedanken, ob Sie mit Ihren grobmotorischen Fingern so ein zartes Pflänzchen wie die Klitoris verzücken können. Und tatsächlich sind bei der manuellen Befriedigung einer Frau andere Fähigkeiten gefragt als beim Aufstellen eines IKEA-Regals. Bitte erwarten Sie deswegen auch keine Step-by-Step-Anleitung mit beiliegender Konstruktionszeichnung. Der weibliche Körper hält sich leider an keine DIN-Norm. Erschwerend hinzu kommt, dass die Klitoris ihre Größe und Lage verändern kann und das Empfinden je nach Zyklus-Phase wechselt.

Um brillant auf der Klaviatur der weiblichen Erotik spielen zu können, müssen Sie vor allem ihre Noten lesen lernen. Simpler gesagt: Finden Sie heraus, wie ein «Ahh», ein «Ohh», ein Zucken, Augenverdrehen, Stöhnen und ähnliche nonverbale Signale Ihrer Partnerin zu interpretieren sind, anstatt darauf zu warten, dass sie irgendwann mal «Autsch» sagt und Sie aus dem Bett stößt. Oder einen Orgasmus vortäuscht, damit Sie endlich von ihr ablassen. Es gibt nichts Schlimmeres als Männer, die unbeirrt von allen Körperreaktionen ihrer Partnerin die Klitoris wie ein Rubbellos bearbeiten, weil sie der festen Überzeugung sind, dass man das so machen soll.

Zumindest eines kann ich Ihnen versprechen: Wenn Sie die folgenden Basis-Regeln für genussvolle Handarbeit beachten, werden sie niemals zu diesem Typ Stahlfinger gehören, vor dem sich Frauen hinter vorgehaltener Hand warnen.

Raffinierte Fingerspiele – die Basics

Verwechseln Sie Ihren Finger nicht mit Ihrem Penis. Lachen Sie nicht, unerfahrene Männer tun das. Rein, raus, rein, raus, und zwar im Takt einer Nähmaschine. In den seltensten Fällen führt das zum erwünschten Ergebnis. Einen Finger als Schwanz-Ersatz zum Penetrieren zu nutzen, macht wenig Sinn, weil das Original bekanntlich dicker, länger, flexibler und damit automatisch besser geeignet für Indoor-Spielchen ist. Ihre Hände sollten Sie beim Sex lieber für Dinge nutzen, die Sie mit Ihrem Willy nicht hinbekommen – vor allem, um ihre Scham ganz zart und raffiniert von außen zu reizen.

Gehen Sie langsam ran. Erwarten Sie nicht, dass Ihre Liebste von jetzt auf gleich pitschnass wird, nur weil Sie Ihr eine Hand zwischen die Beine gelegt haben. Ihre Erektion baut sich ja auch nicht immer in Lichtgeschwindigkeit auf, oder? Bevor Sie anfangen, ihre Klitoris in Schwingungen zu versetzen, sollten Sie Ihre Liebhaberin erst mal auf Betriebstemperatur bringen, zum Beispiel indem Sie ihr sanft in den Hals beißen, Ihre Brüste mit Küssen bedecken, ihre Innenschenkel streicheln oder ihre Schamlippen kneten.

Zart kommt besser als hart. Klar, ein Schwanz kann niemals hart genug sein, doch wenn Sie eine Frau mit Ihren Fingern selig machen wollen, ist Feingefühl gefragt. Die hohe Konzentration von Nervenenden in der Klitoris macht sie sehr empfindlich für direkte, punktgenaue Reizung. Viele Frauen finden es daher angenehmer, wenn ihre Prinzessin auf der Erbse bei der Massage durch ihre Schamlippen oder die Vorhaut abgepolstert wird. Sie erinnern sich: «Das vertikale Lächeln» einer Frau besteht aus zwei Paar Lippen – den äußeren Schamlippen, die in der Regel behaart sind, und den kleineren Schamlippen, die die Scheidenöffnung einfassen. Im oberen Zwickel der inneren Lippen sitzt die Klitoris, von einer Hautfalte geschützt.

Wenn Sie nicht ganz sicher sind, wie viel Druck Ihre Partnerin als wohltuend empfindet, sollten Sie den Bereich um ihren Kitzler großräumig mit mehreren Fingern oder der Handfläche stimulieren. Die breitere Reizung nimmt Druck weg. Wichtig ist, dass die

Haut über dem darunterliegenden Gewebe im Rhythmus Ihrer Finger mitschwingen kann. Also: Schön locker bleiben, mit einer verkrampften Handhaltung werden Sie ihr nicht viel Freude bereiten.

Feucht kommt besser als trocken. Sorgen Sie dafür, dass ihre Scham nicht nur von innen, sondern auch von außen schön feucht wird – das fühlt sich einfach besser an und vermindert die Gefahr, dass sie die Reibung als unangenehm empfindet. Wenn Ihre Partnerin schon richtig auf Touren ist, reicht es meist aus, dass Sie hin und wieder einen Finger sanft zwischen ihre Lippen schieben, um ihr natürliches Gleitmittel ans Tageslicht zu befördern. Selbstverständlich können Sie auch auf künstlich hergestellte Produkte zurückgreifen – je nachdem, was Ihrer Herzensdame besser gefällt. Übrigens macht sich auch Ihr Samensaft ganz gut als Schmierstoff, wenn Sie mal das Prinzip «Ladies first» auf den Kopf gestellt haben sollten …

Bleiben Sie in Kontakt. Es ist natürlich verführerisch, sich ganz auf das erogene Dreieck einer Frau zu konzentrieren, um ihre Hot Spots so gut wie möglich zu stimulieren. Doch sollten Sie Ihrer Partnerin zwischendurch immer wieder signalisieren, dass Sie wissen, dass es noch einen Menschen gibt, der an dieser faszinierenden Vagina dranhängt, sonst empfindet sie Ihre Handarbeit möglicherweise als zu mechanisch.

Stellen Sie hin und wieder Augenkontakt her, fragen Sie nach, ob ihr gefällt, was Sie da unten tun, und vor allem: Berühren Sie ihren Körper außerhalb der roten Meile. Etwa indem Sie über ihre Brüste streichen, die freie Hand unter ihrem Steißbein ablegen oder ihre in Reichweite befindlichen Körperteile mit Küssen bedecken.

Wenn Sie neben ihrer Hüfte oder zwischen ihren Beinen sitzen, haben Sie zwar optimalen Zugriff auf ihre Vulva, doch möglicherweise zieht Ihre Liebste eine romantischere Position vor. Beispielsweise können Sie Ihren Kopf auf den Oberkörper Ihrer Partnerin betten und ihrem immer schneller werdenden Herzschlag lauschen, während sie dem Höhepunkt entgegentreibt. Oder Sie legen sich parallel neben sie und legen einen Arm um ihre Schultern. Besonders geborgen wird sich Ihre Liebste fühlen, wenn Sie sich hinter sie setzen, sodass Ihre Bauchseite für sie ein weiches Rückenpolster bildet und Ihre Arme von rechts und links ans Honigtöpfchen kommen.

Halten Sie Rhythmus und Technik. Zum Warmwerden darf Ihre Handarbeit ruhig abwechslungsreich und neckisch sein, aber wenn Ihre Partnerin so langsam auf den Gipfel zusteuert, sollten Sie bei einer Technik und einem gleichmäßigen Rhythmus bleiben. Die meisten Frauen brauchen konstante Reizung, um sich völlig fallen lassen zu können; anders als viele Männer, die kurz vor dem Höhepunkt gerne das Tempo verschärfen oder es genießen, mit betont langsamen Zügen das Finale zu erreichen.

Zeigen Sie Ihre Erregung. Für viele Frauen ist es nicht ganz leicht, sich entspannt zurückzulegen, während ein Mann an ihrer Vagina herumschraubt. Einige finden ihr primäres Geschlechtsteil wenig attraktiv oder fürchten, ihr Partner könnte seinen Dienst daran aus purem Pflichtbewusstsein erledigen. Damit sie ohne schlechtes Gewissen genießen kann, sollten Sie ihr zeigen, wie aufregend Sie Ihre Tätigkeit finden. Wenn Sie kein Freund großer Worte sind, genügt es, dass Sie Ihren hoch aufgerichteten Leuchtturm ins rechte Licht rücken.

Die besten Techniken und Tricks für Handwerker

Die Lippen in der Zange. Viele Frauen befriedigen sich selbst, indem sie die von den inneren Schamlippen geschützte Klitoris zwischen Zeige- und Mittelfinger oder Mittel- und Ringfinger nehmen. Die Methode muss also gut sein – machen Sie sie nach! Setzen Sie dafür Ihre beiden Finger locker an den Außenseiten der kleinen Lippen an – etwa im oberen Drittel. Wenn möglich, legen

Sie dabei den Handballen auf dem Schamhügel ab, damit Ihre Hand nicht so schnell ermüdet. Jetzt bewegen Sie Ihre Finger aus dem Handgelenk nach rechts und links oder lassen sie locker rotieren. Locker! Das Wort kann man in diesem Zusammenhang nicht oft genug erwähnen.

Möglicherweise zieht Ihre Partnerin es vor, dass Sie Ihre beiden Finger ein Stückchen höher – also kurz oberhalb der Klitoriseichel – ansetzen und von dort aus über die von der Vorhaut geschützte Lustperle rotieren. Ausprobieren. Nachfragen.

Hand auflegen. Nicht immer sind für eine lustvolle Be-Handlung flinke Finger nötig, auch eine Massage mit der ganzen Hand hat ihren Reiz. Nehmen Sie dazu zwischen den Beinen Ihrer Gespielin Platz und legen Sie den Ballen leicht auf der oberen Hälfte ihrer Schamlippen ab. Stimulieren Sie die Scham mit Rotations- oder Rubbelbewegungen, wobei Sie mit supersanftem Druck beginnen, den Sie nur steigern sollten, wenn Ihre Partnerin danach verlangt.

Die andere Variante: Sie setzen sich neben die Hüfte Ihrer Partnerin und legen Ihre Hand auf ihrem Schambein ab, sodass Ihre auf den Schamlippen liegenden Finger in Richtung Fußende weisen. Sie können Ihre Hand vor- und zurückgleiten oder auch rotieren lassen – je nachdem, was besser ankommt.

Unverhüllt. Wenn Sie Ihre Dame schon richtig in Wallung gebracht haben, dürfen Sie ausprobieren, ob ihr eine «unverhüllte» Stimulation der nun schon voll erigierten Klitoriseichel gefällt. Spreizen Sie dazu die Schamlippen mit zwei Fingern, ziehen Sie die Vorhaut zurück und streicheln Sie mit einem gut befeuchteten Zeigefinger den empfindlichen Höcker. Auch hier empfehlen sich kreisende Bewegungen oder sanfte Stubser. Versuchen Sie auch, Miss K. zwischen Daumen und Zeigefinger zu fassen und sie durch leichtes Kreisen zu massieren. Seien Sie sensibel genug, zu erkennen, wenn Ihre Partnerin die direkte Reizung als zu aufdringlich empfindet, sonst schlägt die Ekstase schnell in Unbehagen um.

Schöne Aussichten. Ein Stellungswechsel bringt neue Spannung für Handarbeitsprofis. Haben Sie es ihr schon einmal mit Ihren Fingern besorgt, während sie Ihnen herausfordernd ihr Hinterteil entgegengestreckt hat? Der Griff von hinten durch ihre Beine funktioniert auch, wenn sie mit leicht gekipptem Becken auf dem Bauch liegt, aber einen schöneren Blick haben Sie natürlich, wenn sie auf allen vieren vor Ihnen kniet. Vermutlich werden Sie bei diesem Anblick schwer in Versuchung kommen, es auf der Stelle im Doggy-Style zu tun. Doch gedulden Sie sich! Dafür ist später sicher auch noch Zeit.

Höhlenforscher. Auch wenn Sie sich bei der Handarbeit auf das Äußere der Scheide konzentrieren sollen, heißt das noch lange nicht, dass kleine Ausflüge in die Höhle verboten sind. Ihre Partnerin wird es vermutlich sogar sehr anregend finden, wenn Sie mit einem Finger Ihrer Zweithand in sie eindringen, während die andere Hand ihren Klitorisbereich streichelt. Aber bitte rammen Sie ihr den Finger nicht überfallartig in den Unterleib, sondern führen Sie ihn langsam ein. Im Inneren können Sie dann erkunden, welche Art der Bewegung sie am meisten erfreut. Tasten Sie sanft die Höhlenwände ab, klopfen Sie zart auf erogene Punkte, vielleicht gefällt es ihr, wenn Sie Ihren Finger abwechselnd krümmen und wieder strecken; möglicherweise verstärkt es auch ihre Empfindungen beim Orgasmus, wenn Sie mit zwei Fingern bewegungslos in ihrer Vagina parken. Probieren Sie immer mal wieder eine der beschriebenen Techniken aus und fragen Sie nach, ob sie lustfördernd wirken. Aber bitte nicht alle zehn Sekunden ein neues Experiment durchführen und jedes Mal mit «Wie fühlt sich das an?» nerven. Sonst fühlt sich Ihre Partnerin wie ein Versuchskaninchen im Sexlabor.

Eine Hand voll Wohlgefühl. Und noch eine schöne Idee, wie Sie sich mit Ihrer zweiten Hand im Schambereich Ihrer Partnerin nützlich machen könnten: Nehmen wir an, Sie sitzen zur Linken Ihrer auf dem Rücken liegenden Dame und massieren mit Ihrer

Rechten die Region um ihr Lustknöpfchen. Jetzt drehen Sie den Handteller Ihrer freien linken Hand zur Decke und schieben ihr die Hand unter den Po. (Nicht in den Po! Zu diesem Thema kommen wir später noch) Nur der Daumen guckt noch vor und wird am unteren Ende der Scheidenöffnung abgelegt. Alles klar? Ich weiß, es klingt etwas kompliziert. Aber der Griff ist genauso einfach wie wirkungsvoll, weil er der Frau das wunderbare Gefühl gibt, ganz von Ihren Händen umschlossen zu sein.

Unten ohne. Ihre Partnerin ist offen für kleine Sexperimente? Wie wär's mit diesem: Wenn sie sich das nächste Mal zum Ausgehen aufbrezeln will und Sie danach fragt, was sie anziehen soll, schlagen Sie einen engen Rock vor. Mit halterlosen Strümpfen. Ohne Höschen drunter. Spielt sie mit, erwartet Sie beide ein aufregender Abend. Schon der Gedanke an ihre nackte Scham wird Sie antörnen. Und wenn Sie im Hausflur, in der Tiefgarage, im Aufzug oder sonstwo einige unbeobachtete Momente haben, schieben Sie Ihre Hand unter ihren Rock und lassen sie zwischen ihre Beine wandern. Wieder zu Hause angekommen, können Sie Ihr Spielchen auf den Gipfel treiben. Natürlich behält sie den Rock dabei an. Das ist sicher nicht die bequemste aller Nummern, aber es wird sich sehr erregend anfühlen, wie Ihre Hand fordernd unter den Rocksaum drängt, an ihren Oberschenkeln hinaufgleitet, um ihren zweiten Mund zu liebkosen. Ganz so, als wären Sie ein Paar, das zum ersten Mal übereinander herfällt.

Duales System. Wenn Sie den Bogen raushaben und ein Meister darin sind, Ihre Bettgefährtin per Hand zum Orgasmus zu bringen, dann sollten Sie Ihre Künste unbedingt auch mal nutzen, um Ihre Liebste beim Geschlechtsverkehr zweigleisig zu verwöhnen. Selbst für Männer, die ihr Handwerk souverän beherrschen, ist es allerdings gar nicht so einfach, Penis und Hände gleichzeitig unter Kontrolle zu bringen. Vielen geht mit steigender Erregung das nötige Feingefühl in den Fingern flöten. Wenn Sie nicht ein begnadeter Simultant sind, sollten Sie daher Ihr bestes Stück, solange

Ihre Finger im Einsatz sind, weitgehend unbeweglich in der weiblichen Höhle ruhen lassen. Sorgen Sie nur für so viel Reibung, wie unbedingt nötig ist, damit Ihre Erektion nicht in sich zusammenfällt.

Gut geeignet für die Doppel-Stimulation durch Penis und Hand sind alle Stellungen, bei denen Sie Ihrer Lady Rückendeckung geben. Beispielsweise könnte Ihre Partnerin rücklings auf Ihrer Vorderseite liegen – eine Position, für die der Schwanz allerdings nicht zu klein sein darf, sonst flutscht er sofort wieder heraus. Eine andere, sehr bequeme Möglichkeit: Der Mann sitzt auf einem Sofa oder einem Stuhl, und die Frau nimmt auf seinem Schoß Platz. In dieser Stellung kann er mit seinen Händen wunderbar Brüste und Scham liebkosen, während sein Penis fest zwischen ihren Beinen steckt.

9. Kapitel Schöner lieben mit den Lippen

Für Frauen: Warum er süchtig nach Oralsex ist

Wenn Männer davon schwärmen, dass eine Frau «gut im Bett» sei, dann können Sie davon ausgehen, dass die entsprechende Dame Fellatio nicht nur vom Hörensagen kennt. Es mag ein altes Klischee sein, wahr ist es trotzdem: Orale Befriedigung steht auf der erotischen Wunschliste der Kerle nach wie vor ganz oben. Sicher auch deswegen, weil ein gar nicht so kleiner Teil der Frauen einen Penis mit der gleichen Begeisterung wie einen Zahnarzt-Bohrer in ihren Mund lässt. Angeblich ist die unerfüllte Sehnsucht nach Oralsex das Hauptmotiv, das gebundene Männer in die Arme von professionellen Liebesdienerinnen treibt. Besonders begehrt ist eben immer das, was man nicht so einfach haben kann.

Natürlich hat seine Euphorie für Oralsex auch ein paar handfeste Gründe: Es ist einfach ein Wahnsinnsgefühl für seinen Penis, in den feucht-warmen Mundraum einzudringen und dabei noch von weichen Lippen und einer flinken Zunge verwöhnt zu werden. Lecken, saugen, knabbern, nuckeln – selbst wenn Sie das Spiel mit Ihren PC-Muskeln souverän beherrschen, so raffiniert wie mit Ihrem Mund werden Sie ihn mit Ihren Genitalien nie befriedigen können. Anders als beim Geschlechtsverkehr kann er sich beim Blasen zudem ganz seiner Lieblingsbeschäftigung – dem Nichtstun – hingeben, frei von Verantwortung einfach nur genießen. Ein schöneres Kompliment, als seinen Penis mit Ihrem Mund zu liebkosen, und das auch noch mit sichtlichem Vergnügen, können Sie einem Liebhaber nicht machen. Sie demonstrieren damit auf überzeugende Weise, dass Sie das sichtbarste Zeichen seiner Männlichkeit vergöttern.

Entgegen dem Klischee fällt es übrigens nicht jedem Träger eines

Y-Chromosoms leicht, sich von einer Frau mit dem Mund zum Höhepunkt bringen zu lassen. Viele brauchen eine Weile, bis sie sich in ihrer passiven Position entspannen und die feuchten Zärtlichkeiten annehmen können. Einige haben auch Hemmungen, sich in den Mund einer Frau zu entladen, weil frühere Partnerinnen sich davor geekelt haben. Oralsex, egal, ob aktiv oder passiv genossen, braucht häufig mehr Vertrauen als Geschlechtsverkehr – obwohl man davon keine Kinder kriegen kann.

Fellatio vom Feinsten – die Basics

Sichern Sie den Hygiene-Standard. Viele Blow-Job-Verweigerinnen bemäkeln den intensiven Geruch, den ein Penis, vor allem in erregtem Zustand, nun mal so hat. Eigentlich sollte sein Genitalduft auf Frauen ja als Aphrodisiakum wirken. Aber die Übermenge an künstlichen Duftstoffen, mit denen wir uns Tag für Tag einnebeln, hat den natürlichen Schnupperinstinkt bei der einen oder anderen vermutlich verdorben. Finden Sie, dass sein Willy zu streng riecht, oder haben Sie gar den furchtbaren Verdacht, er sei länger als zwölf Stunden nicht gewaschen worden, dann verlegen Sie das Vorspiel einfach in die Dusche. Dort können Sie ihm beim Einseifen auch gleich behilflich sein.

Natürlich gibt es auch weit subtilere Methoden, um ihm klar zu machen, dass er nur in Ihrem Mund einparken darf, wenn er vorher in der Waschanlage war. Da so gut wie alle Frauen Meisterinnen der Manipulation sind, dürfte es auch Ihnen nicht schwer fallen, Ihren Liebsten entsprechend zu konditionieren. Zum Beispiel so: Kommt er das nächste Mal frisch geduscht aus dem Badezimmer, stürzen Sie sich auf ihn, flüstern: «Hmm, du riechst so gut, da kann ich einfach nicht widerstehen», und bewegen Ihren Kopf in Richtung Südpol. Wenn er diese Botschaft nicht kapiert, dann dürfte er vermutlich auch Schwierigkeiten haben, den Weg ins Schlafzimmer zu finden.

Fallen Sie nicht mit der Tür ins Haus. Denn Vorfreude ist bekanntermaßen die schönste Freude. Am besten deuten Sie Ihre Absichten schon an, lassen ihn aber noch ein bisschen zappeln, bevor es richtig zur Sache geht. Züngeln Sie an seinem Lendenbereich und an den Innenseiten der Oberschenkel herum; lecken Sie an seinen Säckchen, nehmen Sie ein Ei nach dem anderen in den Mund und saugen Sie sanft; hauchen Sie seinen Penis an, ohne ihn zu berühren, überdecken Sie seinen Stamm mit vielen kleinen, feuchten Küssen, bis er vor Ungeduld nur so zuckt. Dann ziehen Sie leicht die Vorhaut zurück, kreiseln mit Ihrer Zunge auf seiner Spitze und, und, und ... Ihnen fallen selbst sicher noch unzählige Methoden ein, wie Sie ihn mit dem Mund verrückt machen können.

Behalten Sie die Kontrolle. Manche Frauen haben die Erfahrung gemacht, dass ein Penis in ihrem Mund in etwa die gleichen Empfindungen auslöst wie ein Finger in ihrem Rachen. Aus Angst davor, einen Brechreiz zu bekommen, machen sie mit dem Mund lieber einen großen Bogen um seine erogenen Zonen. Schade, denn wenn sie mit der richtigen Technik an die Sache rangehen würden, müssten sie sich um den Würgereflex keine Sorgen machen. Anders, als man das in vielen Pornofilmen sehen kann, geht es beim Blasen nicht darum, sich von einem Schwanz das Zäpfchen massieren zu lassen. Im Film und in der männlichen Phantasie ist es vielleicht geil, einen 25 Zentimeter langen Penis bis zum Anschlag im Hals einer Frau verschwinden zu lassen, in der Praxis ist diese Fähigkeit nicht gefragt. Sie versuchen ja auch nicht, Ihre Mutter zu zersägen, nur weil Sie das mal in David Copperfields Show so gesehen haben. Der reizempfindlichste Teil seines besten Stücks sitzt bekanntlich im vorderen Drittel. Von daher können Sie ihm auch einen äußerst befriedigenden Blow-Job schenken, wenn Sie ihn nur zwei bis drei Zentimeter tief einlassen. Oder gar nicht. Männer fahren auch auf eine rein äußerliche Oral-Behandlung ab. Will heißen: Sie züngeln, lecken und reiben mit Zunge und Lippen nur von außen an seinem Zucchino.

Um die Kontrolle über seine Stoßtiefe zu behalten, sollten Sie Ihre Hände zu Hilfe nehmen. Bewährt hat sich, beim Blasen immer eine Hand am Schaft zu lassen und die andere an den Hoden abzulegen. So können Sie verhindern, dass er im Eifer des Gefechts zu heftig zustößt, und ihm gleichzeitig Gutes tun. Wie praktisch!

Suchen Sie sich eine lustvolle Position. Frühere Generationen haben sich Gedanken gemacht, ob es für eine Frau erniedrigend sei, wenn sie zu Füßen ihres Mannes kniet, um ihn mit dem Mund zu befriedigen. Heute darf man die Stellungsfrage glücklicherweise etwas pragmatischer betrachten: Haben Sie den unerfreulichen Eindruck, dass Ihr Lover Sie beim Sex demütigen will, dann raus mit ihm aus Ihrem Bett und Leben. Wenn nicht, müssen Sie sich auch nicht den Kopf über frauenfeindliche Stellungen zerbrechen. Es gibt nämlich nur lustvolle und weniger lustvolle, bequeme und unbequeme. Sich beim Blow-Job auf ein Bodenkissen zu kauern, während er steht oder auf dem Bett kniet, ist eindeutig eine gute Idee. Für beide. Er hat freie Sicht auf Ihren lüsternen Mund bei der Arbeit, Sie haben viel Bewegungsfreiheit und bekommen keinen steifen Nacken. Ebenso geeignet: Er steht, und Sie sitzen auf der Bettkante.

Anatomisch sinnvoll, aber weniger nackenfreundlich ist der Platz auf der Matratze zwischen seinen Beinen, während er auf dem Rücken liegt oder zurückgelehnt sitzt. Von dieser Position aus können Sie mit Zunge und Lippen wunderbar seine Hot Spots an der Penis-Unterseite stimulieren. Außerdem stößt er in diesem Winkel nicht so leicht an Ihre Zähne.

Geübte Oral-Erotikerinnen drehen gerne mal den Spieß um und legen sich mit einem Kissen unterm Kopf auf den Rücken. Er kniet über ihrem Oberkörper und lässt mit vorsichtigen Hüftbewegungen seinen Penis in ihren Mund hinein- und hinausgleiten. Bei dieser Variation ist die Frau in ihrer Bewegungsfreiheit stark eingeschränkt und hat wenig Kontrolle über den Ablauf der Veranstaltung. Daher ist diese Stellung nur zu empfehlen, wenn Sie sich

beim Oralsex mit Ihrem Partner ganz sicher und entspannt fühlen.
Apropos Wohlfühlklima: Die meisten Frauen empfinden es als bedrückend bis bedrohlich, wenn der Partner seine Hand beim Blasen um ihren Hinterkopf legt. Wenn es so ist, sagen Sie es ihm offen! Er wird sicherlich alles tun, um Ihnen die Zeit an seinem Penis so angenehm wie möglich zu gestalten.
Passen Sie auf Ihre Zähne auf. Letztlich ist das die einzige Möglichkeit, beim Blow-Job einen groben Fehler zu machen, denn die scharfen Kanten Ihrer Zähne können ihm nachhaltig den Spaß am Oralsex vermiesen. Üble Kastrationsängste werden wach, wenn sich Ihre Beißerchen an seiner Männlichkeit wetzen, von den realen Schmerzen mal ganz abgesehen. Vor allem wenn es ein bisschen heftiger und schneller zur Sache geht, sollten Sie daher unbedingt das Gebiss mit den Lippen abpolstern. Womit ich nicht sagen will, dass Zähne grundsätzlich nichts beim Blasen verloren haben. Es kann sich für ihn sehr erregend anfühlen, wenn Ihre Schneidezähne ganz behutsam an seiner Eichel schaben. Aber bitte testen Sie seine individuelle Schmerzgrenze vorsichtig aus, um ihn nicht ein für alle Mal zu traumatisieren.
Setzen Sie Ihre Zunge ein. Häufig ist es der geschickte Gebrauch der Zunge, der einen wunderbaren Blow-Job von einem phänomenalen unterscheidet. Lassen Sie Ihre Zunge fleißig kreiseln, während sich sein Penis in Ihrem Mund bewegt, lecken Sie an seinem Vorhautbändchen oder stupsen Sie mit möglichst kräftigen Zungenschlägen seine Eichel. Am Anfang wird Ihre Zunge vielleicht relativ schnell schlappmachen, aber auch beim Blasen lässt sich durch Training Kondition aufbauen. Ihr Sparringspartner steht sicherlich immer gerne zu Übungszwecken bereit.
Lassen Sie die Säfte fließen. Eine allzu gute Kinderstube ist beim Sex häufig hinderlich. Machen Sie sich nicht die Mühe, den Speichel, der sich beim Blasen unweigerlich bilden wird, in Ihrer Mundhöhle zu sammeln. Sie müssen auch keine Pausen einlegen,

um die Spucke runterzuschlucken – das bringt Sie nur aus dem Rhythmus. Lassen Sie den Saft einfach der Erdanziehungskraft folgen und nutzen Sie den positiven Nebeneffekt aus: Der Speichel macht seinen Penis schön feucht und lässt Ihre Hand besser glitschen.

Schlucken Sie's runter. Möglicherweise lesen Sie das jetzt nicht gerne. Aber leider ist es so: Für viele Männer gehört es zu einem genialen Blow-Job dazu, im Mund ihrer Partnerin zu kommen. Und das höchste der Gefühle ist es, wenn die Dame ihr Sperma anschließend hinunterschluckt. Das mögen Sie für albern halten, liebe Frauen, aber so ist es nun mal. Sie würden es vermutlich auch nicht so toll finden, wenn Ihr Liebhaber nach dem Cunnilingus sofort ins Bad hechtet, um mit einem Gläschen Mundwasser zu gurgeln. Also schlucken Sie's schnell runter, es ist eh nur ein Teelöffel voll Eiweiß mit etwa fünf Kalorien. Ein Schluck Champagner hinterher, und auch der leicht salzige Nachgeschmack ist verschwunden.

Die besten Techniken und Tricks für Bläserinnen

Alles schön flisch. Wollen Sie Ihren schwer gestressten Schatz mal ausgiebig verwöhnen, bietet sich als Einstimmung für einen Luxus-Blow-Job die Geisha-Methode an: Sie nehmen drei Frotteelappen (die Dinger, die es beim Japaner immer vor dem Essen gibt), machen sie nass, wringen sie aus, rollen sie zusammen und bringen sie in der Mikrowelle auf eine angenehme Temperatur. Dann begeben Sie sich daran, Ihren Mann mit einer Art rituellen Waschung auf das Liebesspiel einzustimmen: Erst kommt das Gesicht an die Reihe, dann Füße und Hände und zuletzt … Sie wissen schon.

Stoßdämpfer. Auf Dauer kann es für die Frau ziemlich anstrengend sein, die Lippen über ihre Zahnreihen gespannt zu halten, damit er ohne Schürfverletzung in ihren Mund vögeln kann. Entlastung für sie und zusätzliche Stimulation für ihn bietet die Lippenring-Technik, die sich am besten anwenden lässt, wenn er steht und sie kniet. Formen Sie Zeigefinger und Daumen zum Okay-Zeichen und legen Sie dieses fest auf Ihre geöffneten Lippen. Die andere Hand greift um seinen Penis und gewährleistet sichere Führung. Jetzt kann er locker aus der Hüfte heraus durch den erregend engen Fingerring in Ihren Mund stoßen. Die Hand am Schaft garantiert, dass er nicht zu tief eindringt. Um das Vergnügen noch zu erhöhen, können Sie mit der Zunge im Rhythmus seiner Stöße gegen die Penisspitze klopfen.

Ab ins Körbchen! Wenn Sie zu den glücklichen Besitzerinnen eines C- oder D-Cups gehören, dann sind Sie für diese Übung prädestiniert. Drücken Sie Ihre schön eingeölte Oberweite mit den Händen zusammen und nehmen Sie seinen Schwanz zwischen Ihren Brüsten in die Mangel. Lassen Sie ihn so weit durchflutschen, bis er sanft in Ihrem lockenden Mund landet. Das Gefühl, von Ihren Brüsten und Ihrem Mund gleichzeitig verwöhnt zu werden, ist einzigartig. Allein schon der Anblick wird ihn ausflippen lassen!

Lernen von Monica. «Das Mädel ist in der Lage, einen Tennisball durch einen Gartenschlauch zu saugen.» So oder ähnlich soll Bill Clinton die Blow-Job-Künste von Monica Lewinsky gerühmt haben. Es sieht so aus, als ob die berühmteste Praktikantin der Welt am Penis des amerikanischen Expräsidenten mit Erfolg die Hoover-Fellatio angewendet hat. Wenn Sie diese Staubsauger-Technik auch gerne mal ausprobieren wollen, müssen Sie seinen Schwanz in den Mund nehmen, die Lippen um den Schaft schließen, die im Mundraum befindliche Luft kräftig einsaugen und dann den Kopf in gewohnter Weise vor und zurück bewegen. Probieren Sie aus, was der Präsident Ihres Herzens lieber mag: Wenn Sie ihm in langen Zügen oder kurz und heftig den Staubsauger machen. Vielleicht liebt er es auch, wenn Sie seinen Orgasmus auf diese Weise unterstützen …

Von der Hand in den Mund. Die Technik, die ich im Kapitel Handarbeit unter dem Stichwort «Arbeitsteilung» beschrieben habe, lässt sich auch beim Oralsex anwenden. Während die geschicktere Ihrer Hände den Penisschaft hinauf- und hinunterfährt, verwöhnen Sie mit dem Mund seine Eichel. Lassen Sie Ihre Zunge um die Furche kreiseln, lecken Sie an seinem Frenulum oder reiben Sie mit Ihren Lippen über seine empfindsamste Stelle.

Kontrastmittel. Intensivieren Sie sein Gefühlsspektrum, indem Sie auch beim Oralsex mit Kontrasten spielen. Lassen Sie ihn erst Ihre weichen, feuchten nach außen gestülpten Lippen fühlen; anschließend kommt die etwas härtere Abreibung mit den über die Zähne gezogenen Lippen dran. Ein Klassiker ist die Heiß-kalt-Nummer mit zwei Getränken neben dem Bett – etwa einem Glas Prosecco auf Eis und einer Tasse grünem Tee. Unterbrechen Sie Ihre Lutschorgie immer wieder, um abwechselnd einen Schluck vom Heiß- und einen vom Kaltgetränk zu nehmen. Lassen Sie die Flüssigkeit beim Blasen eine Weile im Mund, bevor Sie sie hinunterschlucken. Auch ein kleiner Eiswürfel im Mund kann sich zeitweilig ganz reizvoll anfühlen, wenn Ihre Zähne nicht allzu kälteempfindlich sind.

Vibrator-Feeling. Einen Vibrator hat Ihr Schatz möglicherweise noch nicht an seinen Penis gelassen. Verschaffen Sie ihm einen kleinen Vorgeschmack, indem Sie Ihrer Kehle beim Blasen ein tiefes Summen entlocken. Die Schwingungen lassen seine Eichel leicht vibrieren. Das fühlt sich ähnlich geil an, wie wenn es an Ihrer Klitoris summt …

Zaubertrick. Bitte verdrängen Sie nicht aus Ihrem Bewusstsein, dass sexuell übertragbare Krankheiten auch durch genitale Küsse weitergereicht werden können. Wenn Sie nicht ganz sicher sein können, dass von Ihnen und Ihrem Partner kein Risiko ausgeht, sollten Sie beim Blasen ein Verhüterli überstülpen, auch wenn Schwanz in der Folie zugegebenermaßen niemals so gut wie en nature schmecken wird. Am besten eignen sich unbefeuchtete La-

texkondome – falls Sie auf Gummibärchen stehen, nehmen Sie welche mit Geschmack.
Mehr Spaß kommt ins Spiel, wenn Sie ihm das Kondom mit dem Mund überziehen. Das kleine Zauberkunststück sollten Sie vorher sicherheitshalber an einem Dildo üben: Das Kondom an der Spitze festhalten und ein bis zwei Zentimeter entrollen. Den Mund mit gespitzten Lippen öffnen und das Gummi mit dem Reservoir nach oben ansaugen. Den Penis festhalten, einen großen Klacks Gleitmittel auf die Eichel geben und mit dem Mund die Kondomöffnung an der Penisspitze ansetzen. Jetzt kommt der schwierigste Teil der Übung: Lippen über die Zähne ziehen und das Kondom mit dem Mund so weit wie möglich nach unten abrollen. Wenn's nicht weiter geht, mit den Fingern nachhelfen. Bravo! Wenn Sie das hinbekommen, wird er tief beeindruckt von Ihren Liebeskünsten sein.
Enttäuschend: Der Asia-Blow-Job mit ungekochtem Reis im Mund gehört ganz oben auf meine Liste der Sex-Flops. Es gibt noch ein paar andere Experimente, die sich im Praxistest als wirkungslos oder sogar als echte Abtörner erwiesen haben: Nicht sehr spannend ist der in so gut wie jedem Sex-Buch beschriebene Tipp, vor dem Blasen ein Pfefferminzbonbon zu lutschen. Die leicht kühlende Wirkung, die das Menthol auf dem Penis entfaltet, bringt ihm nicht besonders viel Lustgewinn. Der Wechsel zwischen heißem und kaltem Getränk ist da deutlich effektvoller.
Nur was für S/M-Anhänger ist der fragwürdige Sexperten-Rat, seinen Schwengel mit einer Chilischote zu traktieren. Das brennt wie Hölle und weckt bei ihm höchstens den Pinkel-Trieb.
Sehr gewagt ist der Vorschlag, sein Ejakulat nicht zu schlucken, sondern mit einem innigen Zungenkuss an ihn zurückzugeben. Die Wahrscheinlichkeit, dass er sich über die Samenspende freut, geht gegen null. Vermutlich wird er im Badezimmer verschwinden, um seinen Mund zu spülen. Das gibt Ihnen in jedem Fall gute Argumente, um sich dem Schlucken zu verweigern.

FÜR MÄNNER: **WAS SIE SO LIEBT AM LECKEN**

Das lateinische Fachwort für die in diesem Kapitel beschriebene Tätigkeit klingt wie eine Krankheit: Cunnilingus. Möglicherweise benutzen Altphiloginnen das Wort beim Dirty Talking («Oh, mein Cäsar, könntest du mir heute Abend einen Cunnilingus applizieren?!»), der Rest der Menschheit bleibt beim profanen Lecken. Wer es etwas vornehmer mag, kann auch von Intim- oder Genitalküssen sprechen, wobei der Akt als solcher mit dem Ausdruck Lecken schon recht prägnant beschrieben ist.

Die gute Nachricht vorneweg: Eine Frau mit dem Mund zu befriedigen, ist eine der einfachsten Übungen überhaupt. Sie brauchen keine Erektion, keine trainierten Muskeln, keine besonderen motorischen Fähigkeiten, keine große Übung, keine anatomischen Spezialkenntnisse. Zunge und Lippen sind die perfekten Sextoys, um den empfindlichen Kitzler zu massieren. Wie Umfragen immer wieder bestätigen, erwarten Frauen von einem guten Liebhaber, dass er sie mit dem Mund zu beglücken weiß. Kein Wunder, denn wie etwa die Studien der Sexualforscher von GEWIS belegen, kommen Frauen durch diese Technik am schnellsten und einfachsten zum Orgasmus.

Ich habe noch nie gehört, dass eine Frau sich darüber beklagt hätte, ihr Lover habe sie schlecht geleckt. Es gibt Männer, die ihre Sache sensationell beherrschen, und andere, die es toll machen. Und – tja – dann gibt es natürlich noch Kerle, die sich komplett weigern, ihre Partnerin oral zu befriedigen. Weil sie es unmännlich finden, sich mit dem Kopf zwischen die Beine einer Frau hinabzubewegen. Oder weil in ihren Gehirnen diffuse Vorstellungen vom «unreinen» weiblichen Geschlecht herumgeistern.

Sollten Sie eine grundsätzliche Abneigung gegen diese Sextechnik haben, ist das sehr schade – für Ihre Partnerin und für Sie, weil Sie auf eine zärtliche und aufregende Spielart der Erotik verzichten müssen. Im Übrigen gibt es natürlich auch Frauen, die ihre Männer nur widerwillig bis gar nicht von ihren Süßigkeiten na-

schen lassen, weil sie sich unsauber fühlen oder an der Attraktivität ihrer Schamlippen zweifeln.
Es liegt an Ihnen, meine Herren, Ihre Partnerin vom Gegenteil zu überzeugen. Wenn Ihre Liebste nun partout nicht mag, dürfen Sie sie natürlich nicht zu ihrem Glück zwingen. Aber andererseits sollten Sie sich durch eine einmalige Abfuhr auch nicht entmutigen lassen. Versuchen Sie, im Gespräch vorsichtig herauszufinden, wo genau ihre Bedenken liegen. Möglicherweise können Sie ihre Zweifel zerstreuen und dürfen der Erste sein, der sich ihrem Heiligtum mit dem Mund nähert – ein schönes Gefühl!

Geniale Genitalküsse – die Basics

Checken Sie, ob sie startklar ist. Aus der Tatsache, dass Sie niemals «Nein» zu Oralsex sagen würden, dürfen Sie nicht schließen, dass alle weiblichen Wesen das ebenso sehen. Eine Frau kann mündliche Zuwendung nur genießen, wenn sie sich entspannt und wohl in ihrer Haut fühlt. Liegt die letzte Dusche schon etwas zurück, macht sie sich möglicherweise Sorgen, ob ihr Aroma Ihnen mundet. Ein gemeinsames Bad ist deswegen das perfekte Vorspiel für oralen Sex.
Um herauszufinden, ob Ihre Partnerin in der Stimmung ist, sich von Ihnen mit dem Mund verwöhnen zu lassen, können Sie sie natürlich direkt fragen. Frauen bevorzugen beim Sex jedoch oft die indirekte Form der Kommunikation.
Verpassen Sie Ihr also lieber einen verheißungsvollen Zungenkuss und begeben Sie sich dann, kleine, feuchte Bussis auf ihrer Haut hinterlassend, in Richtung Bauchnabel. Lassen Sie ihr Dreieck erst einmal aus und machen Sie an den Innenschenkeln weiter. Öffnet Sie ihre Beine oder reckt sie Ihnen ihr Becken entgegen, liegen Sie richtig. Fasst sie jedoch Ihren Hinterkopf und versucht, Sie wieder nach oben zu dirigieren, wissen Sie, dass heute ein anderes Stück auf dem Programm steht.

Eine Zunge ist kein Penis. Kommen Sie bloß nicht auf die Idee, den Koitus mit Ihrer Zunge nachzustellen. Das stört zwar nicht weiter, ist aber für den Aufbau sexueller Erregung in etwa so effektiv, wie eine Fünf-Zimmer-Altbauwohnung mit der Zahnbürste zu reinigen. Probieren Sie lieber aus, was Sie mit Lippen und Zunge bei äußerer Anwendung alles anstellen können. Setzen Sie die Zungenspitze ein, um ihre Klitoris zu umkreiseln, oder schlecken Sie mit der weichen Oberseite der Zunge möglichst großflächig die Schamlippen ab, als wären sie mit Nutella bestrichen. Küssen Sie die Vulva, wie Sie es sonst mit ihrem Mund tun, und saugen Sie sanft an den Schamlippen. Manche Frauen mögen es auch, wenn Mann seine Lippen um ihren Kitzler schließt und zärtlich an dem Knöpfchen saugt. Lassen Sie Ihrer Phantasie freien Lauf. Solange Sie nicht zubeißen, können Sie nicht viel falsch machen.
Bringen Sie sich in Position. Ihr Penis soll steif werden, nicht Ihr Nacken. Wenn Sie Ihre Liebste in der klassischen Position – zwischen ihren Beinen hockend – verwöhnen, schieben Sie ihr am besten ein großes Kissen unter den Po und sich eins unter die Brust. Dann liegt ihr Sahneschnittchen vor Ihnen wie auf dem Silbertablett. Guten Appetit!
Nehmen Sie Ihre Hände zu Hilfe. Manche Männer scheinen eine Art sportlichen Ehrgeiz darin zu entwickeln, es ihrer Gefährtin ausschließlich mit Hilfe ihres Mundes zu besorgen – nach dem Motto «Sieh mal, Mausi, ohne Hände!». Mit diesem Kunststückchen werden sie sich leider nie den großen G.I.B.-Orden verdienen, denn mit manueller Unterstützung macht die Angelegenheit einfach viel mehr Spaß. Sehr nutzbringend können Sie die Hände dazu verwenden, ihr vertikales Lächeln in ein breites Lachen zu verwandeln: Fassen Sie die äußeren Schamlippen rechts und links und ziehen Sie sie leicht nach außen oben. Dadurch wird die Klitoris freigelegt und der Venushügel ein wenig zurückgeschoben, was sich äußerst angenehm anfühlen kann. Probieren Sie aus, ob sie eine direkte Stimulation der Klitoris verträgt; die sanfte Zunge

dulden Frauen an ihrem Hot Spot weit eher als die härteren Fingerkuppen.
Aller Erfahrung nach wird Ihre Partnerin es als zusätzlichen Kick empfinden, wenn Sie ihr nach einiger Zeit einen oder zwei Finger in die Vagina schieben. Wie bereits im Kapitel «Handarbeit» beschrieben, sind keine wilden Bewegungen nötig. Gut möglich, dass sie es am liebsten mag, wenn Sie den oder die Finger einfach unbeweglich in ihr stecken lassen. Für sehr angenehme Gefühle sorgt es auch, wenn Sie ihre Pobacken mit beiden Händen fassen und kräftig massieren.
Verpatzen Sie das Finale nicht. Es ist wunderbar, wenn Sie am Anfang um den heißen Brei herumschleichen und sich nicht gleich auf die Klitoris stürzen. Sie dürfen Ihre Partnerin auch ruhig ein wenig quälen, indem Sie mit verschiedenen Techniken experimentieren. Wichtig ist nur, dass Sie irgendwann bei der Methode bleiben, die sie durch wohlwollendes Stöhnen lobt. Nicht vergessen: Frauen lassen sich am besten durch gleichmäßige Stimulation erregen. Und hören Sie ja nicht auf, wenn der Orgasmus durch ihren Körper zuckt. Bei Frauen dauert der Höhepunkt viel länger, als die meisten Männer ahnen. Schon so mancher hat im entscheidenden Augenblick aufgehört, weil er dachte, die Show sei vorbei. Lieber sanft und großflächig weiterlecken, bis sie Ihnen ein Stoppzeichen gibt. Wenn Sie vergeblich auf den Abpfiff warten, hat es ihr vermutlich so gut gefallen, dass sie noch eine Zugabe will. Weil Oralsex die Klitoris besonders sanft stimuliert, ist diese Technik für mehrfache Orgasmen einfach perfekt!

Die besten Techniken und Tricks für Leckermäuler

Feuchter Traum. Jetzt haben Sie ihr schon diese verführerischen Dessous geschenkt, reißen Sie ihr die Teilchen nicht gleich vom Leib. Zur Abwechslung behält sie den Slip mal an, während Sie ihre Scham durch den zarten Stoff hindurch liebkosen. Der feuchte Fleck, der sich auf dem Höschen ausbreiten wird, sieht ziemlich unanständig aus. Bevor Sie ein Loch in das edle Ding beißen, schieben Sie lieber irgendwann den Hauch von Textil im Schritt beiseite und züngeln mit direktem Hautkontakt.

Heiß & kalt. Trinken Sie abwechselnd von einem warmen und einem eisgekühlten Drink. Das Gefühl, von einer heißen und einer kalten Zunge geleckt zu werden, schärft ihre Sinne und setzt unverschämte Phantasien frei.

Toter Mann. Bei dieser Variante sind Sie weitgehend zur Passivität gezwungen. Der Vorteil: Sie bekommen keinen steifen Nacken, sondern können ganz bequem mit einem Kissen unter dem Kopf auf dem Rücken liegen. Ihre Partnerin nimmt die Reiterstellung ein, nur dass sie nicht auf Ihrem Penis, sondern über Ihrem Gesicht hockt. Damit Sie nicht ersticken, stützt sie sich mit den Armen auf der Matratze, an der Wand oder am Kopfteil Ihres Bettes ab. Auch wenn Sie «Toter Mann» spielen: Vergessen Sie nicht, einen Finger sanft in ihre Vagina eindringen zu lassen. Er kann gerade in dieser Position ihre Gefühle beim Orgasmus multiplizieren.

Müder Mann. Wenn Sie es bequem mögen, habe ich noch eine Idee für Sie: Bitten Sie Ihre Liebste, sich auf die Seite zu drehen, und nutzen Sie ihren unteren Schenkel als Kopfstütze.

Im Stehen. Da wir gerade beim Thema Stellungen sind: Haben Sie schon mal getestet, ob es Ihrer Frau gefällt, wenn Sie ihre Vulva mit dem Mund verwöhnen, während sie steht? Ziemlich gut lässt sich das beim gemeinsamen Duschen oder Baden ausprobieren. Um ihre Scham etwas weiter zu öffnen, kann sie ein Bein auf dem Rand der Badewanne abstellen. Bitte achten Sie darauf, dass sie sich an der Duschstange festhält oder an der Wand abstützt, damit ihr der Orgasmus nicht die Beine wegzieht.

Im Sitzen. Auch nicht schlecht: Sie sitzt erhöht – beispielsweise auf der Bettkante, dem Sofa oder auf einem Stuhl am Küchentisch –, und Sie holen sich zwischen ihren Schenkeln einen Satz heiße Ohren. Damit Sie besser an alles drankommen, sollte sie ihr Becken möglichst weit nach vorne schieben. Eine Freundin schwärmte mir mal von einer sehr lustvollen Sitzung in der Dampfsauna vor. Angenehm erhitzt und eingehüllt von würzigen Nebelschwaden, kamen die oralen Bemühungen ihres Mannes ganz besonders gut.

Im Liegen. Anstatt sich zwischen ihre geöffneten Beine zu setzen, können Sie sich auch seitlich von ihr niederlassen und sie lecken, während ihre Beine lang ausgestreckt sind. Das dauert vermutlich länger, weil ihre Klitoris nicht so exponiert liegt, beschert ihr dafür unerwartet intensive Orgasmus-Erfahrungen.

Sieh! Mir! Zu! Eine ziemlich aufregende Stellung, weil sie Ihrer Partnerin erlaubt, das Spiel Ihrer Zunge genau zu beobachten: Sie knien zwischen den Beinen Ihrer Liebhaberin, heben ihre Oberschenkel an und legen sie auf Ihren Schultern ab. Sie berührt jetzt nur noch mit dem Hinterkopf und den Schultern die Matratze. Stützen Sie ihre Oberschenkel mit Ihren Armen von unten ab und legen Sie los. Da Ihre Hände nicht einsatzbereit sind, können Sie Ihre Partnerin ermuntern, ihre Schamlippen mit den Fingern zu teilen und den Venushügel ein kleines Stück Richtung Bauchnabel zurückzuschieben.

FÜR SIE UND IHN: **ACHTUNG, KREISVERKEHR! DIE MAGISCHE 69**

Die Zahl 69 löst bei vielen Menschen prickelnde Assoziationen aus. Die Vorstellung, gleichzeitig einen Genitalkuss zu geben und zu empfangen, hat etwas ungemein Verführerisches. Doch trotzdem ist der Doppel-Whopper keine sehr häufig praktizierte Variante, auch wenn vermutlich jedes Paar, das Oralsex mag, die magische 69 schon mal ausprobiert hat.

Genießen ist keine leichte Übung, sondern verlangt vollste Konzentration – zu dieser Weisheit gelangt man spätestens zu dem Zeitpunkt, wo man versucht, seinen Partner mit dem Mund zu befriedigen und Wonnegefühle im eigenen Unterleib zu empfinden. Das eine wie das andere klappt bei den allermeisten Menschen besser, wenn sie es nicht simultan, sondern nacheinander versuchen. Selbst multitaskingerprobte Frauen haben ihre Schwierigkeiten, zum Höhepunkt zu gelangen, während sie gerade auf der Flöte ihres Schatzes spielen.

Und trotzdem kann 69 eine sehr lustvolle Spielart oraler Stimulation sein, vorausgesetzt, Sie verabschieden sich von der fixen Idee, am Ende gemeinsam in den siebten Himmel abzuheben. Versierte G.I.B.s wechseln sich ab mit dem Geben und Nehmen, schaukeln sich mit der Stop-and-go-Methode immer höher und höher, bis zuerst die Frau den Gipfel (gerne auch mehrere) erreicht und anschließend ihrem Partner einen atemberaubenden Höhepunkt schenkt.

Bis es so weit ist, kann es etwas dauern. Denn auch anatomisch gesehen bedeutet 69 Oralsex unter verschärften Bedingungen. Zum einen hat es der Mann von oben kommend schwerer, die Vulva mit seinem Mund zu erschließen; zum anderen befindet sich auch die Frau mit ihrer Zunge auf der weniger empfindlichen Penisseite – das Frenulum lässt sich weit besser aus der anderen Richtung stimulieren. Um diese Stellung voll ausreizen zu können, muss man sich daher Zeit nehmen – und es folglich auch einigermaßen bequem haben. Die Position, in der der eine auf dem Rücken liegt und der andere in umgekehrter Blickrichtung über ihm kniet, sorgt auf Dauer für Genickstarre. Länger hält man durch in der Seitenlage, wobei jeder den unteren Schenkel etwas anwinkelt, damit der Partner ihn als Kopfkissen nutzen kann.

Übrigens gilt 69 auch als probates Mittel, um eine zweite Sex-Runde einzuläuten – die Kombination aus eindrucksvoller Optik und feuchter Stimulation hat schon so manchen Penis aus dem Totenreich ins pralle Leben zurückgeholt.

10. Kapitel Stellungsspiele für alle Liebeslagen

Im gleichen Rhythmus ins Nirwana

Kommen wir nun also zu dem, was in unseren Breitengeraden als die Hauptsache beim Sex gilt: der Geschlechtsverkehr – ein Bürokraten-Wort, das ich nur widerwillig in die Tastatur tippe. Aber was bietet denn unsere schöne deutsche Sprache für Alternativen: Koitus? Vaginale Penetration? Beischlaf? Klingt alles wenig erotisch. Ficken? Vögeln? Rammeln? Poppen? Hört sich außerhalb des Schlafzimmers ziemlich ordinär an. Miteinander schlafen? Das geht noch. Eine etwas umständliche und harmlose, dafür aber liebevolle Wendung.

Wo wir gerade bei Begrifflichkeiten sind: Vielleicht ist Ihnen aufgefallen, dass ich den Ausdruck «Vorspiel» bisher vermieden habe. Dafür gibt es einen Grund: Ich sehe nicht ein, wieso all die vielen erotischen Genüsse, die zwei Menschen sich gegenseitig schenken können, ohne dass dabei der Penis in der Vagina steckt, als Beilagensalat abgetan werden sollen. So nach dem Motto: Vitamine sind nie verkehrt, aber was zählt, ist das Schnitzel zum Hauptgang. Viele Männer sehen das «Vorspiel» immer noch als eine Art Pflichtveranstaltung, wie eine Maut, die sie an die Damenwelt entrichten müssen, um Einlass in den begehrten Tunnel der Liebe zu bekommen.

Frauen brauchen immer ein langes Aufwärmprogramm – so ein Quatsch! Frauen wollen genau wie Männer ihren Spaß beim Sex haben, dazu gehört nun mal auch ein Orgasmus, und zwar nicht nur alle Schaltjahre. Ob sie den durch Handarbeit, Oralsex oder

Geschlechtsverkehr bekommen, ist keine Frage von Vorspiel und Hauptsache, sondern von individuellem Geschmack und Körperbau.

Der langen Rede tiefer Sinn: G.I.B.s betrachten den Koitus nicht als Königsweg zum Orgasmus. Es kann sich galaktisch anfühlen, miteinander zu schlafen, auch wenn keiner oder nur einer der beiden Beteiligten bei diesem Akt zum Höhepunkt kommt. Umgekehrt fehlt beim Rein und Raus manchmal die Magie, obwohl beide Partner einen Orgasmus hatten. Geschlechtsverkehr ist immer dann wunderbar, wenn er uns – wenn auch nur für kurze Zeit – die Illusion vermittelt, wir wären nicht allein auf der Welt, sondern hätten unsere perfekte Ergänzung gefunden. Das Gefühl, mit unserer besseren Hälfte zu verschmelzen, sich im gleichen Rhythmus ins Nirwana treiben zu lassen, eins zu werden in der Lust – das macht die Turnerei auf der Matratze so befriedigend.

Zugegeben: Wenn man schon ein paar Beziehungsjährchen auf dem Buckel hat, ist es nicht mehr jedes Mal der erotische Höhenflug. Aber auch die kurze, bewährte Nummer morgens vor der Arbeit hat ihren ganz besonderen Reiz, weil sie selbst bei Regenwetter die Sonne in unser Herz lässt, Geborgenheit vermittelt, Befriedigung schenkt und die Bindung an den Partner stärkt.

Welche Stellung ist die beste für Sie?

Allgemein gültige Tipps für die lustvollsten Stellungen zu geben, ist unmöglich, dazu sind die Menschen in körperlicher Hinsicht zu unterschiedlich gestrickt. Wenn ein hünenhafter Basketballprofi sich mit seiner zierlichen Balletttänzerin vereinigen möchte, sind andere Positionen gefragt als bei einem Paar, das sich von Körperbau und -länge in etwa ähnelt. Ganz entscheidend sind zudem Abmessung und Gestalt der Genitalien. Ein Mann mit Ameisenpenis wird manche Varianten gar nicht hinbekommen, weil sein Schwänzchen immer wieder rausrutscht; andere Stellungen werden ihm und seiner Holden keinen Spaß machen, weil von Reibung kaum was zu spüren ist. Umgekehrt ist ein Elefantenpenisträger nicht unbedingt besser dran, weil sein langes Ding normal gebauten Frauen in bestimmten Positionen Schmerzen bereiten kann.

Diesen Realitäten zum Trotz werden in Sex-Ratgebern immer wieder Stellungen empfohlen, in denen Frauen angeblich besonders gut zum Orgasmus kommen. Doch leider verrät das nur, was bei dem entsprechenden Autor am besten funktioniert hat. Befragen Sie fünf Frauen zu dem Thema, und Sie bekommen fünf unterschiedliche Meinungen: Die eine schwört auf die «Löffelchen», die nächste kommt nur in der Reiterstellung, die andere liebt den «Missionar» …

Um herauszufinden, welche Stellungen am besten geeignet sind, Ihr Liebesspiel aufzupeppen, sollten Sie sich erst einmal überlegen, welche Position Ihnen bisher am meisten Spaß bringt. Entscheidend ist vor allem, was die Frau dabei mit ihren Beinen anstellt: Hält sie sie gespreizt oder geschlossen, gebeugt oder gestreckt? Die Wirkung einer Stellung hängt nämlich stark von der Beinhaltung der Frau ab – was vielen Paaren nicht bewusst ist.

Alle Stellungen, in denen sie ihre Beine Richtung Brust zieht, ermöglichen eine besonders tiefe Penetration – was sich für beide wunderbar anfühlen kann. Möglicherweise empfindet sie es aber auch als unangenehm, weil ihr Lover eine besonders lange Pfeffermühle hat, mit der er in dieser Haltung gegen ihre hintere Scheidenwand trommelt, was, soweit mir bekannt ist, keine Frau wirklich prickelnd findet. Vielleicht hat sie mehr Vergnügen an Stellungen, die vor allem den vorderen Teil der Vagina reizen. In diesem Fall sollte sie ihre Beine beim Geschlechtsverkehr gerade halten, weil der Penis so weniger tief in sie eindringen kann und stärker die Klitoris stimuliert.

Wenn ein Paar besonders auf die Löffelchen-Stellung steht, heißt das, dass sie Positionen mögen, in denen der Penis nicht sehr tief tauchen kann, dafür aber – durch die geschlossenen Beine – ein Maximum an Reibung bekommt. Haltungen, in denen die Frau die Beine geschlossen hält, eignen sich für Männer, die viel Stimulation zu genießen wissen, ohne dadurch in Rekordgeschwindigkeit zum Orgasmus zu kommen.

Spreizt die Frau ihre Beine, wie es zum Beispiel in der klassischen Missionarsstellung der Fall ist, wird die Vagina weiter, und die Klitoris bietet sich dar wie auf dem Silbertablett. Manche Frauen lieben diese Stellung, weil sie ihre heiße Zone so besonders gut am Schambein des Partners reiben können. Natürlich müssen Sie sich nicht auf eine bestimmte Beinhaltung festlegen, aber wenn Sie beim Experimentieren im Hinterkopf behalten, was für Sie beide gut funktioniert, kommen Sie schneller zu einem befriedigenden Ergebnis.

Die meisten Paare haben die üblichen Positionen im Lauf ihrer gemeinsamen Liebesbiographie schon mal durchprobiert, doch letztlich kommen sie immer wieder auf die zwei oder drei gleichen Stellungen zurück – einfach, weil sie bei ihnen am besten funktionieren. In krassem Gegensatz dazu steht die Vielfalt der Verrenkungen, die sich mit Zeichnungen versehen in schlauen Büchern finden. «Im Laufe der Geschichte wurde – vor allem von nichtspielenden Beobachtern – unendlich viel Zeit darauf verwendet, bis zu sechshundert Stellungen zu beschreiben und mit Phantasiebezeichnungen zu versehen: Es ist offenkundig ein menschliches Hobby, sie zu sammeln und einzuordnen», schreibt Alex Comfort, der Autor der zum Klassiker gewordenen Liebesfibel «Joy of Sex». Wie Comfort andeutet, steht hinter der Begeisterung für exotische Stellungen, wie sie zum Beispiel im Kamasutra aufgeführt werden, weniger ein praktisches Interesse als ein voyeuristisches Vergnügen. Denn auf die praktikablen Positionen kommt man normalerweise auch von selbst, und die spektakulären sind meist nicht mehr als eine Zumutung für Muskeln, Bänder und Gelenke. Wer die sportliche Herausforderung liebt, wird die

eine oder andere Verrenkung vielleicht einmal nachturnen, aber mit Erotik hat das dann meist wenig zu tun.
Im Folgenden habe ich die praxiserprobten Klassiker mal genauer unter die Lupe genommen, denn oft liegt die Raffinesse im Detail. Gut möglich, dass Sie die eine oder andere Variante entdecken, die es wert ist, in Ihr Standardprogramm aufgenommen zu werden.

Stellungsklassiker in neuem Licht: Sie unten, er oben

Vorteil: Eine Medaille für Kreativität kann man mit der Missionarsstellung zwar nicht gewinnen, aber dafür hat sie ein paar entscheidende Pluspunkte: Der größte ist vielleicht ihre Vielseitigkeit. Von animalisch bis zärtlich kann ein Paar beim Missionar alle Stimmungen ausleben. Besonders gut eignet sich die Position für sehr innigen, gefühlvollen Sex, weil der Körperkontakt größer ist als bei anderen. Da das Paar einander zugewandt ist, kann es sich zwischendurch immer wieder küssen oder tiefe, wollüstige Blicke austauschen. Zudem haben beide freie Sicht auf das Geschehen down under. Auch was die technische Seite anbelangt, zeigt sich die Stellung flexibel: Die Tiefe der Penetration lässt sich genauso leicht variieren wie der Winkel. Zu Unrecht gilt der Missionar als frauenfeindlich, denn in keiner anderen Position kann sie so einfach Hand an ihre Scham anlegen, um die Stimulation der Klitoris zu verstärken.
Nachteil: Manche Frauen bemängeln, dass sie beim Missionar zu wenig Kontrolle über den Rhythmus und den Winkel der Stoßbewegungen ausüben können. Klaustrophobische Zustände können sich bei der «Unterlegenen» breit machen, wenn ihr Lover glaubt, seinen Bierbauch auf ihrem Oberkörper abstellen zu müssen. Den Gentleman erkennt man daran, dass er einen Großteil seines Körpergewichts mit seinen Armen abstützt. Da beim Missionar Druck auf den Bauch ausgeübt wird, ist er im fortgeschrit-

tenen Stadium der Schwangerschaft wenig empfehlenswert. Auch Männer von der Statur des «Bullen von Tölz» werden nicht viel Spaß mit dieser Stellung haben.

VARIATIONEN:

Hot-Spot-Salsa. In der klassischen Ausgangsposition kniet er zwischen ihren gespreizten Schenkeln, was viel Hautkontakt zwischen Penis und Scham, aber oft zu wenig Klitorisstimulation bedeutet. Völlig anders fühlt sich die Sache an, wenn sie ihre Beine schließt. Dafür lässt sie ihn erst in der traditionellen Stellung eindringen und bringt dann ihre Beine dicht zusammen. Seine Knie befinden sich jetzt rechts und links von ihren Schenkeln, mit seinen Füßen hakt er sich zwischen ihren Waden ein. Aus der Hüfte heraus kann er jetzt kleine Stoßbewegungen ausführen, als ob er in der Horizontalen Salsa tanzt. In dieser Position wird sein Schwanz von Vagina und Schenkeln wie ein Schraubstock umklammert. Der größere Druck führt dazu, dass das Schambein der Frau fester gegen den Penis gepresst wird, was ihrer Klitoris-Region äußerst gut bekommen dürfte. Aber Vorsicht, die intensive Reibung an seinen Hot Spots ist eine echte Herausforderung für seine Kondition! Soll er nicht schon nach fünf Sekunden «Ich komme gleich» stöhnen, lieber hin und wieder eine Pause einlegen. Hat er seine Erregung im Griff, kann sie ihn noch weiter reizen, indem sie ihre Beine in kleinen schnellen Bewegungen wie eine Schere öffnet und schließt. Dadurch spannt sie automatisch ihre Unterleibsmuskeln an, was ihr Vergnügen ebenfalls steigert.

Der Klappstuhl. Während der Hot-Spot-Salsa große Gefühle im vorderen Teil der Vagina bringt, bietet der Klappstuhl viel Tiefgang. Zu diesem Zweck muss die Frau in der Missionarsstellung ihre Oberschenkel in Richtung Brust ziehen. Auch ohne besonders gelenkig zu sein, kann sie ihre Füße an seinen Schultern oder hinter seinem Nacken verhaken. Vor allem Frauen, die gerne im hinteren Teil der Vagina Druck spüren, werden diese Stellung genießen.

Die Kerze sieht zwar gar nicht so viel anders aus als die Klappstuhl-Position, doch der äußere Schein trügt. In dieser Position kann der Penis nur sehr flach eindringen; dadurch reizt er vor allem den Eingangsbereich der Scheide, der bei den meisten Frauen weit spaßbegabter ist als der hintere Teil. Um die Kerze nachzustellen, kniet sich der Mann mit aufgerichtetem Oberkörper vor seine Partnerin und hebt ihre Beine hoch, sodass sie auf seinen Schultern liegen. Um in sie einzudringen, muss er seinen Penis mit sanfter Gewalt Richtung Erdmittelpunkt drücken. Perfekt funktioniert die Sache, wenn er etwa zehn Zentimeter größer ist als sie. Damit sie nicht umkippt, hält er ihre Schenkel mit seinen Händen fest. Zwangsläufig bekommt sie einen roten Kopf in dieser Stellung, was durchaus zu ihrem Vorteil ist, weil der höhere Druck in den Hals- und Gesichtsvenen wundersame Gefühle beim Orgasmus auslösen kann. Den gleichen Effekt können Sie übrigens auch mit einer weniger sportlichen Übung herstellen: etwa indem sie sich in der Missionarsstellung mit ihrem Oberkörper über die Bettkante hinaus nach hinten biegt, bis ihr Kopf auf dem Teppich oder einem Kissen Halt findet.

Polster-Garnitur. Mit kleinen Veränderungen erzielt man ja manchmal die erstaunlichsten Wirkungen. So kann ein Kissen, unter den Po der Dame geschoben, den Spaß für sie vervielfachen, indem es die Lage des Beckens und damit auch den Penetrationswinkel des Penis leicht, aber entscheidend verändert. Experimentieren Sie mit unterschiedlich großen Kissen, bis Sie die perfekte Unterlage gefunden haben.

Sie oben, er unten

Vorteil: Der Mann liegt hilflos wie ein Maikäfer auf dem Rücken, während sie fest im Sattel sitzt und den Ton angibt. Die Reiterstellung gilt als feministisch korrekt, weil hier die Ladys in dominanter Position zugange sind. Trotzdem gibt es jede Menge Machos, die es lieben, wenn ihre Geliebte mit ihnen «Hoppe, hoppe, Reiter» spielt. Schließlich müssen sie nichts weiter tun, als auf der faulen Haut zu liegen und den sexy Körper einer Frau in Aktion zu betrachten. Mal abgesehen davon, dass die Reiterin den Mann vom Leistungsdruck befreit, ist die Stellung für ihn auch noch ausgesprochen lehrreich – er kann spüren, was genau seiner Liebsten beim Geschlechtsverkehr Vergnügen bereitet: Reibt sie sich mit ihrer Klitorisregion an seinem Penisschaft oder favorisiert sie eher tiefe Stöße? Mag sie es schnell oder langsam, hart oder zart? Will sie auf den Mund oder auf die Brüste geküsst werden? Genießt sie es, wenn er sie beim Sex beobachtet? Oder sucht sie möglichst engen Körperkontakt?

Neben der symbolischen Bedeutung lässt sich der Vorteil der Reiterstellung für die Frau mit dem Begriff Freiheit zusammenfassen. Sie kann bestimmen, in welchem Winkel der Penis wie tief in sie eindringt und in welchem Rhythmus er sich in ihr bewegen soll. Sie kann ihre exhibitionistischen Triebe ausleben, indem sie ihm eine wilde Showeinlage bietet – ihre Mähne schüttelt, die Brüste streichelt, sich lasziv die Lippen leckt. Sie kann aber auch auf Schmusekurs gehen, sich nach vorne beugen, ihren Partner küssen und streicheln. Besonders vorteilhaft ist die Stellung, wenn der Mann deutlich mehr Gewicht auf die Waage bringt als seine Partnerin.

Nachteil: Für viele Frauen bietet die Reiterin keine optimale Reizung der Klitoris. Die Chancen auf einen Orgasmus vergrößern sich allerdings, wenn Oralsex oder Handarbeit im Vorfeld schon für eine aufgeheizte Atmosphäre gesorgt haben.

Variationen:

Der Frosch. Normalerweise sitzt oder kniet die Frau in der Reiterstellung auf ihrem Partner; ihre Schenkel sind dadurch zwangsläufig geöffnet. Mehr Reibung kommt ins Spiel, wenn sie über ihm in die Hocke geht. In dieser Position schließt sich ihre Scheidenmuskulatur fest um seinen Penis und intensiviert für beide die

Lustgefühle. Beim Auf-und-ab-Gehen kann sie Tempo und Tiefe nach Lust und Laune dosieren – solange ihre Oberschenkel mitmachen! Der Frosch ist nämlich zugleich eine äußerst effektive Variante der Skigymnastik. Für mehr Halt stützt sie sich mit den Händen auf seinem Oberkörper, seinen Schenkeln oder Knien ab. Und wenn sie dann noch ihre eigenen Knie nach außen dreht, bietet sich ihm ein Panorama, das ihm fast die Augen aus dem Kopf kullern lässt.

Der Korkenzieher. Interessante Ausblicke eröffnet ihm auch eine um 180 Grad gedrehte Reiterin. Die Korkenzieher-Nummer startet klassisch: Sie sitzt auf ihm mit Blickrichtung auf sein Gesicht und sorgt zunächst einmal dafür, dass beide eine angenehme Betriebstemperatur erreichen. Dann stützt sie sich mit den Händen ab und beginnt, sich zu drehen, indem sie ein Bein über seinen Kopf schwingt. Stück für Stück dreht sie sich weiter, bis sie ihm den Rücken zuwendet. Jetzt geht es in Hockstellung weiter, ähnlich wie beim Frosch.

Das X. Streng genommen hat das X wenig mit der Reiterin gemeinsam. Trotzdem habe ich es hier eingeordnet, da man die X-Position am einfachsten beginnt, indem die Frau sich rittlings auf den Penis ihres Partners niederlässt. Beide reichen sich die Hände, dann legt sie sich langsam nach hinten auf die Matratze ab, ohne sein bestes Stück entwischen zu lassen. Die Betonung liegt hier übrigens auf «langsam», denn manche Männer empfinden es als äußerst schmerzhaft, den erigierten Penis so weit Richtung Füße zu biegen. In diesem Fall müssen Sie das Experiment leider vorzeitig abbrechen. Wenn Sie es richtig gemacht haben, sollten Sie beide mit Ihrem Oberkörper zwischen den geöffneten Beinen des anderen liegen. Sobald Sie liegen, verschränken Sie die Beine nach Art der Schere: Eins liegt über und eins liegt unter dem Bein des Partners. Für die erwünschte Stimulation sorgen in dieser meditativen Stellung eher wiegende und reibende als stoßende Bewegungen.

Auf allen vieren von hinten

Vorteil: Wuff! Sex im Doggy-Style hat was Animalisches, nicht nur weil es die Lieblingsstellung vieler Tierarten ist. Der Mann übernimmt in dieser Position eindeutig die dominante Rolle. Er allein kann bestimmen, wie wild es zur Sache geht. Was Männern zudem an der Hundestellung lieben, ist ihr optischer Reiz. Nicht erst seit Jennifer Lopez wissen wir, dass für viele Kerle der wohlgerundete Popo einer Frau von größerer erotischer Sprengkraft ist als ihr Busen. Und was für ein Vergnügen bietet es erst, den eigenen Penis dabei zu beobachten, wie er zwischen den appetitlichen Backen hin und her flutscht. Als äußerst angenehm beschreiben Männer auch die Gefühle, die sich einstellen, wenn die Hoden gegen den Hintern ihrer Partnerin klatschen. Last, but not least bietet der Hund in der Standardposition – sie kniet auf allen vieren vor ihm – ein großes Maß an Tiefe und Reibung.

Und was hat die weibliche Hälfte der Menschheit von der Hundestellung? Viele Frauen genießen es, von einem leidenschaftlichen Liebhaber auf diese Art «genommen» zu werden. Der Umstand, dass sie ihren Partner nicht zu Gesicht bekommt, kann ihre Phantasievorstellungen von anonymen Sexspielchen tüchtig anheizen. Da sie nur eine Hand braucht, um sich abzustützen, kann sie mit der anderen an ihrem Lustknöpfchen spielen, um die fehlende Stimulation des Kitzlers auszugleichen. Manche Frauen erleben im Doggy-Style eine besonders angenehme Reizung der Scheidenvorderwand.

Nachteil: Der Hund ist nicht gerade die herzerwärmendste Form, miteinander zu schlafen, da Blickkontakt und gegenseitiges Streicheln nicht möglich sind. Für ausgeprägte Romantiker ist diese Stellung daher nicht das Wahre. Manche Frauen stört es, dass sie die Kontrolle über die Tiefe der Penetration abgeben müssen – vor allem wenn ihr Lover mit einem besonders langen Exemplar ausgestattet ist, das ihnen bei allzu ungestümem Einsatz Schmerzen bereitet.

Varianten:

Das Kaninchen. Sie kniet sich auf allen vieren auf die Matratze, doch anstatt die Arme durchzudrücken, legt sie die Unterarme nach Kaninchenart flach auf dem Bett ab, ihr Po reckt sich verheißungsvoll in die Höhe. Der Mann kniet wie gewohnt hinter ihr, oder er stellt sich neben das Bett – falls sie auf die gute Idee verfallen ist, sich direkt an der Bettkante zu platzieren. Durch Krümmung oder Streckung ihres Rückens kann sie beeinflussen, wie tief er eindringt.

Die Flunder. Diese Variation bietet Frauen mehr Entspannung als der klassische Doggy-Style sowie einen anderen Stoßwinkel. Sie legt sich mit einem dicken Kissen unter dem Becken auf den Bauch – mit geschlossenen Beinen, wenn viel Enge erwünscht ist, mit gespreizten, wenn es weiter sein darf. Er dockt von hinten an, indem er sich über sie hockt oder auf sie legt, was besonders viel Körperkontakt bietet.

Die Schubkarre (I und II). Wie der Name schon vermuten lässt, ist diese Übung etwas für Leute mit Sportsgeist. Für Variante I wird zudem ein langer Penis benötigt: Sie liegt bäuchlings auf der Matratze, mit dem Po an der Bettkante, ihre geöffneten Beine hängen zu Boden. Er steht hinter ihr, greift ihre Schenkel wie eine Schubkarre, hebt ihre Hüfte an und dringt in sie ein, während sie sich auf ihren Unterarmen abstützt. Durch die Muskelspannung ihres Körpers kommt mehr Spannung ins Liebesspiel.

Variante II. Die Frau stützt sich mit durchgedrückten Armen auf dem Fußboden ab, Becken und Beine liegen auf dem Bett. Ihr Partner kniet sich von hinten über sie – und los geht's. Der Clou daran: Mit jedem Rein und Raus schubbert ihre Scham sanft über die Kante der Matratze, der Blutstau im Kopf steigert ihre Lustgefühle.

Der Neandertaler. Eine archaisch wirkende Position, die mit dem Spiel aus Dominanz und Unterwerfung kokettiert: Sie kniet – etwa vor der Couch oder dem Bett – und legt ihren Oberkörper auf dem Polster beziehungsweise der Matratze ab. Um des dramatischen Effektes willen hat sie die Hände am Hinterkopf gefaltet. Er lässt sich hinter ihr nieder, sie verhakt ihre Füße hinter seinen Schenkeln und zieht ihn damit fest an sich. Er stützt sich mit seinen Händen auf ihren Schulterblättern ab und drückt sie leicht nach unten. Viel Tiefenwirkung!

Seite an Seite

Vorteil: Viele Paare lieben die Löffelchen als kuschelige Guten-Morgen-Stellung. Noch im Halbschlaf kann man sich aneinander schmiegen und vor dem ersten Milchkaffee mit wenig Action viel Lust genießen. «À la paresseuse» – «Auf die faule Tour» – nennen die Franzosen diese Stellung passenderweise. Da für die Löffelchen keine volle Erektion benötigt wird, ist Sex in der stabilen Seitenlage eine prima Sache für Männer, die vorübergehend Probleme mit ihrer Standfestigkeit haben. Nicht nur schlaffe, auch kleine Penisse kommen in dieser Position auf ihre Kosten, zumal die mehr oder weniger gestreckten Beine der Frau viel Reibung garantieren. Ebenfalls perfekt geeignet ist die Stellung für Schwangere, weil der Bauch schön bequem und sicher liegt, sowie für Menschen mit Problemen an Knie oder Hüfte.

Nachteil: Zugegeben, wahnsinnig aufregend ist die Stellung nicht – man kann eben nicht alles haben.

Varianten:

Winkelzüge. Es lohnt sich, in der Löffelchen-Stellung mit verschiedenen Körperhaltungen zu experimentieren, um die perfekte Lage zu finden. Für mehr Tiefe kann sie beispielsweise ihren Oberkörper nach vorn abknicken. Viele Frauen schlingen für eine bessere Stimulation ihr oberes Bein über das des Partners. Probieren Sie auch aus, wie es sich anfühlt, wenn er sein oberes Bein aufstellt oder sie die Hüfte nach hinten kippt.

Löffelchen rückwärts. Mehr Spannung kommt auf, wenn sich beide aus der Grundposition auf den Rücken drehen, möglichst ohne dass er dabei aus ihr herausflutscht. Jetzt ist sie obenauf – eine Art umgedrehte Reiterstellung. Der Vorteil der Rückenlage: Er kann ihre Brüste und ihre Scham mit seinen Händen bequem verwöhnen, zudem klopft sein Schwanz von innen gegen die Hot Spots an der Scheidenvorderwand. Extra-Kick: Sie stimuliert ihre Klitorisregion mit einem Vibrator. Das Gebrumme wirkt sich auch äußerst lustfördernd auf seine erogenen Zonen aus …

Der Spiegel. Wenn sie sich auf die andere Seite dreht, sodass beide mit den Gesichtern zueinander liegen, wird aus den Löffelchen in null Komma nix der Spiegel. Verfügt er über einen relativ langen Zauberstab, kann sie in dieser Stellung ihre Beine ausgestreckt aufeinander ruhen lassen. Häufig funktioniert es jedoch besser, wenn die Frau ihr oberes Bein über das des Mannes schlingt. Versuchen Sie, sich so zu platzieren, dass sie die Möglichkeit hat, sich mit ihrem Fuß an der Wand abzustützen. Auf diese Weise kann sie ihre Hüften mit mehr Power vorwärts und zurück bewegen.

Das T. Er bleibt in der Löffelchen-Stellung auf der Seite, sie dreht sich dagegen auf den Rücken, und zwar so, dass sie sich im 90-Grad-Winkel zu ihm befindet und ihre Beine über seine Oberschenkel legen kann. Ähnlich bequem wie die Löffelchen, der Vorteil der T-Haltung ist jedoch, dass die beiden einander zugewandt sind und sich so besser liebkosen können. Auch hier kann eine Wand im Rücken des Mannes, an der sie ihre Füße abstützen kann, für mehr Power bei den Stoßbewegungen sorgen.

Die Schere. Unterschätzen Sie nicht das sexuelle Potenzial, das ein Männer-Schenkel entfalten kann, wenn er mit richtigem Rhythmus und Druck über die Scham reibt. Wenn Sie nicht wissen, was ich meine, sollten Sie mal diese Variante probieren: Der Mann liegt auf der Seite, sie auf dem Rücken, eine Ausgangsposition ähnlich wie bei der vorherigen Stellung, nur dass sie nicht in rechtem Winkel, sondern mehr oder weniger parallel neben ihm liegt. Nun nimmt sie das Bein, das dem Partner am nächsten ist, und legt es über seine Hüfte, das andere schiebt sie zwischen seinen Beinen durch. Der obere Schenkel des Mannes ruht jetzt auf ihrem Dreieck, sein Penis kann bequem in sie hineingleiten. Auch diese Stellung ist alles andere als schweißtreibend und deswegen gut für ein langes Liebesspiel geeignet. Zudem hat sie die Möglichkeit, Lage und Druck seines Schenkels zu korrigieren sowie gegebenenfalls selbst Hand anzulegen.

Im Stehen

Vorteil: Auf Sex in der Vertikalen greift man bekanntlich immer dann gern zurück, wenn es schnell gehen soll oder der Fußboden zu schmutzig ist, um sich hinzulegen. Manchmal geht es auch aus Platzgründen nicht anders, zum Beispiel bei einer Nummer in der Umkleidekabine, in der Dusche oder Besenkammer. Im Stehen kann man es nahezu überall treiben – nur nicht im Bett, was dieser Methode das Image verschafft hat, leidenschaftlich-verrucht und abenteuerlich zu sein.

Nachteil: Abenteuerlich und bequem sind zwei Dinge, die sich leider ausschließen. Aus diesem Grund ist die stehende Stellung eher was für Quickies als für ausgedehnte Liebesspiele. Schwierig wird der Steh-Sex, wenn die Partner unterschiedlich groß sind und man keine Telefonbücher zum Unterlegen hat. Wenn Sie es trotzdem unbedingt im Stehen treiben wollen, können Sie sich in einen einsamen Treppenflur zurückziehen. Aber bitte gut am Geländer festhalten!

Variationen:

Der hängende Garten. In der aufrechten Stellung von vorn legt sie üblicherweise ein Bein um seinen Oberschenkel, um ihm das Eindringen zu erleichtern. Hilfreich ist es, wenn eine Wand in der Nähe ist – er nutzt sie als Rückenlehne, sie kann sich daran mit dem Fuß abdrücken. Wenn sie ein Leichtgewicht und er ein kräftiger Bursche ist, sollten es die beiden mal mit dem hängenden Garten versuchen: Dabei schlingt sie ihre Beine um seine Hüfte und hält sich hinter seinem Nacken fest, während er ihren Po packt und sie stützt.

Die Giraffe. Wenig zu sagen gibt es zu den stehenden Stellungen von hinten. Bei der Giraffe zieht er sie an sich heran und dringt in sie ein, dann klappt sie ihren Oberkörper tief nach unten und stützt sich mit den Fingern am Boden ab. Wenn ihr diese Haltung zu mühsam ist, kann sie sich auch weniger stark vorbeugen und einen Hocker, einen Tisch, die Bettkante oder ein anderes Möbelstück in Knie- bis Hüfthöhe zum Festhalten nutzen.

Möbel nach Maß. Er steht, sie sitzt – auf dem (ausgekühlten!) Cerankochfeld, auf dem Fenstersims, auf dem Schreibtisch ... Oder: Er steht, sie lehnt sich mit dem Bauch – über den Esstisch, über die Rückenlehne des Sofas, zum geöffneten Fenster hinaus ... Testen Sie Ihre Wohnung samt Mobiliar auf ihre Quickie-Tauglichkeit. Irgendetwas in der richtigen Höhe findet sich sicher!

Im Sitzen

Vorteil: Positionen, bei denen sich das Paar gegenübersitzt, sind vor allem im Tantra sehr beliebt, weil sie den Geschlechtsverkehr als sanften Akt der Verschmelzung erleben lassen und es erlauben, das Liebesspiel beliebig in die Länge zu ziehen. Die in der Sitzhaltung üblichen Schaukelbewegungen erleben einige Frauen als besonders reizvoll.

Nachteil: Den Nicht-Yogis unter uns können bestimmte Sitzpositionen Sehnen und Gelenke ruinieren; aus diesem Grund habe ich die Stellungen im Lotossitz hier gar nicht beschrieben. Auch für den meditativen Charakter der Sit-ins ist nicht jeder offen – manche Menschen finden Sex im Sitzen schlichtweg langweilig, weil in der Regel nur kleine Bewegungen möglich sind.

Variationen:

Yin & Yang. Der Mann setzt sich mit geradem Rücken auf den Boden und winkelt seine Beine so an, dass sich seine Fußsohlen berühren. Sie lässt sich auf seinem Schoß nieder und schlingt ihre Beine um seine Taille. Beide umfassen den Nacken des anderen, lehnen sich leicht zurück und beginnen mit den Schaukelbewegungen.

Die Göttin. Bei dieser kleinen Abwandlung von Yin & Yang sitzt der Mann mit ausgestreckten Füßen. Seine Partnerin nimmt auf seinem erigierten Penis Platz und überkreuzt ihre Beine in seinem Rücken. Während er ihr Dekolleté mit Küssen bedeckt und an ihren Brüsten züngelt, sorgt sie mit kleinen Bewegungen aus der Hüfte für sanfte Stimulation. Eine empfehlenswerte Stellung für Männer, die allzu schnell zum Schuss kommen.

Der Jo-Jo. Er sitzt auf einem Stuhl, die Frau hockt sich auf seinen Schoß, wobei sie ihm ihren Rücken zuwendet. Mit ihren Armen stützt sie sich auf seinen Knien ab, beugt sich leicht nach vorne und bewegt sich an seinem Penis auf und nieder. Vorteile: tiefe Penetration und viel Bewegungsfreiheit für die Frau. Die Sache mit dem Stuhl funktioniert natürlich auch, wenn sie sich andersherum auf ihn setzt. In diesem Fall kann er ihr das Auf und Ab erleichtern, indem er unter ihren Po greift und mit anhebt.

Samba statt Nähmaschine! Rein und raus ist nicht alles

Es gibt Männer, die halten ihren Penis für einen Schlagbohrer und glauben, je heftiger und schneller sie rammeln, desto bessere Noten gibt's von Stiftung Warentest. So ein wildes, hartes Rumgevögele ist ja auch was Wunderbares, wenn es sich dann und wann aus einer erotisch aufgeheizten Stimmung entwickelt. Doch nur Anfänger tun es immer im Takt einer Nähmaschine, erfahrene Liebhaber wissen, dass ein gemächlicher Rhythmus oft die mächtigeren Orgasmen beschert. Statt der üblichen Stoßbewegung nach vorn und zurück können Sie es auch mal mit kreisenden Hüftbewegungen versuchen. Langsame Samba-Schwünge mit dem Unterleib bieten der Vulva einen angenehmen Massage-Effekt.

Bei einigen Stellungen bietet es sich an, dass der Mann völlig passiv bleibt und die Frau in die aktive Rolle schlüpft, indem sie es ihm mit kleinen Kicks aus der Hüfte besorgt. Wenn sie brav ihr Vaginal-Work-out absolviert hat, kann sie seinen Penis sogar nur durch Zusammenziehen und Entspannen des PC-Muskels bei Laune halten. Als Frau sollten Sie immer daran denken, Ihre Vagina am Sex aktiv zu beteiligen, indem Sie den PC-Muskel zum Einsatz bringen – das verstärkt nicht nur sein, sondern auch Ihr Vergnügen!

Aus den USA kommt eine Beischlaf-Technik, die den Frauen höchste Wonnen durch klitorale Dauerstimulation verspricht. Dass sich die «Coital Alignment Technique», kurz CAT, bislang nicht in größerem Maßstab durchsetzen konnte, liegt vermutlich daran, dass sie ein bisschen langweilig anmutet. Aber in der Tat kann die Sache klappen, wenn man sie korrekt ausführt – aus diesem Grund möchte ich sie Ihnen nicht vorenthalten, wenngleich man sich natürlich fragen kann, ob es für eine Frau nicht lustvollere Orgasmus-Möglichkeiten gibt.

Und so funktioniert CAT: Sie liegt auf dem Rücken, er dringt in sie ein und legt sich, ohne sich abzustützen, auf sie – weshalb die Nummer schon mal nichts für Schwergewichte ist. Wichtig: Seine Hüften liegen etwas oberhalb von ihren, sodass der Penisschaft gegen den Venushügel drückt. Sie umschlingt seine Beine, ihre Knöchel liegen auf seinen Waden. Statt der üblichen Stöße sind bei CAT Vorwärts- und Rückwärtsbewegungen in gleichmäßigem Tempo gefragt. Dadurch, dass ihre Klitorisregion beständig von seinem Schaft gerieben wird, stehen die Chancen gut, dass sie mit dieser Technik zum Orgasmus kommt. Vorausgesetzt, sein Schwanz besitzt eine gewisse Mindestlänge und er hält lange genug durch.

Noch nicht! Wie Sie länger geniessen können

Ziemlich weit oben auf der weiblichen Sex-Beschwerdeliste steht die Klage «Er kommt immer zu früh». Normalerweise lässt sich der vorzeitige Samenerguss recht einfach in den Griff bekommen, Voraussetzung ist, dass beide zusammenarbeiten. Die effektivste Verzögerungstaktik basiert auf dem Prinzip von «Stop and go». Sobald der Mann gefährlich heiß gelaufen ist, legen beide eine kleine Pause ein, er lässt seinen Penis frische Luft schnappen oder wechselt in eine andere Stellung. Allerdings braucht man für «Stop and go» ein wenig Selbstdisziplin. In Stellungen, in denen die Frau den Ton angibt, wie zum Beispiel bei der Reiterin, muss er ihr durch ein vereinbartes Zeichen oder ein Wort signalisieren, wann der richtige Zeitpunkt für eine Auszeit gekommen ist. Denn wenn er erst mal den «Point of no Return» erreicht hat, kann ihn bekanntlich nichts mehr aufhalten.

Der Nachteil an der «Stop-and-go»-Technik ist, dass die Frau immer wieder aus ihrem Erregungsfluss gerissen wird. Männer, die regelmäßig zu früh kommen, sollten es sich daher zur Gewohnheit machen, ihre Partnerin vor dem Geschlechtsverkehr auf andere Art zu befriedigen. Das vermindert zudem ihren Leistungsdruck.

Beim Sex an die Steuererklärung zu denken, ist keine empfehlenswerte Methode, den Orgasmus zurückzuhalten. Zum einen, weil es wenig lustvoll ist, sich den Spaß an einem schönen Gefühl damit zu verderben, dass man an Unerfreuliches denkt; zum anderen, weil bei vielen Männern gerade die mangelnde Aufmerksamkeit für ihren Körper dazu führt, dass sie zu wenig Kontrolle über ihre physischen Reaktionen haben.

11. Kapitel Einführungskurs Griechisch

Im alten Griechenland scheint der Kult um den Hintern so normal gewesen zu sein wie bei uns heute der Hype um den Busen. Ein hoch angesehener Philosoph wie Platon schwärmte ungeniert über die Freude der analen Erotik, unzählige Bild-Darstellungen belegen, dass es nicht nur unter Männern, sondern auch bei gemischten Paaren üblich war, durch die Hintertür in die gute Stube einzudringen. Es hat also nichts mit Tzatziki, Sirtaki oder Nana Mouskouri zu tun, dass die Po-Penetration in der Fachsprache auch unter dem Begriff «Griechisch» läuft.
Beim Durchstöbern von Online-Sexshops kommt man ins Staunen, wie viele verschiedene Spielzeuge für den Hinterausgang auf dem Markt sind. Da verwundert es nicht mehr, zu lesen, wie stark das Interesse für analen Sex in den letzten Jahren gestiegen ist. Verlässliche Zahlen für Deutschland fehlen, doch nach US-Studien haben etwa 30 Prozent der Hetero-Paare schon Erfahrungen mit Analsex gemacht. Und in einer groß angelegten britischen Studie aus dem Jahr 2000 gaben etwa 12 Prozent der befragten Heteros an, im Vorjahr anale Erotik genossen zu haben.
Es kann also keine Rede davon sein, dass dieses Thema nur für Schwule interessant ist. Statistisch gesehen, bestehen gute Chancen, dass auch Sie sich im Verlauf Ihrer Liebesbiographie damit auseinander setzen müssen. Sei es, weil Sie entsprechende Gelüste umtreiben. Sei es, weil Sie an einen Bettgefährten geraten, der davon träumt, Ihr Hinterteil näher zu erkunden.

Warum Männer von Analsex träumen

Bei den meisten Kerlen beschleunigt sich der Puls, wenn das Stichwort Analsex fällt. Der Gedanke, in die «Tabuzone» der Geliebten einzudringen, hat für sich genommen schon eine große Faszination. Hinzu kommt der körperliche Reiz: Die kräftigen Schließmuskeln, die den Darmausgang bewachen, sind viel enger als die Vagina und bieten dem Penis daher ein Höchstmaß an Reibung. Da sie sich normalerweise reflexartig zusammenziehen, wenn ein unbekanntes Objekt Einlass begehrt, wird das Eindringen zu einem Akt der sanften Eroberung. Nur wenn eine Frau ihrem Partner völlig vertraut, wird sie in der Lage sein, sich so weit zu entspannen, dass sein Penis in sie hineingleiten kann, ohne ihr Schmerzen zu bereiten. Viele Männer empfinden Analsex mit ihrer Partnerin daher als Ausdruck größter Intimität und Hingabe. Nicht nur als Eindringling, auch in der passiven Rolle hat diese sexuelle Spielart viel Spaß für ihn auf Lager. Wenn sie mit ihrem Finger oder einem Spielzeug seinen Anus reizt, während gleichzeitig sein Penis stimuliert wird, kann ihm das Orgasmen von ungeahnter Intensität verschaffen. Einige Männer (darunter übrigens auch viele Schwule) verbitten es sich trotz dieser vergnüglichen Aussichten, penetriert zu werden. Sie fürchten, dass ihre Männlichkeit dadurch Kratzer bekommen könnte …

Und was haben Frauen davon?

Nicht so viel wie die Männer, um ganz ehrlich zu sein. Weil das Rektum eigentlich als Einbahnstraße in die andere Richtung konstruiert ist, können Analsex-Versuche ziemlich schmerzhaft sein – zumal, wenn der Partner zu ungeduldig, zu verklemmt oder zu unerfahren ist, um die nötigen Vorbereitungen zu treffen. Während Analsex bei Männern automatisch die Prostata stimuliert und damit den Orgasmus intensiviert, müssen Frauen auf diesen Extra-Bonus verzichten, da sie keine Vorsteherdrüse besitzen. Das

erklärt, warum Analverkehr bei lesbischen anders als bei schwulen Paaren keine besondere Rolle spielt.
Trotz dieser anatomischen Widrigkeiten gibt es viele Frauen, die es äußerst erregend finden, wenn der Partner ihren Hinterausgang als Eingang zur Glückseligkeit umfunktioniert. Allein die Geilheit des anderen zu spüren, sich davon anstecken zu lassen, kann schon die Sache wert sein. Das Gefühl, etwas Schmutziges, Verbotenes zu tun, ein Tabu zu brechen, gibt einen zusätzlichen Kick. Manche Frauen erleben ihre Höhepunkte als befriedigender, wenn ein Penis ihr Rektum ausfüllt und den Zuckungen der Scheide Widerstand bietet. Die allermeisten brauchen allerdings parallel zum Analverkehr klitorale Stimulation, um zum Orgasmus zu gelangen.
Mehr Freude als eine Penetration bereitet der Damenwelt häufig eine äußerliche Massage der Rosette im Zusammenspiel mit der Stimulation des Kitzlers. Denn rund um das Löchlein bündeln sich hochempfindliche Nervenstränge, die sich prima mit einem oder mehreren Fingern animieren lassen, ohne dabei die Schließmuskeln überzustrapazieren. Unerschrockene können auch mit ihrer Zunge in der Region für Wonnegefühle sorgen – das nennt sich dann Rimming.

Tipps für Exkursionen in die Po-Ebene

Erklären Sie sich. Auch falls Sie kein Freund großer Worte sind: Wenn Sie erstmalig mit Ihrem Schatz Analverkehr ausprobieren wollen, müssen Sie unbedingt vorher raus mit der Sprache. Selbst wenn es nur darum geht, mit dem Finger Neuland zu erkunden, sollten Sie um Erlaubnis bitten, denn sonst riskieren Sie, dass sich Ihr Partner überrumpelt fühlt und verkrampft.
Zu bösen Missverständnissen kann es führen, wenn ein Mann seiner Partnerin sagt, dass er es gerne «von hinten» machen würde. Gut möglich, dass sie glaubt, er wolle sie in der Hunde-Stellung

nehmen, und dann in Panik gerät, wenn sie bemerkt, dass er sich an ihrem sekundären Lustkanal zu schaffen macht. Am besten, Sie sprechen das Thema an, noch bevor Sie startklar zwischen den Laken liegen. Denn die meisten Menschen sind äußerst besorgt, was den hygienischen Zustand dieser speziellen Körperöffnung anbelangt. Aus diesem Grund sollten Sie dem anderen, bevor es zur Sache geht, die Möglichkeit geben, die Toilette zu besuchen und sich ausgiebig zu waschen.

Machen Sie es safe. Wie gesagt: Anders als die Scheide ist der Anus nicht darauf eingerichtet, Besuch von außerhalb zu empfangen, deshalb müssen Sie mehr Vorsicht walten lassen als beim «normalen» Geschlechtsverkehr. Da die Haut im Rektum bei Reibung aus der falschen Richtung ganz leicht kleine Risse bekommt und daher das Ansteckungsrisiko für sexuell übertragbare Krankheiten sehr groß ist, sollten Sie im Zweifelsfall immer ein Kondom benutzen. Wechseln Sie nie von Anal- zu Vaginalsex über, ohne das Kondom erneuert beziehungsweise einen Waschgang eingelegt zu haben, denn Bakterien aus dem Darmtrakt können die Scheidenflora aus dem Gleichgewicht bringen und für Infektionen sorgen. Auch ihre Finger können ein Bakterien-Taxi sein – passen Sie auf, dass Sie nicht mit hinten und vorne durcheinander kommen!

Sparen Sie nicht am Gleitgel. Geiz ist ungeil – gehen Sie verschwenderisch mit Gleitmittel um, denn das Rektum ist nicht in der Lage, selbst für genügend Schmierstoff zu sorgen. Falls Sie einen Dildo oder ein anderes Analspielzeug benutzen, ziehen Sie ein Kondom darüber und feuchten Sie es an.

Sorgen Sie für Entspannung. Mit Gewalt geht gar nix – merken Sie sich das, meine Herren, sonst wird es das erste und gleichzeitig auch das letzte Mal gewesen sein, dass Ihre Partnerin Sie an ihren Allerwertesten lässt. Damit ihr die Sache keine Schmerzen bereitet, müssen Sie mit ihren Schließmuskeln erst einmal ein Relaxprogramm veranstalten. Feuchten Sie Ihren Zeigefinger mit Gleitcreme an, massieren Sie sanft ihre Anus-Region und führen Sie dann den Finger langsam in ihren Hintern ein. Ziel der Übung: Die Muskelringe sollen sich daran gewöhnen, trotz Penetration von außen entspannt zu bleiben. Möglicherweise müssen Sie die Sache ein paar Tage lang wiederholen, bis Ihre Liebste gelernt hat, den Finger aufzunehmen, ohne zu verkrampfen. Erst wenn es funktioniert, macht es Sinn, sich größeren Aufgaben zuzuwenden.

Sie darf bestimmen. Hat sich ihr Po mit den Annäherungsversuchen seines Fingers angefreundet, kann er versuchen, vorsichtig mit dem Penis einzudringen. Um ihn hereinzulassen, atmet sie tief ein und presst den Schließmuskel nach außen. Wichtig: Damit die Frau sich sicher fühlt, sollte sie anfangs immer Regie führen. Er bleibt passiv, hält seinen Johnny nur hin, sie hat es in der Hand, wie tief sie ihn hineinlässt und in welchem Tempo er sich in ihr bewegen darf. Einsteiger machen ihre ersten Versuche am besten im Doggy-Style, weil die Frau in dieser Stellung den Druck gut regulieren kann. Auch beim Rückzug langsam vorgehen, sonst kann's wehtun.

Wenn er auch gerne mal möchte. Als Frau sollten Sie nicht die Möglichkeit versäumen, Ihren Helden im Gegenzug auch mal anal zu verwöhnen. Falls er noch unangenehme Erinnerungen an die Prostata-Vorsorge beim Arzt im Gedächtnis hat, beruhigen Sie ihn mit dem Hinweis, dass sich die Ultraschall-Untersuchung beim Gynäkologen auch ganz grundsätzlich vom Beischlaf mit ihm unterscheidet.

Für den Anfang ist es vielleicht am besten, wenn er mit angewinkelten Beinen auf dem Rücken liegt, den Kopf mit einem Kissen so in Position gebracht, dass er zugucken kann, was Sie treiben. Zum Vorglühen wäre etwas orale oder manuelle Zuwendung für seinen Penis nett. Wenn er gut in Stimmung gekommen ist, übergeben Sie ihm den Steuerknüppel, damit Sie sich ganz auf Ihre neue Aufgabe konzentrieren können: Feuchten Sie Ihren Zeigefinger an und führen Sie ihn vorsichtig bis etwa zum zweiten Gelenk in seinen Po ein. Die Handfläche zeigt dabei nach oben. Wenn Sie jetzt mit Ihrem Finger lockende Komm-her-Bewegungen machen, stimulieren Sie automatisch die pralinengroße Vorsteherdrüse. Währenddessen kann er sich selbst durch Handanlegen weiter und weiter zum Höhepunkt vorarbeiten. Wenn er kommt – nicht wundern, wenn das ekstatischer vor sich geht als sonst –, spüren Sie sehr eindrucksvoll das heftige Zucken seiner Prostata. Fortgeschrittene können auch den Oralsex mit einer Simultan-Massage der Prostata bereichern.

12. Kapitel Delikatessen – nicht für jeden Geschmack

In diesem Kapitel geht es um den Reiz von nicht alltäglichen Sexperimenten wie Bondage, Fetisch, Rollenspielen. Jetzt denken Sie sich vielleicht: «Na danke, das brauche ich nicht», und wollen die nächsten 17 Seiten überblättern. Aber das wäre schade. Denn möglicherweise entdecken Sie ja beim Lesen, dass es die eine oder andere erotische Spielart gibt, die sich in Ihrer Phantasie festsetzt und irgendwann einmal ausgelebt werden will. Unter Umständen stoßen Sie auch auf Dinge, von denen Sie ahnen, dass Ihr Darling Sie gerne mal mit Ihnen ausprobieren würde. Lassen Sie sich inspirieren, ohne in Kategorien wie «normal» oder «abartig» zu verfallen. Solche Einteilungen sind sowieso keine brauchbaren Maßstäbe, um sexuelle Praktiken zu beurteilen. Solange alle Beteiligten mit Spaß bei der Sache sind und niemand seelisch oder körperlich verletzt wird, ist jede Form des Liebesspiels in Ordnung.

Von erregenden Phantasien und der rauen Wirklichkeit

Was wäre der Sex ohne erotische Tagträume! Gerade Frauen sind Meister darin, delikate Drehbücher der Lust zu verfassen, die an prickelnder Spannung und Raffinesse jeden Erotikfilm in den Schatten stellen. Männer sind da meist etwas simpler gestrickt, verschwenden nicht so viel Gedanken an Kulisse, Handlung und emotionale Verwicklungen, sondern konzentrieren sich stärker auf das Wesentliche, sprich: auf den Akt an sich.

In erotischen Phantasien spielen Szenen aus Macht und Unterwerfung eine wichtige Rolle. Übrigens geht es auch in den weiblichen Phantasien – anders, als Mann vermuten könnte – nicht gerade wattebäuschchenzart zu. Ein Hauch von Schmerz, spielerische Gewalt, verbale Demütigung oder der Wunsch, brachial genommen zu werden, kommen in den erotischen Tagträumen von knapp 40 Prozent der Frauen vor, wie das Sexologische Institut in Hamburg herausgefunden hat. Laut einer Studie der Gesellschaft für Rationelle Psychologie in München phantasieren sogar rund 65 Prozent aller Frauen hin und wieder von erotischen Machtspielchen.

Die meisten schämen sich insgeheim wegen ihrer nicht gerade emanzipierten Visionen oder sind zumindest irritiert. Sich zu diesen dunklen Gedanken zu bekennen, fällt Frauen schwer. Denn zum einen wollen sie nicht in Verdacht geraten, furchtbare Verbrechen wie Missbrauch und Vergewaltigung zu verharmlosen oder zu entschuldigen. Zum anderen passt es nicht in das Selbstbild von der gleichberechtigten, starken Frau, solche Nimm-mich-Phantasien im Kopf herumgeistern zu haben.

Doch bitte entspannen Sie sich, meine Damen. Wie Sie gelesen haben, gibt es ziemlich viele Frauen, die sich heimlich nach leidenschaftlich-wilden Erfahrungen jenseits von Blümchensex sehnen. Eine wichtige Ursache dafür liegt in unserer guten Erziehung begründet. Wir haben verinnerlicht, dass sexuelle Triebe etwas Schmutziges, Verbotenes sind, und geben die Verantwortung dafür gern an einen dominanten Partner ab. Hinterher kann man dann reinen Gewissens sagen: «Er hat mich gezwungen, diese bösen Sachen zu tun. Ich wollte ja gar nicht.»

Und mal abgesehen von allen tiefenpsychologischen Erklärungsversuchen: Der Traum, im Sturm oder sogar mit Gewalt erobert zu werden, kann auch als Ego-Booster wirken. «Er ist von meinem Sex-Appeal so stark angezogen, dass er die Kontrolle verliert und über mich herfällt.» Yeah! Das klingt doch sehr schmeichelhaft, oder?

Die Frage ist nur, ob und wie sich diese Sehnsüchte ausleben lassen. Ein Mensch mit Realitätssinn kommt bei den meisten seiner erotischen Phantasien gar nicht auf die Idee, sie in die Wirklichkeit umsetzen zu wollen. Häufig scheitert das ja schon an den organisatorischen Fragen: Wo soll Mann die 100 bildhübschen Nonnen auftreiben, die sich danach verzehren, von ihm als Hohepriester des Sex entjungfert zu werden? Oder: Wie stellt Frau es an, Russell Crowe im Gladiator-Kostüm ins heimische Schlafzimmer zu lotsen?

Zu den praktischen Hindernissen kommen psychologische: Bei den Filmen, die in unserem Kopfkino abgehen, führen wir selbst die Regie. Wir haben den Verlauf der Handlung im Griff, können unangenehme Begleiterscheinungen (Mundgeruch, ansteckende Krankheiten, Haare am Po) einfach rausschneiden und jederzeit zum Happy End übergehen. Im richtigen Leben müssen wir dagegen einen Großteil der Kontrolle abgeben – insbesondere, wenn noch andere Menschen als man selbst und der Partner am Geschehen beteiligt sind. Leicht kann es zu Situationen kommen, die nicht nur unerotisch, sondern auch schmerzhaft für Körper oder Seele sind und Ihnen den Spaß am Sex auf längere Sicht vermiesen. Überlegen Sie sich gut, ob Sie die Orgien, die sich in Ihrer Phantasie abspielen, tatsächlich ausleben wollen. Und denken Sie auch darüber nach, ob es sinnvoll ist, Ihrem Schatz in schillernden Farben davon zu erzählen. Oft bringt das nichts außer Eifersuchtsanfällen und Minderwertigkeitskomplexen. Es sei denn, Sie haben vor, Ihre Phantasien mit ihm zusammen Wirklichkeit werden zu lassen ...

Keine leichte Sache, selbst wenn Sie alles ganz genau so planen, wie Sie es sich vorgestellt haben, kann die Sache böse in die Grütze gehen – zum Beispiel deshalb, weil die Situation in der Realität doch nicht hocherotisch, sondern einfach nur peinlich, albern oder langweilig ist. Oder weil der Partner nicht so mitzieht, wie Sie sich das vorgestellt haben, sondern mit dem Rollenwechsel schlicht überfordert ist: Morgens soll Männe den Kaffee ans Bett bringen, mittags das Altglas recyceln und abends den wilden

Hengst rauslassen? Schwierig. Aber nicht unmöglich. Die wichtigste Voraussetzung für sexuelle Grenzüberschreitungen ist, dass Sie mit Ihrem Partner in einer stabilen Beziehung voller Respekt und Vertrauen leben. Und kein Problem damit haben, auch ein enttäuschendes Erlebnis unter «neue Erfahrung» abzubuchen.

Bondage light – fesselnde Ideen für Mutige

Fesselspielchen sind eine gute Möglichkeit, Macht- und Ohnmachtsphantasien im Bett auszuleben, ohne dass dabei Hardcore-Praktiken aus der Sadomaso-Ecke ins Spiel kommen müssen. Für denjenigen, der sich festbinden lässt, kann es unglaublich befreiend sein, alle Verantwortung für das Liebesspiel abzugeben und sich verwöhnen, überraschen oder auch «beherrschen» zu lassen. Durch die Einschränkung der Bewegungsfreiheit erhöht sich gleichzeitig das sexuelle Empfinden: Weil man selber wenig bis gar nichts tun kann, konzentriert man sich automatisch stärker auf seine körperliche Wahrnehmung.
Auch für den aktiven Part hat die Situation ihren ganz eigenen Reiz: Zum einen sieht ein dekorativ gefesselter Gefangener einfach sexy aus. Zum anderen macht es großes Vergnügen, den hilflos Ausgelieferten aufreizend langsam in die Ekstase zu treiben. Langweilen sollten Sie Ihr «Opfer» aber ebenso wenig wie ernsthaft leiden lassen.
Ich spreche hier nur von der soften Variante des Fesselns, die wenig bis nichts mit dem zu tun hat, was in der Szene unter Heavy Bondage läuft und schwerpunktmäßig in S/M-Studios betrieben wird. Bei den Hardcore-Anhängern steht der Akt und die Ästhetik des Fesselns, die Inszenierung von Dominanz und Unterwerfung im Vordergrund. Bondage-Meister kennen 1001 Methode, einen Menschen kunstvoll zum Paket zu verschnüren. Für das, was hier gemeint ist, reicht im Zweifel auch ein symbolischer Knoten in einer ausrangierten Seidenkrawatte …

Richtig fesseln. Eingeschworene Bondage-Fans haben geflochtene Seile aus dem Segelshop oder Baumarkt in verschiedenen Längen zu Hause. Möglichst glatt und weich sollten sie sein, nicht zu dünn (etwa acht Millimeter) und schwarz, weil das Auge ja auch was davon haben will. Für erste Experimente bietet es sich an, Dinge ihrem eigentlichen Zweck zu entfremden, die Sie sowieso zu Hause haben, wie zum Beispiel Schals, Bademantel-Gürtel oder eine Wäscheleine. Sie sollten allerdings nur Gegenstände benutzen, auf die Sie verzichten können, ohne sich in Heulkrämpfen zu winden, denn möglicherweise bekommen Sie hinterher die Knoten nicht mehr auf und müssen zur Schere greifen.

Segler sind beim Bondage klar im Vorteil: Mit Slipstek, Palstek und Achterknoten beherrschen sie bereits die wichtigsten Knüpftechniken. Perfektionisten können auf den einschlägigen Internetseiten die hohe Kunst des Verpackens erlernen. Alle anderen improvisieren mit dem guten alten Doppelknoten, den man auch beim Geschenkeverpacken verwendet.

Handschellen aus dem Sexshop machen Knotenkünste überflüssig und wirken professioneller. Der Nachteil ist, dass sie einschneiden und wehtun können, wenn man auf ihnen liegt. Eine Alternative sind Nylon-Komplettfesseln, mit denen man beispielsweise die Hände an den Oberschenkeln fixieren kann.

Probieren Sie aus, welche Haltung für den Gefesselten besonders lustvoll ist. Die Beine gespreizt, zusammen oder gebeugt, die Arme über dem Kopf oder hinter dem Rücken zusammengebunden? Es sind einige Varianten möglich, und ihre körperliche Wirkung kann durchaus unterschiedlich sein. Wenn Sie nicht ganz sicher sind, ob Ihnen die Sache überhaupt Spaß macht, sollten Sie anfangs nicht gleich aufs Ganze gehen. Erst mal nur die Hände fesseln, anstatt sich sofort in der Strecklage auf die Matratze spannen zu lassen.

Sicherheitshinweise. Fesselspielchen – auch in der zahmen Variante – sollten Sie nur mit einem Menschen veranstalten, dem Sie,

ohne zu zögern den PIN-Code für Ihre EC-Karte und die Schlüssel für Ihren voll getankten Neuwagen anvertrauen würden. Sprich: Sie müssen zu Ihrem Fesselmeister vollstes Vertrauen haben können, sonst wird die Angelegenheit zum unkalkulierbaren Risiko.
Der Hals ist beim Bondage immer tabu! Schließlich soll Ihr Sex-Trip ja nicht im Krankenhaus enden. An allen Stellen, wo die Blutgefäße direkt unter der Haut verlaufen, wie an den Handgelenken, den Ellbogen oder den Fußgelenken, ist erhöhte Vorsicht angesagt. Hier immer genügend Spiel lassen. Wenn in einem Körperteil Kribbeln oder Taubheitsgefühle auftreten, sofort runter mit der entsprechenden Fessel! Schere beziehungsweise die Handschellen-Schlüssel immer in Griffweite deponieren.
Gespielter Widerstand des Gefangenen macht das Spiel erst so richtig spannend, doch damit bei Schmerzen oder Angstzuständen klar erkennbar ist, dass ein «Bind mich los!» auch tatsächlich ernst gemeint ist, sollten Sie ein prägnantes Stoppwort wie zum Beispiel «finito» vereinbaren. Zudem sollten Sie vorher Ihre Grenzen genau abstecken. Zum Beispiel: fesseln ja, knebeln nein. Die Strumpfhose zerschneiden o. k., aber bitte nicht die halterlosen Strümpfe von Wolford zerstören.
Dass man den Gefesselten zwischendurch nicht einfach allein liegen lässt, um in Ruhe den Start beim Formel-1-Rennen oder die Lieblingssoap zu gucken, versteht sich hoffentlich von selbst.
Spielvorschläge. Beim Bondage light kommt es weniger auf den Kult des Fesselns an als darauf, was man mit dem außer Gefecht gesetzten Partner anstellt. Die Liebste an die Bettpfosten zu binden, um der gewohnten Zwei-Minuten-Nummer etwas mehr Pep zu verleihen, ist nicht unbedingt der tiefere Sinn der Sache. Es gehört eine gute Portion Einfühlungsvermögen, Phantasie, Mut, Selbstbewusstsein und Respekt dazu, das Geschenk «Mach mit mir, was du willst» zu verwalten.
Gelungene Fessel-Sessions ergeben sich daher selten aus einer spontanen Eingebung heraus. Sie müssen – zumindest gedank-

lich – geplant werden. Auch ein paar praktische Vorbereitungen sind angezeigt: Heizung hochdrehen, damit das passive Lustobjekt nicht bibbern muss. Vielleicht ein paar Kerzen anzünden, das sorgt für mehr Dramatik, dazu die passende Musik einlegen. Und wenn Sie schon mal dabei sind, können Sie neben den Fessel-Utensilien gleich ein paar Accessoires wie ein Glas mit Eiswürfeln, eine Pfauenfeder oder einen Vibrator bereitstellen, damit Sie nicht erst dann danach kramen müssen, wenn Ihr Gefangener schon erwartungsvoll vor Ihnen liegt.

Ein paar Ideen gefällig, was Sie als Hauptakteur des Liebesspiels alles anstellen können? Also gut: Wenn Sie eine Frau sind, bietet es sich an, dass Sie Ihren lahm gelegten Helden anfangs nur optisch anheizen. Ziehen Sie sich vor seinen Augen langsam aus. Anschließend könnten Sie – anders, als er das erwartet hatte – erst einmal sich selbst einen Höhepunkt verschaffen. Er wird verrückt werden, weil er Sie nicht anfassen kann, aber auch das Zuschauen wird er zu genießen wissen. Zumal Sie sich ja anschließend ganz ausführlich mit ihm beschäftigen: Auf der Speisekarte könnte jetzt eine erotische Massage stehen, die sich zum Ende hin seinen intimsten Zonen widmet. Dann könnten Sie ihn rittlings besteigen und als Amazone in den Sonnenuntergang reiten. Wenn Sie ihn wirklich völlig zum Ausflippen bringen wollen, manövrieren Sie ihn per Hand oder Mund bis kurz vor den Orgasmus, um ihn dann wieder abzukühlen – etwa indem Sie eine kleine Pause machen, die Technik oder das Tempo variieren. Nach ein paar Durchgängen wird er Sie anflehen, ihn von seinen süßen Qualen zu erlösen … Ob es der richtige Zeitpunkt ist, sein Winseln zu erhören oder die Aufgabenverteilung im Haushalt neu zu verhandeln, entscheiden Sie!

Als Mann verzichten Sie besser auf Striptease und Solosex vorneweg. Bei Ersterem besteht die Gefahr, dass sie vor Lachen Schluckauf bekommt, nach Letzterem fehlt Ihnen vermutlich die Energie für eine Fortsetzung. Besser also, Sie fangen gleich mit einer Erotik-Massage an. Besonders intensiv bekommt sie Ihre Streicheleinheiten zu spüren, wenn Sie ihr dabei noch die Augen mit einer Schlaf- oder einer Ledermaske verbinden. Sie können natürlich auch ein Tuch nehmen, aber das verrutscht leicht und sieht immer ein bisschen nach «Blinde Kuh» aus. Lassen Sie Ihre Spielgefährtin raten, mit welchem Objekt oder Körperteil Sie sie gerade reizen und was sie als Nächstes erwartet. Flüstern Sie ihr ein paar kleine Schweinereien ins Ohr. Wenn Sie richtig in Fahrt ist, wenden Sie ein paar der Tricks an, die Sie in den Kapiteln über Handarbeit und Oralsex gelernt haben. Möglich, dass sie sich im Anschluss nichts sehnlicher wünscht, als von Ihnen leidenschaftlich genommen zu werden. Aber das müssen Sie selbst herausfinden.

Spiel mit mir! Inszenierungshinweise für das Sex-Theater

Erotische Spiele, bei denen Sie in die Rolle einer anderen Person schlüpfen, haben vor allem zwei unschätzbare Vorteile: Erstens erlauben Sie es Ihnen, statt mit Ihrem bestens bekannten Partner mit einem fremden Menschen Sex zu haben – und zwar ohne Ihren Schatz dabei zu betrügen. Zweitens helfen sie Ihnen, Hemmungen über Bord zu werfen und geheime Wünsche auszuleben, die Ihnen bislang peinlich oder moralisch fragwürdig erschienen. Ähnlich wie beim Fesseln geben Sie die Verantwortung für Ihre Taten ab, nicht an den Partner, sondern an eine fiktive Figur: Ihre Rolle.

Bei erotischen Rollenspielen sind die Charaktere meist sehr holzschnittartig angelegt, aber das sollte Sie nicht weiter belasten. Schließlich wollen Sie mit Ihrem privaten Passionsspiel ja nicht zum Theatertreffen eingeladen werden. Zur Inspiration sind hier einige beliebte Paarungen aufgelistet, wobei Sie die Geschlechterzuordnung natürlich vertauschen können. Wahrscheinlich müssen Sie gar nicht so lange nachdenken, um drauf zu kommen, welchen Typus Sie beim Sex gerne mal darstellen würden:

Die Göttin und der Tempeldiener. Zu seinen heiligen Aufgaben gehört es, sie von Kopf bis Fuß mit einem Schwamm zu waschen, mit weichen Tüchern abzutrocknen und mit kostbaren Ölen einzubalsamieren. Zur Belohnung darf er sich anschließend an ihr reiben, nur das Eindringen ist bis auf weiteres nicht erlaubt …

Die Krankenschwester und der Privatpatient. Das Doktorspielchen aus Kindertagen kann auch im Erwachsenenalter sehr reizvoll sein. Erst die genaue Untersuchung des Patienten, dann die Diagnose mit anschließender Spezialbehandlung und zwischendurch immer schön fragen: «Wie geht's uns denn so?»

Die Hausfrau und der Handwerker. Sie hat frisch geduscht und will es sich im Kimono auf der Fernsehcouch bequem machen. Da klingelt es an der Tür: Ein gut aussehender Klempner im Blaumann steht bereit, um sein Rohr zu verlegen.

Die Hure und der Freier. Er bestellt sie telefonisch zu sich nach Hause oder ins Hotelzimmer. Sie erscheint in einem sexy Outfit (selbstverständlich ohne Slip unterm Rock), hört sich an, was der Kunde von ihr will, lässt sich vorab in bar bezahlen und macht sich dann ganz cool ans Werk.

Die Unschuld und der Lüstling. Das schüchterne Mädel ist noch Jungfrau und weiß gar nicht so recht, was der zudringliche Bock da mit ihr so alles anstellt. Verklemmt wehrt sie ihn ab und lässt ihn dann doch immer wieder ran.

Die Schlampe und ihr Erzieher. Sie war ganz böse, er hat sie erwischt und sich schon die entsprechenden Strafen für ihr ungehöriges Verhalten ausgedacht.

Inszenierungshinweise: Besonderes Schauspieltalent ist nicht nötig, es reicht, dass Sie Lust auf die erotische Inszenierung haben. Und den nötigen Mut dazu. Denn bevor man sich an Rollenspiele wagt, muss man erst die eigenen Ängste und Zweifel besiegen: Was ist, wenn der andere es nicht richtig macht und mir die Würde nimmt? Wenn er lachen muss über meine Vorstellung? Wenn er mich dafür insgeheim verachtet? Kann das Machtspiel im Bett

Auswirkungen auf unseren Beziehungsalltag haben? Überstürzen Sie nichts, wer mit Herz und Verstand liebt, weiß, dass er nur solche Phantasien umsetzen sollte, die er sich auch zutraut.

Rollenspiele ergeben sich anfangs am besten aus der Situation heraus. Ihn eines schönen Abends an der Wohnungstür im Lolita-Look mit einem gelispelten «Herr Lehrer, ich habe die Hausaufgaben wieder nicht gemacht» zu überfallen, wird einen Kicheranfall, aber kein erotisches Kammerspiel provozieren. Ob der andere offen dafür ist, sich auf einen Rollenwechsel einzulassen, sollten Sie erst mal ganz unverfänglich testen. Zum Beispiel könnten Sie beim Essen in einem edlen Restaurant auf einmal so tun, als ob Sie sich gerade erst kennen gelernt hätten. Oder Sie probieren aus, wie Ihr Partner reagiert, wenn Sie sich seinen Verführungsversuchen im Bett spielerisch-kokett verweigern. Blockt er derlei Versuche als «Blödsinn» ab, stehen die Chancen für schauspielerische Einlagen in der Horizontalen schlecht.

Leichter fällt es, vorübergehend eine andere Identität anzunehmen, wenn man sich nicht in den vertrauten vier Wänden aufhält, sondern sich von einem ungewohnten Ambiente inspirieren lassen kann. Die Nummer Hure/Freier wirkt im Hotelzimmer viel überzeugender als im Eigenheim, auch der Besuch einer Tabledance-Bar oder einer Peep-Show könnte die erotische Vorstellungs- und Verstellungskraft für dieses Rollenspiel ungemein beflügeln.

Sich aufwändig als Krankenschwester, Bauarbeiter oder Zofe zu kostümieren – den Schritt sollten Sie nur wagen, wenn Sie und Ihr Partner Ihre speziellen Spielleidenschaften sehr genau kennen. Ansonsten reicht es, wenn Sie ein paar Accessoires zur Hand haben, die den Übergang in die Phantasiewelt markieren. Das könnte eine Maske sein, eine Perücke, eine Sonnenbrille, ein Etuikleid, das sich wie ein Arztkittel vorn durchknöpfen lässt – irgendetwas, was zu der gewünschten Rolle passt und gleichzeitig genügend Spontaneität zulässt.

Autsch! Darf guter Sex wehtun?

Erklärte Masochisten werden diese Frage mit einem klaren Ja beantworten. Doch für alle anderen Menschen gilt: Echte Schmerzen beenden die Lust so schlagartig wie ein Eimer kalten Wassers den Schlaf. Allerdings empfinden wir körperliche Stimulation, die kurz vor der Grenze zum Schmerz steht, häufig als äußerst erregend. Wie wir aus dem Kamasutra wissen, gehört leichtes Beißen, Kratzen, Schlagen bereits seit Jahrhunderten ins klassische Repertoire der Liebeskunst.

Wie hart oder zart Sie mit Ihrem Partner umgehen sollen, dafür gibt es keine Richtlinien. Das Schmerzempfinden ist nicht nur individuell sehr unterschiedlich, sondern verändert sich auch nach Tageszeit, Zyklus oder allgemeiner Verfassung. Zudem kann der Körper sich auch an bestimmte Reize gewöhnen, wie man beispielsweise bei einem dreiwöchigen Urlaub am Steinstrand beobachten kann. Anfangs tut es unglaublich weh, barfuß über die spitzen Steine zu laufen. Gegen Ferienende macht den Füßen diese Form der Stimulation nichts mehr aus.

Prinzipiell lässt sich sagen, dass mit steigender Erregung das Schmerzempfinden sinkt. Also sanft anfangen und dann in den Berührungen langsam kräftiger werden. Erstaunlich viele Menschen reizt übrigens die Vorstellung, vom Partner den Hintern versohlt zu bekommen. Und in der Tat: Der stimulierende Effekt, der sich durch die durchblutungsfördernde Wirkung von ein paar wohl dosierten Klapsen einstellt, ist nicht zu verachten.

Nicht ohne deine High Heels! Wenn Kleidung zum Fetisch wird

Ich kenne einen Barkeeper, der beim Anblick von hochhackigen Stilettos genauso reagiert wie der Pawlow'sche Hund beim Dingdong der Essensglocke: sabber, sabber. Der Schlüsselreiz «High Heels» löst bei ihm die gleichen Reflexe aus wie bei anderen Geschlechtsgenossen ein Pfirsichpopo im String-Tanga. Marketing-Manager Stefan ist in seinem Bekanntenkreis dafür berüchtigt, dass er neue Eroberungen bereits nach wenigen Dates immer mit dem gleichen Geschenk überrascht: ein edles Strumpfhalter-Set, das die entsprechende Dame bitte möglichst oft tragen soll, denn nichts macht Stefan so scharf wie eine Geliebte in Strapsen. Dass Frauen ähnlich heißblütig auf Boxershorts, Socken oder handgenähte Schuhe reagieren, hört man eher selten. Fetischismus gilt als vorwiegend männliche Domäne.

Das aus dem mittelalterlichen Portugiesisch stammende Wort beschreibt eine sexuelle Neigung, bei der bestimmte Gegenstände wie etwa Stilettos, Dessous oder auch spezielle Materialien (vor allem Lack, Leder, Latex) zum zentralen Objekt der Erregung und Befriedigung werden. Auch Körperteile oder physische Merkmale (zum Beispiel extreme Körperbehaarung, Fettleibigkeit) können Fetisch-Charakter bekommen.

Im günstigsten Fall sucht sich ein Fetisch-Liebhaber eine Gefährtin mit den gleichen Vorlieben, was heute dank Internet sehr viel leichter fallen dürfte als in Vor-Web-Zeiten. Aber oft genug kommt es vor, dass die Partnerinnen von Fetischisten den Obsessionen ihrer Männer mit gemischten Gefühlen gegenüberstehen. Einerseits ist es supersexy, zu wissen: Ich muss nur in dieses Outfit steigen, schon ist er mir verfallen. Andererseits kann man leicht auf den Gedanken kommen, dass der Fetisch weit wichtiger ist als man selbst. Problematisch wird es vor allem, wenn der Partner ausschließlich auf einen bestimmten Reiz abfährt. Doch in den meisten Fällen wird es sich eher um harmlose Vorlieben als um einen ausgeprägten Fetischismus handeln.

Wenn Ihr Lover Ihnen vorschlägt: «Lass deine Stöckelschuhe doch mal an im Bett», sollten Sie das daher erst einmal als spannende Erweiterung Ihres Sexlebens sehen und ihm nicht gleich eine Szene machen, weil er Ihre Schuhe attraktiver findet als Ihren puren Körper. Und – seien Sie ehrlich: Sie werden sich das Mo-

dell mit den acht Zentimeter hohen Bleistiftabsätzen ja nicht gekauft haben, weil man darin so bequem läuft ... Es kann sehr prickelnd sein, beim anderen solche Vorlieben zu entdecken und sie immer mal wieder in das Liebesspiel einzubauen.
Aus oben genannten Gründen richten sich die folgenden Vorschläge in erster Linie an die weiblichen Leser:
Mehr ist mehr. Behalten Sie beim Sex hin und wieder ein Kleidungsstück an. Das kann ein transparentes Negligé sein; ein heller Satinslip, der schon nach kurzer Zeit die Zeichen Ihrer Erregung sichtbar werden lässt; Netzstrümpfe, die er zerreißen muss, um Ihnen nahe zu kommen; ein Push-up-BH, der Ihre Brüste oben rauskullern lässt; ein kurzer Rock mit nichts drunter, eine Lederkorsage oder, oder, oder ... Achten Sie darauf, worin Sie sich besonders sexy fühlen. Mit ziemlicher Sicherheit wird dieses Styling auch bei ihm wie ein Knaller wirken.
Unten hui! Sorgen Sie dafür, dass Ihre Untendrunter-Garderobe genauso vielseitig ist wie die für obendrüber. Auf die meist wenig geschmackvolle «Reizwäsche» aus dem Erotikshop müssen Sie dabei nicht zurückgreifen, alles, was Sie brauchen, gibt es heute in den gut sortierten Dessous-Abteilungen der großen Kaufhäuser – von unschuldiger weißer Baumwolle über verruchte Transparenz in Schwarz bis zur romantischen Spitze und Seide in Pastelltönen. Auf den Spezialhandel müssen Sie nur zurückgreifen, wenn Sie mit ungewöhnlichen Materialien experimentieren wollen: Wie fühlt es sich an, unter dem Business-Kostüm Latex-Wäsche zu tragen? Wie gefallen Sie sich in Leder-Dessous? Bewegen Sie sich anders als sonst, wenn Sie ein schwarzes Lackmieder tragen? Ziehen Sie Ihre Lieblingsteile nicht nur für Ihren Partner, sondern auch zu Ihrem eigenen Vergnügen an.
Ein Hauch von Domina. Klassische S/M-Accessoires aus Lack und Leder findet man heute in vielen Boutiquen. Sie müssen sich gar nicht von Kopf bis Fuß neu einkleiden, oft genügt ein ausgefallenes Teil, um seine Faszination zu erregen: geschnürte Lederstiefel

bis zum Knie, ein Rock aus rotem Lackleder, ein mit Nieten besetztes Ledertop, ein eng anliegendes Lederhalsband. Auch hier gilt: Sie müssen sich wohl fühlen in den Sachen, sonst wirkt's aufgesetzt.

Wiedererkennungseffekt. Auch völlig harmlose Kleidungsstücke können zum machtvollen Turn-on werden, wenn sie für Sie und Ihren Partner mit erotischen Erinnerungen verbunden sind. Der sandfarbene Trenchcoat, in dem Sie mal vor seiner Tür aufgekreuzt sind mit nichts als nackter Haut untendrunter, könnte so ein Stück mit Signalwirkung sein. Raffinierte Liebhaberinnen setzen Sex-Souvenirs ganz bewusst ein, um die Lust schon im Vorfeld anzuheizen. Der Schlüssel für die Handschellen, an einem Kettchen um den Hals getragen, sagt mehr als 1000 Worte. Selbst eine züchtige Perlenkette kann zum Fetischobjekt werden, wenn Sie ihm damit schon mal seine Wunderkerze massiert haben …

Darf's ein bisschen mehr sein? Sex zu dritt und Swinging

Vermutlich hat jeder, der dieses Kapitel liest, schon mal Sex im Rudel erlebt – in Gedanken. Mit der bewährten Tradition zu brechen, dass der Liebesakt zu zweit und ohne Zeugen stattzufinden hat, ist für die meisten Menschen eine ausgesprochen erregende Vorstellung. Wie man an der steigenden Verbreitung von einschlägigen Websites und Kontaktanzeigen sehen kann, gibt es immer mehr Leute, die ihre Phantasien von flottem Dreier, Partnertausch und Gruppensex ausleben wollen.

Vor allem wenn man sich in einer festen Beziehung befindet, kann dieses Abenteuer allerdings neben dem erotischen Kick auch einige Gefahren bergen: Möglich, dass Sie – anders als erwartet – vor Eifersucht schier wahnsinnig werden, wenn Sie zusehen müssen, wie Ihr Schatz in den Armen eines anderen Menschen vor Lust vergeht. Möglich, dass sich Ihr Partner ausgegrenzt oder körperlich entwertet fühlt, wenn er mitbekommt, wie heftig Sie auf die Zärtlichkeiten Ihres neuen Lovers abfahren. Möglich, dass nach dieser Erfahrung nichts mehr so ist wie vorher, weil einer von Ihnen süchtig nach dieser offenen Form der Sexualität geworden ist, während der andere gerne wieder zur Exklusivität der Zweier-Beziehung zurückkehren würde.

Wenn Sie diese Risiken kennen und trotzdem bereit sind, das Spiel mit dem Feuer zu wagen, viel Spaß! Allerdings sollten Sie vorher unbedingt mit Ihrem Partner Verhaltensregeln und Grenzen festlegen, die von beiden beachtet werden müssen. Etwa: Küsse, streicheln, Oralsex ja, aber kein Geschlechtsverkehr mit Dritten. Oder: Keiner soll etwas tun, was ihm nicht gefällt. Wenn einer «Stopp» sagt, wird das Experiment abgebrochen. Immer selbstverständlich beim Flüssigkeitsaustausch mit flüchtigen Bekannten: Safer Sex.

Wie ein Dreier Wirklichkeit wird. Beim Gedanken an eine heiße Nummer zu dritt phantasieren 74 Prozent der Frauen von zwei Männern in ihrem Bett, 81 Prozent der Männer stellen sich die Triole mit zwei Frauen vor, wie das Hamburger GEWIS-Institut ermittelt hat. Selbst wenn Sie sich mit Ihrem Partner auf einen Dreier verständigt haben, müssen Sie sich noch hinsichtlich der Besetzung einigen. Die Wahrscheinlichkeit, dass Sie einen Interessenkonflikt haben werden, ist nach dieser Studie jedenfalls ziemlich hoch.

In der Konstellation Frau-Frau-Mann kann sie austesten, wie viel Nähe sie zu einem anderen weiblichen Wesen zulassen kann. Vermutlich werden die beiden Damen durch die Konkurrenzsituation angestachelt, ihr Bestes zu geben, was vor allem natürlich dem glücklichen Dritten zugute kommt. Geht eine Frau mit zwei Männern ins Bett, hat sie die Möglichkeit, sich als Königin oder als Sklavin zu inszenieren. Er kann ausprobieren, wie es sich anfühlt, einen Mann anzufassen, oder sich in der Rolle des Voyeurs von den erotischen Bildern erregen lassen.

Sich als Dritten im Bunde einen Menschen mit bisexuellen Neigungen auszusuchen, ist prinzipiell eine gute Idee, denn das erhöht die Kombinationsmöglichkeiten beim Liebesspiel. Wenn Sie nicht auf Schicksal oder Zufall bauen wollen, suchen Sie am besten in den Kontaktanzeigen von Stadtmagazinen, Sex-Journalen oder Internetforen nach passenden Partnern. Vereinbaren Sie erst mal ein Date zum Beschnuppern in einem Café, um herauszufinden, ob die Chemie zwischen Ihnen stimmt. Besprechen Sie bei dieser Gelegenheit gleich, wie die Spielregeln für die Triole aussehen sollen. Für einmalige Abenteuer lassen sich manche Paare auch professionelle Liebesdiener ins Haus kommen. Vorteil: Die komplizierte Suche per Anzeige entfällt, der Miet-Lover weiß, was Diskretion bedeutet, und geht nach dem Vollzug sofort wieder nach Hause, komplizierte emotionale Verwicklungen sind weniger wahrscheinlich.

Ausflug in den Swingerclub. Neugier, Abenteuerlust, der Kick, Unbekannten beim Sex zuzusehen, den Partner vor den Augen anderer zu verwöhnen, in ritualisierter Form fremd zu lieben oder sich an einer Gruppensex-Orgie zu beteiligen – all das können Gründe sein, einen Ausflug in den Swingerclub zu wagen. In einigen dieser Clubs hat man nur als Pärchen Zutritt, andere gewähren auch Single-Männern Einlass, manche Etablissements unterscheiden zwischen Pärchen- und Herrenüberschuss-Abenden. Davon, dass es in einem Swingerclub jemals einen Überhang an allein stehenden Damen gegeben hätte, ist nichts bekannt. Wie die Club-Betreiber zu berichten wissen, sind in der Regel Männer die Trieb-Feder fürs Swinging, auf das sich ihre Frauen häufig nur zögerlich einlassen. Auf gar keinen Fall sollte Mann seine Partnerin in den Swingerclub schleppen, um dort nur mit anderen Damen Sex zu haben. «Kümmere dich um deinen Partner», lautet eines der wichtigsten Gesetze der Szene.

Auf schüchterne Neulinge sind seriöse Clubs bestens eingerichtet. Die meisten verfügen über Internetseiten, wo von der Anfahrtsbeschreibung über Eintritt und Dresscode bis zu den Benimm-Regeln alle möglichen Fragen beantwortet werden. Fotos und «virtuelle Rundgänge» vermitteln einen Eindruck vom Ambiente, das von plüschig bis rustikal ziemlich unterschiedlich sein kann. Eine Clubsuche nach Postleitzahlen oder Bundesländern ist zum Beispiel über die Websites www.swingerclubs.de oder www.swingerseiten.de möglich.

Um Neueinsteigern Berührungsängste zu nehmen, bieten manche Clubs Kennenlernabende an, bei denen Interessierte einen Blick hinter die verschlossenen Türen werfen können, ohne sich gleich bis aufs Tanga-Höschen zu entblättern.

Auch wer nicht zum «Tag der offenen Tür» erscheint, braucht keine Angst zu haben, im Swingerclub zum Freiwild zu werden. Alles kann, nichts muss – so heißt das internationale Motto der Szene. Gut geführte Läden halten streng auf Etikette: Plumpe Anmache oder unaufgefordertes Betatschen ist verpönt, allzu aufdringliche Zeitgenossen werden vor die Tür gesetzt. Niemand ist gezwungen, beim Partnertausch mitzumachen oder andere beim eigenen Liebesspiel zusehen zu lassen. Ein Nein wird auch als Nein respektiert. In vielen Clubs gibt es Separées; geschlossene Vorhänge oder eine Kette vor der Tür signalisieren den anderen Gästen, dass man unter sich bleiben will.

Natürlich macht es wenig Sinn, einen Pärchenclub aufzusuchen, wenn man schon vorher genau weiß, dass man nur unter sich bleiben will. Verständlich, dass Paare, die ihren Ausflug ganz offensichtlich als einen Besuch in der Freak-Show verstehen, von aktiven Swingern nicht gern gesehen werden.

13. Kapitel Spielzeug für Erwachsene

Immer griffbereit: Sextoys aus dem Haushalt

Sex ist ein ziemlich preiswertes Vergnügen, vor allem wenn man bedenkt, wie viel Geld man für andere Freizeitbeschäftigungen ausgibt, die nicht annähernd so viel Spaß machen. Mal abgesehen von den weiter unten genannten Basics aus dem Sexshop, haben Sie die meisten erotischen Zubehörteile schon zu Hause. Sie müssen nur mal in Ihrer Wohnung stöbern und die Phantasie etwas auf Wanderung schicken …

Eine Wärmflasche macht die Missionarsstellung heißer. Unter den Po der Frau geschoben, lässt sie das Becken leicht nach unten abkippen. Der veränderte Winkel verstärkt ihre Empfindungen und erleichtert seine Stöße. Die Wärme sorgt zudem für Entspannung und bessere Durchblutung, sprich: Erregung. Bei Sex spontan tut's natürlich auch ein Kissen.

Duschköpfe moderner Fabrikation lassen sich von softer Berieselung umstellen auf punktgenaue Massage. Eignet sich prima für Kneipp-Anwendungen oder – zur Stimulation der Klitoris. Nicht nur beim Solosex kann so ein Duschkopf äußerst prickelnd wirken, einsetzbar ist er auch beim erotischen Doppelduschen: Während er sie von hinten nimmt, kann sie sich mit dem Wasserstrahl sanft den K-Spot massieren. Haben Sie ein simples Duschkopf-Modell ohne Sonderfunktionen? Kein Problem: einfach den Schlauch vom Kopfteil abdrehen. Funktioniert fast ebenso gut.

Kerzen lassen die Haut in schmeichelhaftestem Licht erstrahlen. Eine einzelne Funzel ist allerdings zu wenig, lieber fünf, sechs, sieben Stück im Raum verteilen. Besonders schön wirkt's, wenn die

Kerzen vor einem großen Spiegel stehen, der ihr Licht reflektiert. Im Schein zuckender Flammen bekommt das Liebesspiel gleich viel mehr Geheimnis und Intensität.

Ausrangierte Kleider können Sie bei wilden Sexspielen leichten Herzens ruinieren. Bei Männern bieten sich da vor allem peinliche Krawatten an, die sich hervorragend für Fesselspiele eignen. Frauen haben mehr Möglichkeiten: Bevor Sie das weiße, viel zu kurze **Sommerkleidchen**, das Sie mal in Urlaubslaune auf Ibiza erworben haben, der Altkleidersammlung spenden, tragen Sie es doch noch einmal. Und zwar, wenn Sie zu Ihrem Schatz unter die Dusche oder in die Badewanne steigen. Gefällt ihm der Anblick von klitschnassem, durchsichtigem Stoff auf Ihrem Körper, darf er Ihnen das Fähnchen ohne Rücksicht auf Verluste vom Leib reißen. Natürlich können Sie sich auch im eingelaufenen weißen Baumwoll-Leibchen der Wahl zur Miss Nasses-T-Shirt stellen. Oder sich von ihm die Nylons mit der Laufmasche im Schritt zerschneiden lassen.

Elastisches Verbandsmaterial ist eine prima Alternative zu Seilen oder Handschellen. Auch mit Frischhaltefolie lassen sich raffinierte Fesselspiele inszenieren. Niemals die Folie um den Kopf wickeln. Erstickungsgefahr!

Lederhandschuhe sorgen bei Streichelorgien für neue Sensationen auf der Haut. Wow-Effekte verursachen auch einfache Massage-Handschuhe aus der Drogerie. Aber Vorsicht, auf der trockenen Haut nicht zu fest rubbeln, das tut schnell weh! Eng anliegende Latex-Handschuhe aus dem Erste-Hilfe-Kasten inspirieren zu intimen Doktorspielchen.

Taschenlampe an, Zimmerbeleuchtung aus – und dann können Sie sich bei Ihrem Liebsten auf die Suche nach erogenen Zonen machen, die Sie in diesem Licht noch nie gesehen haben.

Tücher oder in Streifen gerissene Bettlaken eignen sich zum Fesseln ebenso wie zum Augenverbinden.

Eine (Kunst-)Perlenkette öffnen, mit Gleitgel geschmeidig ma-

chen und um seinen schon erwartungsfrohen Penis wickeln. Durch abwechselndes Ziehen der beiden Enden nach rechts und links lassen sich Schaft und Eichel sanft von den Perlen massieren.
Ein Pinsel streichelt supersoft die delikatesten Stellen des Körpers. Na gut, eine große Pfauenfeder wirkt stilvoller, aber wer hat die schon zu Hause?
Die Erfindung der Digitalkamera macht die private Akt-Fotografie jetzt auch für Paare attraktiv, denen es vorher zu peinlich oder zu umständlich war, ihre Filme zum Entwickeln in den Fotoladen zu tragen. Super ist zudem, dass man sich die Bilder sofort ansehen und sie, wenn sie nicht gefallen, auch gleich wieder löschen kann.

Zu kaufen:
Die wichtigsten Accessoires aus dem Sexshop

Vibratoren. Die meisten der handelsüblichen Freudensbringer haben Phallusform. Kein Wunder, dass sich Männer bedroht oder sogar verletzt fühlen, wenn sie im Strumpffach ihrer Liebsten einen allzeit bereiten Riesen-Penis entdecken. Doch ihre Ängste sind unbegründet. Frauen verstehen Vibratoren nicht als Penisersatz. Häufig nutzen sie sie gar nicht zur Penetration, sondern legen sie nur äußerlich zur Massage ihres Lustknöpfchens an.
Auf die Größe kommt es nicht an – im Falle des Vibrators ist das also ausnahmsweise mal die Wahrheit. Auch die Form ist relativ egal, reine Geschmackssache. Es gibt Brummer, die aussehen wie ein Maulwurf, eine Meerjungfrau, ein Clown oder eine Comicfigur. Der nur etwa fünf Zentimeter große Schmetterling wird mit Plastikgurten um die weibliche Hüfte geschnallt, sodass er direkt auf der Klitoris aufliegt. Der Vorteil: Sie hat die Hände frei, um ihren Partner zu liebkosen. Nett für Spielchen in der Wanne: ein wasserdichter Delphin-Vibrator oder die gelbe Vibrator-Bade-Ente, die sich von dem klassischen Modell aus Kindertagen nur durch ihren eingebauten Vibrationsmechanismus unterscheidet.

Die meisten Vibratoren bestehen aus hartem Kunststoff, immer öfter auch aus Silikon oder softem Jelly (einer Silikon-Latex-Mischung), und werden mit Batterien betrieben. Selbst kostspielige Modelle geben manchmal ärgerlich schnell den Geist auf, offenbar spekulieren die Hersteller darauf, dass das Schamgefühl die Käufer an der Reklamation hindern wird.

Bessere Qualität, mehr Power und eine höhere Lebensdauer bieten die vor allem in den USA verbreiteten Netzgeräte wie zum Beispiel der «Magic Wand». Nachteil: Sie sind teurer, erinnern vom Design ein bisschen an die Folterinstrumente aus der Zahnarztpraxis, und in dem Netzkabel kann man sich bei komplizierten Stellungsspielen verheddern.

Dildos. Ganz auf Elektronik verzichtet der Dildo. Das älteste Sexspielzeug der Welt wurde im Laufe der Geschichte aus verschiedensten Materialien hergestellt. Während sich beispielsweise die alten Griechen mit Phallussymbolen aus Holz oder Leder vergnügten, setzten die Chinesen nicht nur bei Teetassen, sondern auch bei Dildos auf Porzellan. Moderne Luststäbe sind meist aus Hartgummi, Silikon oder Jelly gefertigt. Wer auch bei Sextoys Wert auf Stil und Ästhetik legt und bereit ist, etwas mehr Geld auszugeben, kann sich edle Teile aus (bruchsicherem) Glas, Edelstahl, Holz oder Marmor zulegen. Manche Frauen lieben es, wenn beim Selfservice so ein Prachtstück ihre Scheide ausfüllt. Oder sie machen sich mit dem Lümmel am Hinterteil ihres Partners zu schaffen. Gebogene Dildos eignen sich zur Stimulation von G-Spot und Prostata. Dildos für anale Spiele sollten sicherheitshalber immer einen Sockel haben, damit sie nicht im Allerwertesten verschwinden.

Gute Shopping-Adressen im Internet für Vibratoren und Dildos: www.sexclusivitaeten.de, www.tools-toys.de, www.dildo-online.de, www.goodvibes.com, www.myla.co.uk.

Gleitmittel. «Das haben wir nicht nötig», sagte mein guter Freund Ulf beleidigt, als ich ihm und seiner frisch angetrauten Frau Anja

neben einer CD mit relaxenden Rhythmen noch ein Fläschchen bester Gleitcreme schenkte. Keine Ahnung, ob die beiden meine nett gemeinte Gabe nach ihrer Party zusammen mit den Resten des Kartoffelsalats entsorgt haben. Ich hoffe mal für ihr Sexleben, dass ihre Neugier über ihren falschen Stolz auf ihre selbst produzierten Sekrete gesiegt hat.
Vergessen Sie das Vorurteil, wonach Gleitcreme nur ein Notbehelf für Paare ist, denen der Saft ausgegangen ist. Auch das Flutschwunder gehört ins Nachttischschränkchen jedes G.I.B. Mit einem großzügigen Klacks Gel auf den Handflächen verteilt, bringt die Massage der sensibelsten Körperstellen mindestens doppelt so viel Genuss: Das Empfinden intensiviert sich, es kommt weniger leicht zu Reibungsschmerzen. Manche Gleitmittel (zum Beispiel Frixion) fördern die Durchblutung der eingeglitschten Körperpartien und heizen den erogenen Zonen so richtig ein. Auch beim Einsatz von Vibratoren, Dildos oder Kondomen sollte immer Gleitmittel her, da die künstlichen Luststäbe keine Feuchtigkeit mitbringen. Aus Gründen der Hygiene vorher immer ein Kondom über die Sextoys ziehen.
Ein gutes Gleitmittel sollte auf Allergien getestet und frei von Konservierungsstoffen sein. Auch auf eine künstliche Duftnote besser verzichten. Mit einer Portion «Deep Throat Erdbeer» auf seinem besten Stück lockt Mann möglicherweise Wespen, aber sicher keine Frauen an. Gleitcremes auf Fett- oder Ölbasis wie etwa Vaseline niemals zusammen mit Latexkondomen benutzen – es besteht akute Reißgefahr. G.I.B.s greifen daher lieber gleich zu Produkten auf Silikon- oder Wasserbasis. Bewährt haben sich zum Beispiel Megaglide, Bodyglide, Eros, Frixion oder – für grüne Fundis – das ökologisch korrekte Bioglide (zum Beispiel unter www.lustmittel.de, www.ladiesfirst.de oder www.erotik-toys.de).

Was soll denn das?
Auf diese Anschaffungen können Sie verzichten
Achtung! Nicht überall, wo Sex draufsteht, ist auch Sex drin. Viele erotische Zubehörteile, die lautstark angepriesen werden, wecken falsche Erwartungen und sind ihr Geld nicht wert.

Action-Rubber. (auch Klitorisreizer genannt). In der Theorie klingt es verlockend: Ein weicher Plastikring, an dem eine genoppte Zunge hängt, soll – über den Penis gezogen – beim Sex die Erektion schön stramm halten und gleichzeitig für Action an der Klitoris sorgen. Im Praxistest entpuppt sich die Wunderwaffe leider als Rohrkrepierer. Die Noppen verursachen nur ein eher unangenehmes Rubbeln, und das noch nicht mal an der richtigen Stelle. Und: Die rosafarbene Zunge, die an seiner Männlichkeit baumelt, sieht einfach lächerlich aus. Ab in die Mülltonne!

Essbare Unterwäsche. «Rrrrr, ich mach dir den Tiger und reiß dir die Wäsche vom Leib, Baby!» Hoffen wir mal, dass Baby kein essbares Höschen trägt, sonst vergeht ihrem Tiger subito der Appetit. Die aus Gelatine gefertigten Schwubber sehen einfach scheußlich aus, sie schmecken scheußlich und sind zudem noch ungesund. Dann lieber den Slip mit purer Muskelkraft zerreißen – und ihr am nächsten Tag neue Dessous hübsch eingepackt mit Kurier ins Büro schicken. Kommt millionenmal besser.

French Tickler. Gemeint sind Verhüterli mit neckischen Plastikaufbauten wie beispielsweise einem Teufelchen, das die Zunge zeigt. Mal abgesehen davon, dass ein Mann, der sich seinen Penis mit so einem Plastikungeheuer verziert, nicht ganz bei Trost sein kann – ob seine Dame daran ihre Freude haben wird, ist mehr als fraglich. Für ihn bedeutet es mit Sicherheit ein Weniger an Genuss, denn Gag-Überzieher sind nicht gefühlsecht. Zudem taugen sie noch nicht mal als Schutz vor Schwangerschaft oder Krankheiten. Unter den Dingen, die die Welt nicht braucht, wird es an Sinnlosigkeit nur noch übertroffen von dem essbaren Kondom!

Kamasutra. Die altindische Schule der Erotik gilt gemeinhin als

Handbuch der schärfsten Stellungen. Wer sich eine reich bebilderte Prachtausgabe zulegt, weil er hofft, in Vatsyayanas Werk schnell ein paar Tipps für neue Stellungsspiele abzustauben, der wird enttäuscht sein. Nur ein kleiner Teil des Kamasutras handelt «Von den verschiedenen Positionen beim Beischlaf», die kurz und nüchtern wie Yoga-Übungen beschrieben werden. Für die originelleren der 64 Verknotungen – zum Beispiel die «schwebende Vereinigung», bei der der Mann steht und die Frau ihre Beine unter seinen Achseln geparkt hat, während ihre Arme seinen Nacken umklammern – braucht man dann auch die Kraft und Beweglichkeit eines echten Yogis. Die größte Freude macht das Kamasutra, das vermutlich aus dem 4. Jahrhundert n. Chr. stammt, den Kulturwissenschaftlern und Ethnologen, denn nur wenige indische Werke liefern so detaillierte Informationen über das Leben zur damaligen Zeit – von der Einrichtung der Häuser über den Berufsstand der Kurtisanen bis hin zu magischen Praktiken.

Vibro Egg. Das Plastik-Ei, das durch ein Kabel mit dem Batterieteil verbunden ist, soll in die Vagina platziert werden und die Besitzerin derselben dort mit seinen Vibrationen zum Big O. treiben. Da etwa 80 Prozent der Frauen angeben, nur durch äußere Stimulation der Klitoris in den höchsten aller Genüsse zu kommen, lohnt sich die Anschaffung zumindest für diese mit Sicherheit nicht.

Body-Saucen. Was es nicht alles gibt in der bunten Welt der Erotik-Versender … So auch die verrücktesten Schöpfungen aus den Labors amerikanischer Lebensmittelchemiker – von der Body-Butter Geschmacksrichtung «Passionsfrucht» über den Body-Pudding «Walderdbeere» bis zur Body-Sauce «Mandelschokolade». Mit dem klebrigen Zeug kann man den Liebsten erst einsauen und dann das Ganze wieder abschlecken, bis einem so richtig schön schlecht wird. Sollten Sie wirklich Lust auf so eine Orgie haben, müssen Sie nicht für teures Geld eine Fertigsauce ordern. Einfach aus dem Kühlschrank cremige Köstlichkeiten wie Nutella, Vanillejoghurt, Sprühsahne oder Erdnussbutter ins Schlafzimmer entführen.

14. Kapitel Das Ohr liebt mit

Warum Dirty Talking ein mächtiger Verführer ist

Guter Sex braucht eine gute Story, und die entsteht im Kopf. Hier sitzt auch unser Sprachzentrum. Der richtige Satz, im richtigen Moment gesprochen, kann wie ein Blitzschlag der Leidenschaft in den Unterleib fahren und in Sekundenschnelle die Hormone zum Kochen bringen. Wer die hohe Kunst der verbalen Erotik beherrscht, ist ein unwiderstehlicher Verführer, denn er hat die Gabe, die Phantasie zu entzünden. Selbst wenn er gar nicht körperlich anwesend ist, sondern nur seine Stimme durch die Telefonleitung schickt.

Andererseits bringt einen auch nichts so schnell von Wolke Sex auf den Boden zurück wie der falsche Satz im falschen Moment. Selbst wenn das Gesagte stubenrein ist. Meine Freundin Julia hat neulich einen viel versprechenden Flirt vor die Tür gesetzt, weil er ihr sein bestes Stück mit der selbstgefälligen Frage «Na, gefällt er dir?» präsentierte. Ihre Lust fiel auf der Stelle in sich zusammen wie ein Soufflé, das Zug bekommen hat, und das, obwohl sein ganzer Stolz wohl tatsächlich ein besonders gut gebautes Exemplar gewesen sein muss. Oh, hätte er doch nur seinen Mund nicht zum Sprechen, sondern zum Küssen verwendet …

Wie man an diesem Beispiel sehen kann, ist verbale Kommunikation beim Sex gerade in der Schnupperphase eines Paares eine heikle Angelegenheit. Empfehlenswert ist es deswegen, erst einmal vorsichtig auszutesten, welche Ansprache den anderen heiß macht und wo seine Scham- und Toleranzgrenzen verlaufen. Wenn eine Frau beim ersten Date sagt: «Komm, gehen wir zu mir.

Mein Höschen ist schon so nass, dass es gleich auf den Boden klatscht», reagiert Mann A möglicherweise mit einer Explosion in der Hose, während Mann B verzweifelt nach dem grünen Schild Notausgang sucht. Steht so ein Satz plötzlich ohne Vorwarnung im Raum, ist ein überstürztes Ende der Veranstaltung sogar die wahrscheinlichere Variante.
Auch in einer etablierten Beziehung kann man nicht einfach übergangslos von «Schatz, wollen wir mal wieder?» zu «Mach die Beine breit, du Schlampe» übergehen, ohne Schatz nachhaltig zu irritieren. Behutsames Herantasten scheint hier ebenfalls geraten. Meist ist das sowieso der natürliche Lauf der Dinge, weil die wenigsten Menschen in der Lage sind, auf Knopfdruck ihre Hemmungen und Schamgefühle über Bord zu werfen und zum verbalerotischen Plappermäulchen zu mutieren.
Gerade bei Menschen, die im Alltag einen zivilisierten Umgangston pflegen, funktioniert das Umschalten auf derbe Verbalerotik meist nur, wenn sie schon einen gewissen Grad der Erregung (oder des Betrunkenseins) erreicht haben. Den anderen sexuell zu verwöhnen und dabei gleichzeitig zu reden, ist nun aber leider gar nicht so einfach. Hinzu kommt, dass einige der schönsten Sex-Praktiken simultanes Sprechen unmöglich machen (wenn Sie wissen, was ich meine).
Aus ebendiesen Gründen bevorzugen manche Paare Dirty Talking vor allem als erotischen Aperitif – ein kleiner Appetitanreger, bevor das Essen auf den Tisch kommt. Ein zweideutiges Geplänkel am Telefon, während man in der Arbeit sitzt, am Abend in der Kneipe ein anzügliches Kompliment ins Ohr geflüstert, auf dem Heimweg ein verführerischer Ausblick auf das, was man zu Hause liebend gerne mit dem anderen anstellen würde – wer solche verbalerotischen Kicks über den Tag verteilt, heizt die Vorfreude auf das Liebesspiel an und sorgt dafür, dass trotz Routine und Stress der Kontakt zu seiner sinnlichen Seite nicht verloren geht.
Um Dirty Talking als in den Alltag verlängertes Vorspiel zu nut-

zen, ist es gar nicht nötig, verbal in die Vollen zu gehen. Zum Vorglühen eignen sich vor allem jugendfreie Komplimente, Andeutungen, Versprechen, die sich auch über SMS oder E-Mail verschicken lassen. «Ich habe immer noch deinen Geruch in der Nase», «Dein Rock hat mich auf dumme Gedanken gebracht», «Du hast den sinnlichsten Mund der Welt» ... Schenken Sie Ihrem Schatz regelmäßig erotische Botschaften wie diese – und lassen Sie sich von der lustvollen Wirkung dieser kleinen Geständnisse überraschen!

Ein erster Soundcheck

Dirty Talking will gelernt sein – fast wie eine Fremdsprache. Denn wenn man nicht gerade bei einem Telefonsex-Anbieter arbeitet oder Porno-Filme synchronisiert, hat man in der Regel wenig Übungsmöglichkeiten für diese spezielle Art der Konversation. Eine erste Maßnahme auf dem Weg zum Tonfilm wäre, das Liebesspiel mit Geräuschen zu untermalen. Stööhn, hmmm, o ja, ahh – der Text ist nicht allzu schwer einzustudieren; und selbst wenn es einem anfangs noch etwas aufgesetzt oder bemüht vorkommen sollte, zeigt sich bald, dass mit steigender Geräuschkulisse auch das Lustpotenzial wächst. Das Stöhnen hat nämlich gleich drei positive Auswirkungen: Erstens sorgt es automatisch dafür, dass die Atmung tiefer wird und sich Verspannungen lösen; zweitens heizen die akustischen Signale der Lust den Partner an; und drittens kann man sich auf diese Weise langsam daran gewöhnen, dass Sex nicht lautlos vonstatten gehen muss.

Der nächste Step könnte sein, beim Matratzentango nicht nur Laute, sondern auch Wörter oder kurze Sätze hören zu lassen. Vielleicht sind das Anweisungen («Fester»), erotische Komplimente («Wow, dein Arsch!») oder Zukunftsprognosen («Gleich komme ich»). Oder Sie flüstern in Momenten höchster Erregung den Namen Ihres Liebsten, was sehr zärtlich und intim wirken kann. Darüber, dass diese Wortbeiträge nicht sonderlich originell sind,

sollte man sich keine Sorgen machen. Erst einmal geht es vor allem darum, die eigene Sprachlosigkeit zu überwinden.
Besonders zurückhaltende Zeitgenossen finden es möglicherweise hilfreich, die ersten Erfahrungen mit Dirty Talking zu machen, wenn sie allein an sich herumspielen. Bei dieser Gelegenheit kann man nicht nur das Stöhnen üben, sondern auch gleich versuchen, Wörter in den Mund zu nehmen, die gut erzogene Jungs und Mädchen eigentlich gar nicht kennen sollten. Sprechen Sie all die Ferkeleien, die Sie sowieso im Kopf haben, probeweise laut aus. Mehrfach. Und achten Sie darauf, welche Gefühle das Gesagte in Ihnen auslöst. Klingt es lächerlich, abstoßend oder hat es etwas Erregendes?
Angenommen, Ihnen kommen die sündigsten Sätze ohne Stottern über die Lippen, aber Ihr Partner ist und bleibt mundfaul: In diesem Fall sollten Sie zunächst damit beginnen, außerhalb des Schlafzimmers regelmäßig über Sex zu reden. Keine Problemgespräche, sondern lustvolle Plaudereien über das schönste Hobby der Welt: Wird Oralsex überschätzt? An welchem Ort würde man es gerne mal treiben? Welcher Kinofilm hat die erotischsten Liebesszenen? Diskussionsthemen wie diese regen nicht nur an, sondern bauen auch die Hemmungen ab, über sexuelle Dinge zu reden.
Fortsetzen lässt sich der Rhetorikkurs zwischen den Laken mit neckischen Spielereien. Fragen Sie Ihren Partner beispielsweise, was er sich von Ihnen wünscht. Falls er eine kurze Antwort gibt, zwingen Sie ihn durch Nachfragen, etwas deutlicher zu werden. Etwa: «Wenn du willst, dass ich dich mit meiner Zunge verwöhne, dann musst du mir schon ein bisschen genauer beschreiben, wo …» Falls er genervt oder verunsichert reagiert, sollten Sie ihn nicht weiter quälen, sondern den Versuch ein anderes Mal wiederholen.

Prinzessin oder geile Stute? Finden Sie Ihre Sprache der Lust

Gegen ein gepflegtes «Lass mich deine geile Muschi vögeln» ist absolut nichts einzuwenden, wenn die Beteiligten sich gut genug kennen, um zu wissen, dass so eine Prolo-Ansage wie ein Lustkick und nicht wie eine verbale Ohrfeige wirkt. Viele Menschen törnt es an, beim Sex ordinäre Wörter zu benutzen oder zu hören. Es ist gerade das «Unanständige», was für sie den Reiz ausmacht. Allerdings fährt nicht jeder auf Vulgär-Sprache ab, zumal der entsprechende Wortschatz ziemlich überschaubar und stereotyp ist.

Auf der Suche nach einer eigenen Sprache der Erotik bieten Pornos und sonstige Rammel-Streifen, die nachts bei den Privaten laufen, leider nicht sehr viel Inspiration. Weit lohnender ist es da, in einer gut sortierten Buchhandlung nach anregender Literatur zu stöbern. Sammelbände mit erotischen Kurzgeschichten haben den Vorteil, dass man sich die Storys im Bett gegenseitig vorlesen kann.

Wer gerne schreibt, hat vielleicht sogar Lust, seine eigenen Phantasien zu Papier zu bringen. Erstaunlich viele Menschen müssen das in ihrer Freizeit tun, wenn ich mir ansehe, wie viele unverlangt eingesandte Manuskripte mit erotischen Kurzgeschichten Woche für Woche auf meinem Redaktions-Schreibtisch landen.

Bei Paaren mit Sinn für die leisen Töne besteht das Vokabular der Erotik zu einem großen Teil aus Anspielungen, Codes und Wortschöpfungen, die für Außenstehende nicht ohne weiteres verständlich sind. «Den Morgen begrüßen» wird zu einer poetischen Umschreibung für einen frühen Quickie, der Wunsch nach einer «Spezialmassage» oder der Hinweis, dass Sonntag doch eigentlich «Badetag» ist, bekommt im erotischen Kontext eine ganz eigene Bedeutung.

Den Dirty Talk zu einer Geheimsprache zu entwickeln, ist praktisch, weil man auch vor fremden Ohren mit Unschuldsmiene intime Botschaften austauschen kann; zudem macht es Spaß und be-

tont die Exklusivität und Vertrautheit einer Zweierbeziehung. Bei eingeschworenen Partnern entwickelt sich im Laufe der Jahre ganz automatisch ein eigener erotischer Code. Darüber hinaus sollte man bewusst nach einer gemeinsamen Sprache der Sinnlichkeit suchen.
Das ist gar nicht so einfach, wie es klingt: Kommunikationsprobleme kann es schon bei der Benennung der primären und sekundären Hot Spots geben. Er sagt: «Titten», wie er das aus den Gesprächen mit seinen Kumpels gewohnt ist, auf sie wirkt dieser Ausdruck lieblos und ernüchternd. Wenn es um die Benamung des weiblichen Geschlechtsorgans geht, bleibt vielen Männern ganz die Sprache weg. Falls es sich wirklich überhaupt nicht vermeiden lässt, murmeln sie etwas von «Untenherum» – ein verbaler Notstand, den Frau nicht durchgehen lassen sollte, denn schließlich und endlich ist doch die Rede von ihrem besten Stück. Zugegeben, es ist nicht einfach, akzeptable Synonyme zu finden für das, was ich in diesem Buch häufig mit den eher nüchternen Begriffen Vagina, Vulva, Scheide, Scham bezeichnet habe. Fotze? Ist ein Schimpfwort, das die meisten Frauen furchtbar finden. Auch Muschi, Pussy, Möse klingt für viele seltsam oder abwertend. Feige? Auster? Zweiter Mund? Vertikales Lächeln? Lustgrotte? Honigtöpfchen? Beim gemeinsamen Brainstorming wird sich mit Sicherheit etwas finden, was sich für beide verlockend anhört. Oder Sie surfen mal auf der Website des Sexualtherapeuten Klaus Heer vorbei. Unter www.klausheer.com hat er um die 5000 Wendungen und Ausdrücke gesammelt, die sich beim Dirty Talking verwenden lassen – darunter allein einige hundert Synonyme für Vagina. Da der Penis eine Form hat, die viele Assoziationen zulässt, fällt es in der Regel leichter, passende Umschreibungen zu finden. Männer bevorzugen einen Namen, der Größe, Härte und/oder Leistungsfähigkeit ihres Gemächts betont: Stahlhammer, Schlagbohrer, Stehaufmännchen, Zauberstab, Brechstange – um nur mal einige Ausdrücke zu nennen. Dass sich Ihr Partner beschweren

könnte, wenn Sie seinem Penis Größenwahn-Namen wie etwa Eiffelturm geben, steht nicht zu befürchten.
Dirty Talking hat immer auch etwas zu tun mit Rollenspiel. Wichtig ist es deswegen, herauszufinden, in welcher Rolle sich der andere beim Sex gern sieht. Manchen Frauen gefällt es, im Stadium fortgeschrittener Ekstase als Luder, Hure, Schlampe, Flittchen tituliert zu werden. Andere genießen die Ansprache Schöne, Göttin, Herrin, Prinzessin … Geile Stute/geiler Hengst klingt ziemlich porno und dürfte gerade aus diesem Grund bei einigen Mitbürgern gut ankommen. Lustknecht? Sexsklave? Sicher eher was für Herren mit einem Hang zur Unterwerfung. Mein Cowboy, Meister, Herrscher – das pusht das männliche Ego ganz wunderbar … Nicht zwangsläufig muss man sich auf eine Rolle festlegen – je nach Stimmung und Sex-Szenario können die Vorlieben wechseln. Wie gesagt: Einiges an Einfühlungsvermögen ist notwendig, um den anderen in dieser Beziehung richtig einschätzen zu können.

Richtig verbunden! Dirty Talking am Telefon

Ohral-Sex per Telefon erfreut sich steigender Beliebtheit – und zwar nicht nur im professionellen Lustgewerbe. Auch viele Paare haben Telefonsex als gute Möglichkeit entdeckt, zusammen zu kommen, obwohl sie räumlich getrennt sind. Für die meisten Menschen dürfte es sogar leichter sein, erregende Gedanken in Worte zu fassen, wenn der Partner nicht in Reichweite ist. Am Telefon kann man sich ganz aufs Reden konzentrieren, ohne dass einen die körperlichen Reize des anderen ablenken. Zudem muss man dem Liebsten beim Sprechen nicht in die Augen gucken. Dadurch, dass man sich ganz dem Strom der Gedanken hingeben kann, sinkt die Schamgrenze, man ist leichter in der Lage, eine erotische Story zu entwickeln und dabei auch in fremde Rollen zu schlüpfen.

Ein neckisches Ferngespräch kann sich spontan entwickeln, doch wenn Sie sichergehen wollen, dass Sie Ihren Partner mit Ihrem Anruf nicht beim Spülmaschine-Ausräumen oder Krimigucken überfallen, empfiehlt es sich, mit ihm einen guten Zeitpunkt für ein Telefonat zu verabreden. Bevor Sie zum Hörer greifen, sollten Sie sich bereits in die richtige Stimmung gebracht haben: Ein warmes Bad mit wohlriechenden Pflegeölen, groovige Musik, angenehme Beleuchtung, ein Glas Champagner – was auch immer die Entspannung fördert, ist willkommen. Je relaxter und sinnlicher man sich fühlt, desto tiefer und damit erotischer kommt die Stimme rüber – und die ist beim Telefonsex nun mal das einzige Mittel, das man zur Verfügung hat, um den anderen zu verführen. Wenn Sie schüchtern sind, hilft es vielleicht, das Licht auszumachen oder mit Flüsterstimme zu sprechen – beide Tricks erleichtern es, den Alltag hinter sich zu lassen und in die ungewohnte Situation einzutauchen. Oder Sie fangen schon mal an, sich selbst eine Runde zu streicheln. Dann haben Sie auch gleich ein gutes Gesprächsthema, wenn die Live-Schaltung zu Ihrem Partner steht: «Weißt du, was ich gerade anhabe? Nichts. Und weißt du, was ich gerade mache …» – Wenn die Schilderung Ihrer Solo-Spielchen keinen weiteren Stoff mehr hergibt, könnten Sie all die Dinge beschreiben, die Sie gerne mit dem anderen tun würden, wenn er bloß in Griffweite wäre.

Telefonsex-Profis verzichten auf den Konjunktiv: Sie beschreiben erotische Szenen in Gegenwartsform, so als ob sie gerade stattfinden würden («Jetzt knie ich mich vor dich und lecke die Innenseite deiner Schenkel»). Je genauer Sie wissen, auf was Ihr Telefonpartner steht, desto besser können Sie ihm die Ohren zum Glühen bringen (und nicht nur die). Die anonyme Gesprächssituation bietet sich übrigens perfekt für Rollenspiele an. Tun Sie so, als ob Sie sich gerade zum ersten Mal begegnen – in der Arztpraxis, auf einer Party, im Bordell –, und entwickeln Sie daraus Ihre eigene Telefonsex-Story.

Wie bei jedem Telefonat gilt auch beim Erotik-Talk: Lassen Sie den Menschen am anderen Ende der Leitung nicht ins Leere reden, sondern hören Sie aktiv zu. Will heißen: Zwischendurch immer mal wieder ein Lebenszeichen wie zum Beispiel ein Stöhnen oder ein «Du machst mich so geil» einwerfen, damit Ihr Gesprächspartner etwas mitbekommt von Ihrer Erregung und nicht fürchten muss, dass Sie eingeschlafen sind. Im Idealfall wechseln Sie sich ab mit den erotischen Monologen, um gemeinsam Schritt für Schritt den Gipfel der Ekstase zu erklimmen. Wie oben schon erwähnt, ist es gar nicht so einfach, gleichzeitig zu sprechen und sich auf seine Lustgefühle zu konzentrieren. Ab einem gewissen Punkt der Erregung werden Sie vermutlich nur noch wirres Zeug stammeln, keuchen, röcheln, schreien können. Alles wunderbar, solange Sie irgendeine Art von Sound produzieren, denn Tonausfall beim Telefonsex-Finale ist wie eine Bildstörung beim Elfmeterschießen.

15. Kapitel Mehr Spass allein

Warum Selbstbefriedigung Sie zum G.I.B. macht

Ganz locker wird heute über Sex aller Spielarten geplaudert, nur die Masturbation steht immer noch als Schmuddelkind in der Ecke. Schon das Wort klingt furchtbar, und seine Herkunft vom lateinischen *manu stuprare* («sich die Hand beflecken») ist auch nicht gerade herzerwärmend. Freundinnen erzählen sich alles – ihre erotischen Träume, ihre sexuellen Erfahrungen, wie groß der Penis ihres Liebhabers ist –, doch über ihre Solotrips unter der Bettdecke schweigen sie sich aus. Unter Männern ist die Angelegenheit erst recht kein Thema. Dabei tun es alle! Jedenfalls so gut wie jeder Mann und ein Großteil der Frauen.

Singles greifen logischerweise öfter auf Selbstbedienung zurück als Paare, aber auch in festen Beziehungen gehört der Solosex zum Alltag. Es gibt Frauen, die sich regelmäßig morgens beim Aufwachen verwöhnen, um besser aus dem Bett zu kommen. Männer machen es sich gerne abends, um Stress abzubauen und schneller einschlafen zu können. Es ist ja so praktisch! Auch ohne willigen Partner kann man lustvolle, gesundheitlich völlig unbedenkliche Abenteuer genießen, indem man – frei nach Woody Allen – Sex mit dem Menschen hat, den man am meisten liebt: sich selbst.

Das Wissen oder auch nur die Ahnung, dass der Exklusivpartner sich in regelmäßigen Abständen auf eigene Faust vergnügt, macht manchen Menschen schwer zu schaffen. Sie empfinden die heimliche Selbstbefriedigung ihres Partners als Treuebruch, fühlen sich in ihren Liebhaber-Qualitäten verunsichert. «Der Sex mit mir befriedigt sie nicht richtig», fürchten viele Männer. «Dabei denkt

er sicher an platinblonde Luder mit Titten wie Melonen», ist der Horror der Frauen. Zugegeben, beide Befürchtungen können wahr sein. Aber bei genauerer Betrachtung macht Selbstbefriedigung auch in diesen Fällen die Sache besser und nicht schlechter.
Wenn eine Frau, die beim Routine-Sex mit ihrem Mann nicht auf ihre Kosten kommt, selbst Hand anlegt, kann das auch für ihn nur von Vorteil sein. Täte sie es nicht, wäre sie irgendwann furchtbar frustriert, würde ihn betrügen, vor die Tür setzen oder ganz den Spaß an der Erotik verlieren. Durch Selbstbefriedigung hält sie den Kontakt zu ihrer sexuellen Seite aufrecht und verbessert gleichzeitig ihre Orgasmusfähigkeit. Und wenn der Mann ihres Herzens sie darum bittet, zeigt sie ihm vielleicht sogar, wie's besser klappt mit der Befriedigung.
Kommen wir zu Fall zwei: Er phantasiert beim Selfservice von einem flotten Dreier mit Pamela Anderson und Katie Price. Oder schlimmer noch: Er stellt sich eine heiße Nummer mit der neuen Praktikantin vor. Keine Panik, liebe Frauen, alles halb so schlimm! Bei der kleinen Hand-Entspannung zwischendurch denken Männer gemeinhin gar nicht so viel, und normalerweise ist nach spätestens zwei Minuten sowieso schon wieder alles vorbei. Im Übrigen haben Sie auch beim Sex zu zweit keine Gewissheit, dass er in Gedanken immer nur bei Ihnen und nicht etwa bei Pam, Katie oder der kleinen Praktikantin ist.
Halten wir fest: Selbstbefriedigung ist normal und wichtig – auch in einer glücklichen Beziehung mit erfülltem Sexleben. Ebenso wie man ab und zu das Bedürfnis hat, allein zu sein, hat man manchmal Lust, sich selbst zu beglücken. Schon der weise Buddha predigte: Mach dein Schicksal nicht von anderen abhängig. Du hast dein Glück selbst in der Hand! Eine andere fernöstliche Weisheit lautet: Der Weg ist das Ziel. Beide Sinnsprüche sollten Sie sich aufs Kopfkissen sticken – oder sie wenigstens auf Ihrer mentalen Festplatte abspeichern, denn sie sind der Schlüssel zu weltbewegend gutem Sex.

Fast alle Menschen haben eine Standard-Technik drauf, mit der sie sich bequem und zuverlässig zum Höhepunkt bringen. Wer sein erotisches Potenzial erweitern will, sollte unbedingt auch beim Solosex mit verschiedenen Stellungen, Orten und Accessoires experimentieren. Denn je vertrauter Sie mit Ihrer Sexualität sind, desto besser können Sie Ihren Körper beim Liebesspiel zu zweit beherrschen und Ihrem Partner verklickern, worauf Sie wirklich stehen.

Die besten Techniken und Tricks für Solistinnen

Einige sind schon in der Pubertät auf den Geschmack gekommen, andere entdecken die Segnungen der Selbstbefriedigung lange nach dem ersten grauen Haar. Wenn Sie das erste Mal an den Start gehen sollten, haben Sie Geduld mit sich! Es kann am Anfang schon mal dauern, bis Sie die richtige Streicheltechnik draufhaben, um die Wellen der Wollust durch Ihren Körper zu schicken. Möglicherweise brauchen Sie sogar ein paar Versuche, bis Sie erfolgreich sind – doch die Mühe lohnt sich. Weitgehende Einigkeit besteht unter Sexualtherapeuten darüber, dass Selbstbefriedigung die Lust auf Sex insgesamt ankurbelt. Mit abwechslungsreichen Techniken bringen Sie Ihrem Körper bei, in unterschiedlichsten Situationen sexuell zu reagieren. Aus diesem Grund raten Sexualtherapeuten Frauen mit Orgasmusproblemen dazu, ihre erotische One-Woman-Show auf verschiedene Arten zu zelebrieren. Einige Anregungen für Spiele ohne Grenzen:

Modenschau. Ein herrlich-warmes Vollbad einlassen, nicht zu knapp von dem teuren Badeöl hineingeben. Nach dem Bad das süße Seiden-Negligé anziehen, das schon so lange unbenutzt im Schrank liegt, weil es so unpraktisch ist. Dazu wären die scharfen Riemchen-Sandalen klasse! Stolzieren Sie ein paar Mal vor dem Spiegel auf und ab und bewundern Sie Ihren Sex-Appeal, bevor Sie Ihre Hand unter den Rock gleiten lassen …

Stellungswechsel. Normalerweise liegen Sie beim Selfservice immer mit gespreizten Beinen auf dem Rücken? Dann wird's höchste Zeit, dass Sie mal andere Positionen testen. Gut möglich, dass Sie herausfinden, dass sich ein selbst gemachter Orgasmus im Sitzen, Stehen, Hocken oder mit geschlossenen Beinen viel intensiver anfühlt als im Liegen. Auch wenn es erst einmal länger dauert, bis Sie zum Höhepunkt kommen.
Ausrutscher. Lassen Sie es schön glitschen! Massage-Öl, Gleitgel, das Olio extra vergine aus dem letzten Toskana-Urlaub, zur Not funktioniert auch Spucke. Der Schmierstoff bringt Ihre Finger zum Rotieren, ohne dass Ihr empfindliches Lustknöpfchen zu glühen beginnt.
Good Vibrations. Auf die Idee, Ihre Hot Spots mit Hilfe eines Vibrators zu elektrisieren, wären Sie auch ohne mich gekommen? Geschenkt. Aber hatten Sie schon mal Sex mit Ihrer elektrischen Zahnbürste? Lassen Sie den Slip dabei an, dann rubbelt das Bürstchen nicht zu penetrant auf der Haut herum, und die Vibrationen übertragen sich großflächiger. Manche Frauen sollen auch ein äußerst inniges Verhältnis zu ihrer Waschmaschine pflegen – insbesondere, wenn diese im Schleudergang vibriert. Das funktioniert natürlich nur, wenn das Gerät frei zugänglich steht. Ein mehrfach gefaltetes Handtuch über die spitze Ecke legen, damit das Metall nicht zu heftig an Ihrer Scham schubbert. Dagegen lehnen und abwarten, was passiert.
Stoffprobe. Wie es sich anfühlt, wenn Sie Ihre Vulva mit der Hand streicheln, wissen Sie. Experimentieren Sie ab sofort mit verschiedenen Materialien und Gegenständen! Ziehen Sie sich einen Lederhandschuh an oder nehmen Sie einen feucht-warmen Frotteewaschlappen, ein Paar zusammengerollter Socken, einen ausrangierten Pelzkragen, Ihre Bettdecke, eine Feder, einen Seidenschal … Versuchen Sie, sich durch Ihre Kleidung hindurch zu stimulieren: Erst lassen Sie nur den dünnen Slip an, dann testen Sie, ob es auch mit der engen Jeans funktioniert.

Phall-Obst. Obwohl die meisten Frauen durch äußere Reizung der Klitoris-Zone zum Höhepunkt gelangen, finden viele von ihnen es sehr schön, in diesem Moment einen phallusartigen Gegenstand in sich zu spüren. Der Eindringling macht die Kontraktionen intensiver spürbar und verstärkt dadurch das Gefühl der Befriedigung. Ist gerade kein erigierter Penis zur Hand, tut's auch eine (geschälte) Banane, ein Zucchino oder eine Gurke, die nicht direkt aus dem Kühlschrank kommen, sondern bereits Körpertemperatur haben sollten. Selbstverständlich können Sie auch ganz traditionell auf einen Dildo, Vibrator oder eine Kerze zurückgreifen. Hände weg von Flaschen und anderen zerbrechlichen oder scharfen Gegenständen!

Streicheleinheiten. Konzentrieren Sie sich nicht nur auf Ihr Untergeschoss, sondern nutzen Sie die freie Hand dazu, andere empfindsame Partien Ihres Körpers zu liebkosen. Geradezu zwingend bieten sich da die Brüste an. Sie stehen in enger Verbindung mit der Klitoris. Auch die Innenseiten Ihrer Schenkel sind bei Erregung sehr empfänglich für ein bisschen Zuwendung.

Öffentlichkeitsarbeit. Der Kick für Sexpertinnen: Selbstbefriedigung an öffentlichen Orten. Zum Einstieg suchen Sie sich ein Plätzchen, an dem Sie nicht überrascht werden können – zum Beispiel in der gepflegten Toilette eines Luxusrestaurants oder in der abschließbaren Kabine eines Solariums. Wenn Sie das locker gemeistert haben, wagen Sie sich an den nächsten Schwierigkeitsgrad: Solosex mit der Gefahr, entdeckt zu werden – etwa im dunklen Kino oder am Schreibtisch im Büro sitzend. Weitere geeignete Locations sind Umkleidekabinen von Kaufhäusern oder – spannender – von kleinen Boutiquen, das Schlafwagenabteil im Zug, die überfüllte U-Bahn, das Schwimmbad.

Wasserspiele. Der Duschstrahl ist ein echter Klassiker. Nicht wenigen Frauen schenkte er die ersten erotischen Erlebnisse. Probieren Sie bei Ihrem nächsten Wellness-Tag mal aus, ob die Massagedüsen des Whirlpools eine ähnlich prickelnde Wirkung auf Ihre

Klitoris haben. In manchen Hotels lässt sich auch der Wasserstrahl des Bidets entsprechend umfunktionieren …

Zugabe. Als Virtuosin des Solosex sollten Sie auch die Tempowechsel voll im Griff haben. Andante oder Allegro con brio – je nach Lust und Laune können Sie das Tempo drosseln oder voll auf die Tube drücken. Testen Sie Ihre Selbstdiziplin, indem Sie sich immer wieder bis kurz vor den Höhepunkt bringen und dann Ihre Lust abkühlen. Wie lange Sie das wohl durchhalten? Oder Sie legen einen Quickie hin und machen gleich anschließend weiter. Falls die Klitoris unmittelbar nach dem Orgasmus sehr empfindlich ist, probieren Sie mit großen kreisenden Bewegungen, den Lustlevel auf niedrigerem Niveau zu erhalten, bis Sie wieder bereit für den nächsten Gipfelsturm sind. Fünfmal, sechsmal – entdecken Sie Ihre Freude an Marathon-Sex!

Die besten Techniken und Tricks für Solisten

Brauchen Kerle Anregung in Sachen Selbstbefriedigung – noch dazu von einer Frau? Als ich im Zuge der Recherche für dieses Buch verschiedene Männer zu dem Thema befragte, bekam ich sinngemäß immer die gleiche Antwort zu hören: «Ich lass mir doch nicht sagen, wie ich es mir machen soll. Das kann ich nun wirklich.» Daraufhin ich: «Toll. Dann kannst du mir für mein Buch ja ein paar Tipps geben.» An dieser Stelle bekamen meine Gesprächspartner jedes Mal einen roten Kopf und stammelten was von «Keine große Sache», «Da möchte ich nicht drüber reden».

Zum einen zeigt die verklemmte Reaktion, dass Masturbation nach wie vor ein mit Schuldkomplexen beladenes Thema ist, denn über andere, nicht weniger intime Sujets wussten die Herren recht flüssig zu plaudern. Zum anderen scheint Selbstbefriedigung für viele Männer tatsächlich «keine große Sache», sondern eher eine nette, entspannende Gewohnheit zu sein, etwa so wie das Bierchen nach Feierabend.

Nur wenige Männer erzählten mir, dass sie die Selbstbefriedigung als sinnliches Ritual zelebrieren – einiges spricht dafür, dass sie damit auch ihre Qualitäten als Liebhaber trainieren. Patienten, die beim Geschlechtsverkehr Probleme haben, lange genug durchzuhalten, um ihre Partnerin voll und ganz zu befriedigen, verschreiben Sexualtherapeuten ausgedehnte Masturbation gegen den vorzeitigen Samenerguss: Wer es beim Solosex locker auf 20 bis 30 Minuten schafft, ist auch in der Lage, das Liebesspiel zu zweit beliebig zu verlängern.

Die Vorstellung, eine halbe Stunde an Ihrem besten Stück herumzuspielen, löst bei Ihnen ein herzhaftes Gähnen aus? Dann sollten Sie vielleicht doch in Erwägung ziehen, sich von den folgenden Tipps inspirieren zu lassen …

Nostalgie. Erinnern Sie sich, was Sie damals in Ihrer Sturm-und-Drang-Zeit so alles mit Ihrem Lieblingsspielzeug angestellt haben. Die Ausflüge in die hohe Wiese, die Nummer mit dem Kissen, die Sache mit der Couch – die sinnlichen Experimente von damals werden Ihr Solosex-Repertoire von heute mit jugendlichem Schwung beleben!

Seitensprung. Können Sie auf Ihrer Flöte mit rechts genauso gut spielen wie mit links? Unwahrscheinlich, denn die meisten Männer sind auf eine Hand fixiert. Wenn Ihr «guter» Arm nicht gerade durch einen Unfall für Wochen außer Betrieb ist, sehen Sie keine Notwendigkeit, von Ihrer Gewohnheit abzuweichen. Auch wenn Sie befürchten, dass es nur der halbe Spaß werden könnte: Probieren Sie es trotzdem hin und wieder mit der falschen Seite. Wenn Sie mit rechts genauso gut wie mit links sind, dann könnten Sie mal ausprobieren, wie es sich anfühlt, wenn Sie Ihre Hand andersherum als gewohnt um Ihren Penis legen: Der Daumen unten an der Peniswurzel, der Handrücken zeigt zu Ihnen. Vielleicht ist es ja sogar ganz aufregend, beim Sex allein eine «fremde», etwas ungelenke Hand an Ihrem Willy zu spüren.

U-Boot. Machen Sie es unter Wasser. Falls es noch länger dauern sollte, bis Sie die Möglichkeit haben, im warmen Meer zu planschen, müssen Sie sich eben ein Vollbad einlassen. Es spricht nichts dagegen, dass Sie zu diesem Anlass im Badezimmer für die richtige Stimmung sorgen – etwa mit einem Sound, der direkt in den Unterleib geht.

Hüftschwung. «Move your hips – not your hands!», heißt es bei dieser Übung. Legen Sie sich falsch herum aufs Bett, also mit den Beinen zum Kopfteil. Rutschen Sie so nah an die Wand heran, dass Sie die Füße an der Wand abstützen können. Unter- und Oberschenkel sollten in etwa einen rechten Winkel bilden. Jetzt formen Sie mit Ihren eingeölten Händen einen festen Ring um Ihren Penis und beginnen durch das rhythmische Heben und Senken Ihrer Hüften angenehme Reibung herzustellen! Wenn Sie es gerne bequemer hätten, können Sie das Ganze auch im Liegen mit angewinkelten Beinen praktizieren.

Wasserspiele. Lernen Sie von den Frauen und lassen Sie sich vom Duschstrahl verwöhnen. Falls der Massagestrahl zu fest für Ihr sensibles Organ sein sollte, schrauben Sie einfach den Duschkopf ab und versuchen Sie es mit dem softeren Wasserschwall direkt aus dem Schlauch.

Telefonsex. Sich zum Gestöhne der professionellen Telefonsex-Damen zum Höhepunkt zu rubbeln – das kann ja jeder. Anspruchsvoller und gleichzeitig aufregender wird die Sache, wenn Sie mit Ihrem Kollegen, Ihrem Anlageberater oder mit Ihrer Frau telefonieren. Selbstverständlich ohne erkennen zu lassen, was Sie da gerade machen.

Aufstand. Einer meiner männlichen Informanten schwört auf diesen kleinen Trick: Massieren Sie Ihren Penis bis kurz vor den Höhepunkt. In dem Moment, wo die Kontraktionen einsetzen, stehen Sie langsam auf. Automatisch spannt sich der PC-Muskel an und intensiviert den Orgasmus.

Tuchfühlung. Legen Sie ein glattes Stück Stoff locker über Ihren schon zu voller Größe ausgefahrenen Penis. Umfassen Sie Ihre verhüllte Männlichkeit kurz unter der Eichel, und zwar so, dass der Stoff ein kleines Zelt über der Eichel bildet. Jetzt streichen Sie mit einer langsamen Handbewegung nach unten – der Stoff wird glatt gezogen und stimuliert die Penisspitze. Immer wieder auf und nieder …

Spielzeug. Für die meisten Hetero-Männer fühlt es sich erst einmal seltsam an, mit einem Plastik-Schwanz, der zudem möglicherweise die eigenen Maße in den Schatten stellt, Sex zu haben. Wenn Sie sich gar zu schwer tun, mit einem batteriebetriebenen Konkurrenten ins Bett zu gehen, können Sie sich ja auch einen Vibrator in Flipper- oder Madonnen-Form zulegen. Auf jeden Fall sollten Sie sich den Spaß, den sich die Frauen mit den Dingern gönnen, nicht entgehen lassen. Denn die männlichen Hot Spots lassen sich ebenso gut durch sanfte Vibrationen stimulieren. Spüren Sie die anregende Wirkung der elektronischen Spielzeuge – nicht nur an der Eichel, sondern auch an Brustwarzen, Innenschenkeln, Damm, Hoden und Prostata.

Trennkost

Wollen Sie dem vorzeitigen Samenerguss vorbeugen oder gar ein multiorgiastischer Mann werden? Klingt toll, aber geht nicht ohne fleißiges Üben und gute Körperbeherrschung. Anfangs lässt sich am besten beim Solosex trainieren, weil volle Konzentration auf die eigenen körperlichen Reaktionen nötig ist.

Arbeiten Sie sich, so weit es geht, an den Höhepunkt heran, aber dämpfen Sie Ihre Lust, sobald Sie merken, dass ein Samenerguss in Kürze unvermeidlich wird. Zur Ejakulationskontrolle eignet sich beispielsweise die Squeeze- oder auch Quetsch-Technik: Legen Sie Zeige- und Mittelfinger auf die Unterseite Ihres Penis, den Daumen auf die Oberseite und drücken Sie zu. Fortgeschrittene Liebeskünstler können auch die Hoden als eine Art Notbremse einsetzen: Da die männlichen Kronjuwelen kurz vor der Ejakulation eng an den Körper gezogen werden, schiebt es den finalen Vorgang hinaus, wenn man den Hodensack mit Daumen und Zeigefinger umfasst und fest nach unten zieht. In der taoistischen Sexualität, die vor allem die Kontrolle sexueller Energien lehrt, ist das Ziehen am Hodensack eine Standardtechnik, um eine Ejakulation zu unterdrücken.

Vielversprechendes Ziel dieser leicht masochistisch wirkenden Aktionen ist es, eine ganze Staffel wunderbarer Kontraktionen im Untergeschoss zu genießen, ohne durch einen Samenerguss und die mit ihm einhergehende Zwangspause außer Gefecht gesetzt zu werden. Wie im Kapitel «Die Biologie der Erotik» bereits erklärt, sind die orgiastischen Zuckungen und die Ejakulation zwei verschiedene Körpervorgänge, die sich mit entsprechender Übung voneinander trennen lassen.

Gemeinsam statt einsam: Selbstbefriedigung vor Zeugen

Selbstbefriedigung vor den Augen des anderen ist ein sehr intimer und aufregender Akt. Es braucht schon einiges an Vertrauen, um das, was man gewöhnlich allein hinter verschlossenen Türen treibt, in Anwesenheit des Partners zu tun. Die Angst, sich dabei lächerlich zu machen, ist völlig unbegründet. Es wirkt extrem erotisch, den Liebsten bei seinem egoistischen Vergnügen zu beobachten. Viele Menschen haben dieses Schauspiel noch nie gesehen; das leicht Verbotene, das der Masturbation nach wie vor anhaftet, steigert den Reiz zudem. Außerdem können Sie beim Zuschauen sicher noch etwas darüber lernen, was Ihrem Partner besonders gefällt.

Kontaktpflege. Sehen Sie Ihrem Partner nicht nur bei seinem Treiben zu, sondern unterstützen Sie ihn. Frauen werden es zu genießen wissen, wenn ihr Liebhaber sie dabei im Arm hält oder ihre Brüste streichelt und leckt. Männer mögen es, wenn die Gefährtin

Ihre Hand zwischen die Schenkel Ihrer Lady und fangen schon mal ganz langsam an zu streicheln, bis Sie irgendwann wieder in der Lage zu etwas mehr Action sind.

Masturbation

Erste Frage: Darf ich es mir besorgen, während mein Partner neben mir liegt und schläft? Antwort: Wenn er einen leichten Schlaf hat, lieber nicht. Sonst wecken Sie ihn noch auf, und er ist beleidigt, weil Sie ihn nicht gefragt haben, ob er mitmachen will. Zweite Frage: Und wenn er mir vorher gesagt hat, dass er keine Lust hat auf Sex? Antwort: In diesem Fall missversteht er Ihre Selbstbedienung möglicherweise als leisen Vorwurf. Besser, Sie verwöhnen sich, wenn Sie allein und ungestört sind.

Nägel

Welche Länge und Farbe die Nägel haben sollen, ist Geschmackssache. Was die Bett-Etikette angeht, zählt vor allem, dass Sie beim Streicheln keine blutigen Spuren hinterlassen. Auch Männer sollten sich daher den Gebrauch einer Nagelfeile zur Gewohnheit machen. Sowohl an den Finger- als auch an den Fußnägeln!

Outdoor-Sex

Im Lift, in der Umkleidekabine, am Strand, im Wald, auf der Motorhaube – Sex an öffentlichen Orten ist eine beliebte Phantasie, die in der Umsetzung leider oft nicht das hält, was sie verspricht. So richtig spannend sind Outdoor-Erfahrungen in der Regel nur, wenn sie sich aus spontaner, heftiger Geilheit entwickeln. Dann stört es auch nicht weiter, dass Tannennadeln pieksen, Sand ins Getriebe kommt oder nach Rekordzeit Ende ist. Der Reiz, entdeckt zu werden, gehört bei Erotik-Abenteuern in freier Wildbahn na-

ihre Hoden sanft liebkost, während sie sich mit ihrem Schwanz beschäftigen. Die körperliche Zuwendung des anderen steigert nicht nur das erotische Vergnügen, sie signalisiert auch: «Ich gönne dir dein Vergnügen aus ganzem Herzen, unterstütze es sogar.» Dadurch fällt es dem Akteur leichter, seine Scham- und Schuldgefühle zu vergessen und sich allein seiner Lust hinzugeben.

Nabelschau. Ein doppeltes Vergnügen gibt der Solosex à deux, wenn Sie Ihr Lotterlager vor einem großen Spiegel aufbauen. Dann haben Sie nicht nur Ihren Schatz, sondern auch sich selbst gut im Blick. Die Situation eignet sich außerdem bestens für ein schamloses Foto-Shooting. Wenn Ihr Partner leicht exhibitionistische Tendenzen hat, wird ihn der Gedanke, bei seinem «sündigen» Treiben nicht nur beobachtet, sondern fotografiert zu werden, ganz besonders heiß laufen lassen.

Actionpainting. Nicht nur im Porno, auch im richtigen Leben ein echter Antörner für Männer: den nackten Körper ihrer Geliebten mit Sperma zu verzieren. Allerdings sollten Sie nicht automatisch davon ausgehen, dass Ihre Frau von dieser Idee ebenso begeistert ist. Flüstern Sie Ihr diese Phantasie vorher lieber ins Ohr und lesen Sie an Ihrer Reaktion ab, ob Sie sie, wenn's so weit ist, auch realisieren dürfen.

Überraschung! Fortgeschrittene G.I.B.s können die Selbstbefriedigung vor den Augen des anderen als raffiniertes Rollenspiel zelebrieren – etwa nach dem Motto «Wollüstiger Vamp bekommt unerwartet Besuch vom geilen Nachbarn» oder so ähnlich. Zu diesem Zweck macht sie es sich in ansprechender Wäsche schon mal im Schlafzimmer bequem, wobei sie die Tür zum dunklen Flur etwas offen lässt. Durch den Türspalt kann er sie heimlich bei ihren selbstvergessenen Spielchen beobachten, bevor er das Zimmer betritt und sich in das Geschehen einschaltet.

Joystick. Meine Damen, bedienen Sie sich und ziehen Sie zur Selbstmassage einen Dildo aus Fleisch und Blut heran. Nicht zu weich (hoffentlich), nicht zu hart und zudem schön warm und handlich ist ein lebender Penis nämlich ein perfektes Masturbationsobjekt. Legen Sie sich mit einem Kissen unterm Kopf auf den Rücken und bitten Sie Ihren Partner, sich zwischen Ihre gespreizten Beine zu knien. Dann greifen Sie sich seinen eingeölten Schwanz und massieren damit in rotierenden Bewegungen Ihre K-Zone. Wenn Sie gekommen sind, erfüllen Sie ihm seinen sehnlichsten Wunsch und lassen Sie ihn rein!

Fördermittel. Und noch ein Appell an die Frauenwelt: Scheuen Sie sich nicht, während des Geschlechtsverkehrs per Hand nachzuhelfen, wenn Sie durch den Akt allein nicht oder nur unregelmäßig zum Höhepunkt kommen. Wenn Ihr Partner irritiert fragt, ob sein Schwanz Ihnen nicht gut genug sei, erklären Sie ihm, dass er Ihre Fördermaßnahme nicht als Kritik an seinen Fähigkeiten als Lover verstehen soll. Sagen Sie ihm, dass Sie den Sex mit ihm auf diese Art noch intensiver genießen könnten. Wenn er kein Klotz ist, wird er Ihre Handarbeit in Zukunft mehr als wohlwollend betrachten.

16. Kapitel Der Erotik-Knigge

Gut benehmen müssen wir uns den ganzen Tag. Braucht es da wirklich noch einen Knigge für die Horizontale? Durchaus. Zumindest, wenn beim Sex nicht nur die rechte Hand zum Einsatz kommt, sondern mindestens zwei Menschen daran beteiligt sind. In diesem Fall handelt es sich nämlich um einen sozialen Akt, für den bestimmte Umgangsformen gelten.

Ausziehen

Anfangs reißt man sich gegenseitig voller Gier die Kleider vom Leib, doch später verkommt der reizvolle Akt des Ausziehens häufig zur Autisten-Nummer. Jeder entblättert sich hastig in einer anderen Ecke des Schlafzimmers, so als würde nicht Sex, sondern eine ärztliche Untersuchung anstehen. Manche Menschen haben sogar die Nerven, ihre Klamotten fein säuberlich zusammenzulegen, bevor sie sich dem Liebesspiel zuwenden. Kann man seinen Mangel an Temperament und Leidenschaft noch eindrucksvoller beweisen? Eine kniggekonforme Alternative zum wechselseitigen Entblättern ist der Striptease. Oder: sich in voller Montur ins Badezimmer zurückziehen und mit Handtuch um die Hüften (er), mit Negligé, langem Herrenhemd oder Kimono bekleidet (sie) wieder im Schlafzimmer auftauchen.

Blow Job

Für Männer: Ich habe vollstes Verständnis dafür, dass Sie ein besonderes Faible für diese Liebestechnik hegen, aber einen rechtlichen Anspruch darauf haben Sie nicht. Ein Gentleman bewahrt

Contenance, wenn seine Dame mal keine Lust auf Eis am Stiel verspürt. Falls sie bereit ist, ihn mit ihrem Mund zu verwöhnen, überlässt er ihr die Regie. Die Hand auf ihren Hinterkopf zu legen, um ihr die Gurke so weit wie möglich in den Rachen zu schieben, grenzt an Körperverletzung und führt nur dazu, dass sie einen Widerwillen gegen Blow Jobs entwickelt. Um Ihrer Liebsten den Spaß an der Mund-zu-Penis-Beatmung zu erhalten, sollten Sie die Angelegenheit nicht künstlich in die Länge ziehen. Blasen ist ziemlich anstrengend, nach einiger Zeit erlahmen die Zunge sowie die Nacken- und Wangenmuskulatur. Suchen Sie sich andere Gelegenheiten, um Ihre Qualitäten als Ausdauersportler zu beweisen.

FÜR FRAUEN: Wenn Sie Ihren Widerwillen gegen sein Ejakulat nicht überwinden können, entsorgen Sie es bitte möglichst stilvoll und diskret – beispielsweise in ein bereitgestelltes Wasserglas. Die andere Möglichkeit ist, dafür zu sorgen, dass er beim Finale nicht in Ihrem Mund steckt. Vielleicht steigen Sie gegen Ende auf Geschlechtsverkehr oder Handarbeit um. Oder Sie stimulieren ihn mit Lippen und Zunge von außen am Frenulum. Rechtzeitig, bevor er kommt, den Kopf aus der Schusslinie bringen!

CHEMIE

FÜR MÄNNER: Seit der Erfindung von Viagra werfen immer mehr völlig gesunde Kerle vor dem Sex Potenzpillen ein, um im Bett als Marathon-Mann zu punkten. Mal ganz abgesehen davon, dass die chemischen Helfer nicht ungefährliche Nebenwirkungen haben: Schlucken Sie nicht einfach eine blauen Pille in der Erwartung, dass Ihre Geliebte für die nächsten fünf Stunden keine anderen Pläne hat. Wenn schon Sex-Doping, dann bitte nur nach Absprache mit der Partnerin!

Danach

Guter Sex hat ein Nachspiel, und das sieht nicht so aus, dass man sich grunzend vom Partner wälzt und unter die Dusche hechtet, als hätte man gerade an einer Partie Schlamm-Catchen teilgenommen. Beim Orgasmus werden wunderbare Hormone freigesetzt, die das anschließende Kuscheln ganz besonders wohlig und intim machen. Große Streichelaktionen müssen gar nicht sein, es ist auch einfach nur schön, sich im Arm zu halten. Wer dem anderen dieses Vergnügen vorenthält, ist ein Rüpel. Selbst bei einer Early-Morning-Nummer sollte genug Zeit für ein kurzes Danach sein, selbst wenn Sie dafür eine Verspätung im Job riskieren.

Erstes Mal

Manchmal ist es gleichzeitig auch das letzte Mal, weil einen die Menschenkenntnis mal wieder im Stich gelassen hat. Klingt vielleicht spießig, aber wenn Sie sich nicht ganz sicher sind, ob Sie die Person, die da gerade an Ihrem Ohrläppchen nuckelt, am nächsten Morgen am Frühstückstisch sitzen haben wollen, laden Sie Ihren Flirt doch lieber erst mal nur zum Frühstücken ein. Ansonsten gilt: Überfrachten Sie das erste Mal mit einem neuen Lover nicht mit riesigen Erwartungen und Ambitionen. Ausgefallene Sextechniken und Toys von der Fessel-Nummer bis zur Nippel-Klemme werden den anderen nicht beeindrucken, sondern nur verschrecken. Nach dem Motto: Wenn er/sie schon gleich am Anfang so loslegt, was erwartet mich dann in der dritten Nacht? Lassen Sie sich Zeit mit dem Kennenlernen. Plumpes Nachfragen («Und worauf stehst du so?») törnt ebenso ab wie die Sucht nach Selbstbestätigung («Wie war ich?»). Da wir gerade beim Thema Fragen sind: Die Verhütungsfrage sollten Sie als Mann unbedingt ansprechen. Vorher! Zwar sind es die meisten Frauen gewöhnt, sich allein darum zu kümmern. Als nette Geste ist es trotzdem willkommen.

Falls das erste Mal dann doch nur ein One-Night-Stand bleiben soll, bringen Sie die Sache mit Würde zu Ende. Mitten in der Nacht heimlich aus einer fremden Wohnung zu schleichen, ist ebenso stillos, wie den Gast morgens ohne Kaffee vor die Tür zu setzen. Benehmen Sie sich so, dass Sie bei einem zufälligen Wiedersehen keinen roten Kopf bekommen müssen, sondern ganz locker «Na, wie geht's denn so?» sagen können.

Fremdgehen

Wir wissen alle, dass man das als gut erzogener Zeitgenosse nicht tun sollte. Und trotzdem passiert es immer wieder – in allen Zeiten und Kulturen, egal wie abschreckend die gesellschaftlichen Sanktionen für Seitenspringer auch sein mögen. Das Fremdgehen gehört zum Menschen genau wie sein Bedürfnis nach Bildung einer festen Zweierbeziehung. Wer der Versuchung nicht widerstehen kann, von den Kirschen in Nachbars Garten zu naschen, sollte sich wenigstens die allergrößte Mühe geben, dass niemand davon erfährt. Wie man es auf keinen Fall machen soll, hat Welttorhüter Oliver Kahn eindrucksvoll vorgeführt. Mit der jungen Geliebten öffentlich schmusen, während die hochschwangere Frau ahnungslos zu Hause sitzt – für diesen krassen Knigge-Verstoß hat Olli die «Offene Hose» in Gold verdient. Ein Seitensprung hat gefälligst da zu bleiben, wo er hingehört: im Schlafzimmer. Mit erotischen Abenteuern herumzuprahlen, ist pubertär, auch mit seinem schlechten Gewissen muss ein Fremdgeher allein klarkommen. Ein verschwiegener Fehltritt hat schon weit mehr Beziehungen gerettet als ein gebeichteter. Anders sieht die Sache aus, wenn die Affäre kein reines Sex-Abenteuer ist, sondern sich zur dauerhaften Zweitbeziehung entwickelt. Dann muss die bittere Wahrheit früher oder später auf die Matratze, denn eine Partnerschaft auf einem Sumpf von Lügen und Betrügereien aufzubauen, führt zu nichts.

Geräusche

Beim Essen gehören Nebengeräusche wie Schmatzen oder Schlürfen nicht zum guten Ton. Vergessen Sie diese Benimmregel, wenn es um den erotischen Genuss geht! Hier sind akustische Signale des Wohlbehagens nicht nur erlaubt, sondern erwünscht, weil sie die Erregung steigern und dem Partner signalisieren, dass er auf dem richtigen Weg ist. Auf die Nachbarn sollten Sie dabei keine übertriebene Rücksicht nehmen. Die werden von der Feststellung, dass Sie ein Sexleben haben, keine seelischen Schäden davon tragen.

Hygiene

Davon, dass alle Leser dieses Buches sich morgens und abends die Zähne putzen sowie die strategisch wichtigen Stellen sauber halten, gehe ich einfach mal aus. Auch die Information, dass Bett- wie Unterwäsche in regelmäßigen Abständen gewechselt werden sollten, ist Ihnen nichts Neues. In einem Erotik-Knigge des 21. Jahrhunderts muss eher vor einem Zuviel an Körper-Hygiene gewarnt werden. Schon mal die zarte Haut des Geliebten mit heißen Küssen bedeckt und plötzlich die ätzenden, klebrigen Spuren eines Deosticks im Mund gehabt? Eine Erfahrung, auf die man wirklich gut verzichten kann. G.I.B.s lassen deswegen vor dem Sex ihr Deodorant ebenso wie ihr Parfüm im Allibert, auch wenn die Werbung behauptet, dass schon ein Pfffffff unwiderstehlich macht. Ebenfalls abtörnend wirken stark parfümierte Duschgels oder Bodylotions, denn sie überlagern die körpereigenen Sexuallockstoffe und verderben nur den Geschmack beim Küssen und Lutschen.

Wer beim wilden Spontan-Sex in der Küche ein Handtuch drunterlegt, damit die neue Arbeitsplatte aus geöltem Kirschenholz keine Flecken bekommt, hat das G.I.B.-Prinzip ebenfalls noch nicht so ganz begriffen.

Intimfrisur

Wenn ich mich im Nass-Bereich meines Fitness-Studios umgucke, muss ich feststellen: So gut wie alle Frauen (und sogar einige der Männer) betätigen sich in ihrer Unterhosenzone als Friseur. Vollglatzen sind dabei in der Minderheit, meist wird das Schamhaar in eine ordentliche Form geschnitten und gekürzt. Bei den Damen ist der «Landing Strip» – englisch für Landebahn – derzeit der angesagteste Schnitt. Nun ist es bei uns noch nicht so wie in den USA, wo eine Frau, die weder Wachs noch Ladyshaver an ihre Haut lässt, als eine Art Monster gilt. Doch wird das Schamhaar-Trimming für deutsche Frauen langsam ebenso zur selbstverständlichen Pflegemaßnahme wie die Rasur von Achseln und Beinen. Neben ästhetischen hat das vor allem praktische und sinnliche Gründe. Blanke Schamlippen sind weit empfindsamer als behaarte, und auch ihm macht der Oralsex mehr Spaß, wenn er sich nicht ständig irgendwelche Härchen aus dem Mund zupfen muss. Mit ähnlichen Argumenten kann Frau auch ihrem Partner die Rasur seiner Bälle schmackhaft machen, wenn sie denn gerne mit ihnen spielt.

Was gegen eine Intimfrisur spricht, sind die Pickelchen und Rötungen, die sich in dieser empfindlichen Region leider allzu leicht ausbreiten. Tipp von einer Porno-Darstellerin: viel Rasierschaum auftragen, immer eine neue Klinge verwenden und in Wuchsrichtung rasieren, hinterher mit neutralem Öl und Puder pflegen wie einen Babypopo.

Juckreiz

Kein schönes Thema. Aber wichtig. Wenn's in der Unterhose plötzlich juckt, sich Knoten, Blasen oder Ausschlag an den Genitalien bilden, beim Pinkeln ein Brennen zu spüren ist, dann sollten Sie sofort zum Hörer greifen. Erstens, um einen Termin beim Arzt auszumachen, und zweitens, um ihre(n) Sex-Partner zu informieren. Klar ist es ziemlich unangenehm, dem Langzeitpartner oder Teilzeitlover zu gestehen, dass man möglicherweise an einer sexuell übertragbaren Krankheit (STI) leidet und ihn angesteckt haben könnte. Wenn Sie in einer festen Beziehung leben, kommt leicht der Gedanke auf, dass es sich dabei um ein Souvenir von einem heimlichen Ausflug handelt. Wobei es jedoch auch durchaus möglich wäre, dass Sie sich bei Ihrem Partner angesteckt haben, bei ihm jedoch die Infektion ohne Symptome geblieben ist. Wie dem auch sei: Um eine weitere Ausbreitung der Krankheit oder eine Rück-Ansteckung zu vermeiden, sollten Sie sich beide so schnell wie möglich untersuchen und behandeln lassen. Bis der Arzt Entwarnung gibt, ist selbstverständlich nur geschützter Sex angesagt.

Kondome

Egal, ob Sie ein Mann oder eine Frau, solo oder liiert sind: Es kann nicht schaden, immer ein paar Gummis zu Hause zu haben – so wie Pflaster oder Aspirin. Entscheidend ist allerdings, dass Sie die Dinger, wenn's drauf ankommt, auch benutzen. Nicht nur, wenn man sich mit einem neuen Liebhaber oder mit wechselnden Partnern vergnügt, sind Kondome Pflicht. Auch bei Analsex oder bei Verdacht auf eine sexuell übertragbare Krankheit müssen sie zum Einsatz kommen, um gesundheitliche Risiken zu vermeiden. Und schließlich gibt es bis heute nicht wenige Frauen, die während ihrer fruchtbaren Tage auf Gummis als Verhütungsschutz vertrauen.

Auch wenn auf der Packung «gefühlsecht» steht, wir alle wissen, dass Sex mit Kondom bei den meisten Männern als Spaßbremse wirkt, weil die Gefühlsintensität an ihrem elften Finger eben doch beeinträchtigt wird. Doch bei allem Verständnis: Wenn Sie als Frau an einen Knaben geraten sind, der sich auf Ihre Bitte hin weigert, ein Verhüterli überzustülpen, dann ziehen Sie die Notbremse! Mit Sicherheit hat sich der Kerl in seinem Leben auch sonst schon ziemlich verantwortungslos verhalten. Und er wird es weiterhin tun!

Wie heute häufig vergessen wird, geht es bei Safer Sex nicht nur um Aidsprävention, sondern auch um den Schutz vor anderen, zwar nicht ganz so gefährlichen, aber trotzdem ziemlich lästigen Krankheiten wie Herpes, Tripper, Syphilis oder Genitalwarzen. Selbst die gemeinhein als harmlos geltenden Chlamydien (übrigens die am weitesten verbreitete Geschlechtskrankheit) können bei Frauen zu Unfruchtbarkeit oder Eileiterschwangerschaften führen.

Eine Familienpackung Präservative auf dem Nachttisch zu drapieren, wenn sich der neue Liebhaber angesagt hat, ist trotzdem nicht unbedingt die feine englische Art. Zaubern Sie das Kondom lieber aus der Nachttischschublade hervor, wenn es so weit ist.

Bunte Farben, lustige Aufbauten, absurde Geschmacksrichtungen – ob die Gag-Kondome, die Sie zu Ihrem letzten Geburtstag geschenkt bekommen haben, Ihren Partner wohl auch so amüsieren wie die guten Freunde, die sie Ihnen geschenkt haben? Ich bin da nicht ganz sicher ...

Für Frauen: Helfen Sie ihm in den Gummimantel, anstatt unbeteiligt dabei zuzusehen, wie er sein Ding da reinwürgt. Indem Sie selbst Hand anlegen, vermeiden Sie, dass dieser heikle Akt etwas Lächerliches oder Entwürdigendes bekommt.

Für Männer: Auch und gerade wenn es nicht Ihre Wohnung ist, übernehmen Sie die Aufgabe, gebrauchte Kondome diskret zu entsorgen, um Ihrer Dame am Morgen danach den Anblick eines verklebten Tütchens zu ersparen.

Ladies first

Dass diese alte Knigge-Regel auch im Bett immer noch up to date ist, liegt in den unterschiedlichen Erregungskurven von Männlein und Weiblein begründet. Nachdem Mann zum Schuss gekommen ist, verschwindet seine Geilheit schneller, als man gucken kann. Bis er dann wieder Lust hat, auch nur den kleinen Finger zu regen, dauert es eine Halbzeitpause – je nach Alter und Fitness auch kürzer oder länger. In der Regel endet das Liebesspiel daher mit seinem Big O. Wenn sie bis dahin nicht gekommen ist, hat sie eben Pech gehabt.

Umgekehrt fällt bei Frauen nach ihrem Höhepunkt der Level der Erregung nur langsam ab. Bei richtiger Handhabung können sie schon kurz darauf wieder und wieder und wieder kommen. Ihr den Vortritt zu lassen, ist beim Sex also noch zwingender als in der Schlange am Dessertbüfett. Manchmal ergibt es sich trotzdem anders. Etwa wenn es schnell gehen muss – bei einem Quickie im Hausflur zum Beispiel. In diesem Fall können Sie das ausgedehnte Nachspiel einfach ins heimische Schlafzimmer verlegen und dort nochmal so richtig schön in der Erinnerung an die überstandenen Gefahren schwelgen.

Manchmal sind Frauen auch einfach zu faul oder zu müde, um sich den Orgasmus-Stress anzutun. Sie wollen dann einfach eine nette, gepflegte, kleine, langweilige Nummer genießen (etwa so, wie man hin und wieder Lust auf einen Big Mac hat) und sich möglichst wenig dabei bewegen. Wenn Ihre Liebste in so einer Stimmung ist, werden Sie es als einfühlsamer Mann schon merken. Haben Sie jedoch den Verdacht, dass die Frau an Ihrer Seite frustriert sein könnte, weil Sie mal wieder als Erster durchs Ziel gerauscht sind und für sie nicht mal ein Trostpreis geblieben ist, dann breiten Sie nicht die Daunendecke des Schweigens über diese unangenehme Erkenntnis. Eleganteste (und bequemste) Lösung, um Ihren Fauxpas wieder gutzumachen: ein verruchter Blick und der Satz «Ich würde gerne dabei zusehen, wie du dich befriedigst». Zweite G.I.B.-Variante: Sie greifen in die Geheim-Schublade Ihres Nachttischs, ziehen einen Vibrator hervor und sagen «Und jetzt zu dir, meine Süße.» Oder weniger spektakulär: Sie manävorieren

türlich zum Spaß dazu. Um sich und dem Partner die Peinlichkeit des Überraschtwerdens (oder sogar eine Anzeige wegen Erregung öffentlichen Ärgernisses) zu ersparen, sollten Sie dabei so viel Kleidung wie möglich anbehalten. Und: Bei Bodenfrost liegt der Gentleman unten, da sich die Damen so leicht eine Blasenentzündung holen.

Pornographie

Für Männer: Pornographisches Material in der gemeinsamen Wohnung vor der Partnerin zu verstecken, ist unerwachsen und peinlich. Zumal sie das Zeug früher oder später sowieso finden und Ihnen dann zu Recht eine Szene hinlegen wird. Am besten, Sie machen erst gar kein Geheimnis aus Ihrem Faible für anregende Filme oder Fotos und bieten Ihrer Liebsten an, mit ihr gemeinsam mal einen Blick drauf zu werfen. Vielleicht gibt es ja sogar Dinge in Ihrer Sammlung, die Sie beide anmachen? Falls Ihre Partnerin schockiert reagiert, sich abgestoßen oder betrogen fühlt, versuchen Sie, ihre Gefühle zu verstehen und einen Kompromiss zu finden. Mit dem Spruch «Was ist denn schon dabei? Hat doch nichts mit dir zu tun» ist es jedenfalls nicht getan.
Für Frauen: Lassen Sie ihm seine Playboy-Kollektion oder die Erwachsenen-Filmchen. Problematisch wird sein kleines Hobby nur, wenn Sie den Eindruck haben, er braucht diese Hilfsmittel, um sich für den Sex mit Ihnen in Stimmung zu bringen. In diesem Fall ist es gut nachvollziehbar, wenn Ihre Toleranz ein Ende hat.

Quickie

Eine wunderbare Erfindung für den kleinen Hunger zwischendurch. Vorausgesetzt, dass auch Frau davon satt wird.

Regel

Die roten Tage des Monats sind bei vielen Paaren sexfreie Zone. Manche Frauen leiden gerade zu Beginn ihrer Regel an Bauch- oder Rückenschmerzen, fühlen sich aufgedunsen und alles andere als sexy. Männer gehen auf Abstand, weil ihnen das Thema Menstruation nicht ganz geheuer ist, manche fürchten auch, dass Geschlechtsverkehr während der Tage für ihre Partnerin unangenehm sein könnte. Doch bei einigen Frauen ist gerade das Gegenteil der Fall. Sie haben in dieser Zeit besonders viel Spaß am Sex – was mit den Hormonen zusammenhängen kann oder auch mit dem Umstand, dass die Vagina durch die Blutungen feuchter ist als sonst.

Aus medizinischer Sicht spricht nichts gegen Sex in Regelzeiten. Wär ja auch schade, wenn bei Frauen im gebärfähigen Alter eine knappe Woche des Monats von vorneherein nicht zur Disposition stünde. Wie Ihre Partnerin die Sache sieht, finden Sie am besten durch ein Gespräch heraus. Dabei zeigt sich vielleicht, dass sie eigentlich schon Lust auf Sex während ihrer Tage hat, aber fürchtet, dass Sie sich ekeln könnten. Meistens haben Männer jedoch viel weniger Berührungsängste, als Frauen sich vorstellen. Und selbst wenn das Laken ein paar Flecken bekommt – was soll's? Wozu hat man schließlich eine Waschmaschine?

Wenn beiden danach ist, kann auch Oralsex während der Periode eine schöne Sache sein. Eine Dusche kurz vorher und ein extra großer Tampon garantieren die nötige Hygiene, ohne das Züngeln zu behindern. Gut möglich, dass der Tampon die Empfindungen beim Orgasmus sogar noch steigert!

Schlafzimmer

Dieser Ort sollte ausschließlich der Entspannung und Sinnlichkeit gewidmet sein. Gegenstände wie Computer oder Staubsauger, die an den Job oder andere lästige Pflichten erinnern, müssen draußen bleiben. Nichts im Schlafzimmer zu suchen haben außerdem Haustiere (auch Wollmäuse!), dreckige Wäsche, Fotos von Exfreunden oder den Eltern sowie Medikamente, Klopapierrollen und Desinfektionsmittel. Eine Schirmlampe, die von der Zimmerdecke herunterhängt, macht niemals ein schönes Licht. Besser sind mehrere dezentrale Lichtquellen, die sich nach Bedarf dimmen lassen.

Größten Wert legt ein G.I.B. natürlich auf seinen Lieblingsspielplatz: das Bett. Groß soll es sein, stabil, ohne scharfe Kanten, nicht zu niedrig und mit einer Matratze, auf der man morgens ohne Rückenschmerzen aufwacht. Von entscheidender Bedeutung für die Qualität des Liebeslebens ist auch die Zimmertemperatur. Wer hat schon Lust auf ausgedehnte Sexspielchen, wenn ihm dabei Hände und Füße abfrieren? Eine Stereoanlage ist gut, wenn Sie sich gerne von Musik in Stimmung bringen lassen. Ein großer Spiegel, wenn Sie es hin und wieder nett finden, sich beim Sex zu beobachten. Ganz und gar unverzichtbar ist eine Kommode oder ein Schränkchen, in dem Sie das wichtigste Zubehör vom Massageöl bis zum Vibrator aufbewahren.

Textilien

Na klar kommt man heute auch mit Jeans und Schlabberpulli in die Oper rein. Aber deswegen gilt man dort noch lange nicht als gut angezogen. Auch wer gut im Bett sein will, muss ein paar Gedanken auf seine Kleidung verschwenden. Die Augen gehören zu den wichtigsten erogenen Zonen.

Natürlich ist Kleidung immer Geschmackssache. Wahrscheinlich wird es irgendwo in Deutschland Frauen geben, die haarige Männerhintern in getigerten Tangaslips erotisierend finden. Sonst würden diese Modelle ja nicht mehr hergestellt werden. Oder tragen nur schwer Vermittelbare und Schwule Tigertangas? Egal. Mein Rat an paarungswillige Hetero-Männer, die im Besitz solcher

Modelle sind, lautet: Versteckt die Dinger in der hintersten Ecke eures Kleiderschranks, bis ihr ganz sicher seid, dass eure Holdeste darauf abfährt.

Hier noch zehn weitere männliche Modesünden, die der Erotik äußerst abträglich sein können:

1. Zum Rendezvous T-Shirts mit Botschaften ausführen. Der hintergründige Witz von Sprüchen wie «Bier formte diesen wunderschönen Körper» könnte sich einer Frau möglicherweise nicht erschließen.
2. Hosen tragen, die den Hintern nur ungefähr erahnen lassen. Ein knackiger Po ist viel wichtiger als ein knackiger Bizeps. Und keine Frau kauft gerne die Katze im Sack.
3. Billige oder abgelatschte Schuhe anziehen. Für Frauen sind die Schuhe eines Mannes Gradmesser für seinen Stil, seinen Geschmack und den Grad seiner Gepflegtheit. Völlig indiskutabel: Sandalen mit Socken.
4. Strickjacke und Pantoffeln zum romantischen Dinner daheim – Horror! Da muss Frau ja Angst haben, dass er sie im Bett «Mutti» nennt.
5. Zeltartige Boxershorts mit Nikoläusen oder Comicfiguren drauf. Ein ernstes Indiz für die These: Der ist nicht erwachsen.
6. In ersten Nächten sind generell alle Unterhosen, die nicht eindeutig heterosexuelle Signale aussenden, ein Wagnis. Statt auf Netzstoff oder Transparenz lieber auf Bewährtes in schwarzer oder weißer Baumwolle setzen. Was Männer-Dessous angeht, sind die meisten Frauen sehr konservativ.
7. Weiße Socken – schlimm. Eine Steigerung des Grauens: Motivsocken. Überhaupt: mit Socken ins Bett gehen. Das dürfen nur Kranke oder total verfrorene Frauen, die keine Wärmflasche oder keinen Mann im Haus haben.

8. Armbanduhr beim Sex tragen. Sorgt für Kratzer auf empfindlicher Frauenhaut und wirkt zudem, als hätte man es besonders eilig.
9. Pyjamas, die aussehen, als ob sie schon seit der Konfirmation in Benutzung sind.
10. Davor oder danach einen Frottee-Bademantel umlegen, den man offenkundig aus einem Mittelklasse-Hotel geklaut hat. Wirkt knickerig und damit unsexy.

Da die weibliche Mode unendlich viel raffinierter und variantenreicher als die der Männer ist, haben Frauen theoretisch sehr viel mehr Möglichkeiten, danebenzulangen. Allerdings fällt das meistens nur den Geschlechtsgenossinnen auf. Selbst wenn Männer modische Fauxpas bei einer Frau bemerken, sind sie sehr viel eher bereit, großzügig darüber hinwegzusehen – vorausgesetzt, sie finden die Dame grundsätzlich lecker. Eine deutlich erkennbare Sliplinie unter der weißen Hose: geil. Die Bluse spannt über dem Busen: Ist doch super. Hautfarbene Bauch-weg-Unterhose unterm Abendkleid: nix wie runter damit. Laufmaschen in den Nylons: wie verrucht. Strapse falsch aufgezäumt: Strapse können gar nicht falsch sein. Und so weiter.
Logisch, dass bei nüchterner Betrachtung ein edles Set aus BH und passendem Höschen besser aussieht als der verwaschene Blümchenfrotteeschubber vom Grabbeltisch, aber letztlich wird das Thema Mode und Dessous von Frauen weit überschätzt. Schon Sexbombe Marilyn Monroe wusste, dass Männer die Entdeckung, dass das Objekt ihrer Begierde außer einem Tropfen Parfüm nichts drunter trägt, stärker entfacht als jedes Spitzenteilchen. Hinzu kommt, dass unsere Helden mit steigender Erregung (und steigendem Alkoholkonsum) zunehmend schlechter sehen. Beim Orgasmus sind sie sogar fast erblindet – eigentlich vergebene Liebesmüh, da noch in teure «La Perla»-Fummel zu investieren. Es sei denn, Sie genießen das Gefühl von Luxus auf Ihrer nackten Haut.

Oder Sie entdecken, dass Ihr Mann ein spezielles Faible für Strümpfe oder Strapse entwickelt hat. Dann nichts wie ran an die edle Wäsche! Ansonsten können attraktive Frauen aus der Sicht eines männlichen Liebhabers eigentlich nur zwei dicke Fehler begehen:

1. sackartige Klamotten tragen, die nichts von den weiblichen Körperformen erahnen lassen,
2. Kleidung anziehen, die er nicht öffnen kann.

So einfach ist das, auch wenn wir Frauen es uns gerne viel komplizierter machen.

Unfall

Bett zusammengebrochen? Wadenkrampf bekommen? Dem Vibrator ist der Saft ausgegangen? Dass solche Dinge passieren, und zwar immer im schlechtesten Moment, ist Murphy's Law. Das beste Rezept im Umgang mit Sexpannen heißt: gemeinsam darüber lachen. Außer natürlich, wenn etwas Gefährliches passiert ist wie ein Penis- oder Rippenbruch. Auch sexuelle Funktionsstörungen wie Vaginismus, Erektionsprobleme oder vorzeitiger Samenerguss sind nicht sehr witzig.

Vorgetäuschter Orgasmus

Sie stöhnt, atmet immer schneller, ihre Fingernägel krallen sich in seinen Rücken, ein rhythmisches Zucken, begleitet von einem schrillen Schrei. Sie genießt den Höhenrausch der Lust – glaubt er. Aber Irrtum. Ihr Gipfelsturm war nur gespielt. Etwa jede zweite Frau bekennt nach einer Umfrage der Zeitschrift «Freundin», den Orgasmus schon mal vorgetäuscht zu haben. Und bei den Männern sind es immerhin 16 Prozent, die offen zugeben, ihr schauspielerisches Talent auf diesem Weg getestet zu haben.

Wenn man nicht gerade im horizontalen Gewerbe tätig ist, gibt es eigentlich nur einen legitimen Grund, einen Orgasmus nachzustellen: mühsamer, langweiliger Sex mit einem Partner, den man so schnell wie möglich in die Wüste schicken will. Wer die große Ekstase mimt, um als toller Liebhaber zu punkten oder dem Partner das Gefühl zu geben, er sei eine Granate im Bett, stellt sich selber ein Bein. Denn durch die Schummelei weckt er beim anderen Erwartungen, die er beim nächsten Mal wieder nur durch Schauspielerei erfüllen kann. Und mit jeder vorgetäuschten Gefühlsexplosion entfernt man sich weiter von seiner eigenen Sexualität – und der Wahrheit.

Wahrheit

Wie Dieter Bohlen uns in seinen Memoiren verriet, kam ihm Naddels Vorbau von Anfang an nicht naturbelassen vor. Doch die gut bestückte Gefährtin leugnete stets, dass es sich bei ihrer Oberweite um Plastik-Tüten handeln könnte – bis Jahre später ein offen herumliegender Brief ihres Schönheitschirurgen die Wahrheit ans Licht brachte. Warum hat Naddel nicht gleich zugegeben, was sowieso jeder Mensch weiß, der ihre Pin-up-Bilder zu Gesicht bekommen hat? Weil ihr schwante, dass sich Sexbomben nicht in die Karten schauen lassen. Erotik muss immer etwas Schwereloses haben. Wenn man die Arbeit bemerkt, die hinter der sexy Fassade steckt, wird's schnell abtörnend. Ein G.I.B. genießt daher lieber in freiwilliger Unwissenheit und verkneift sich die Frage, ob das seidige Blondhaar, das faltenlose Gesicht oder das D-Körbchen ein Geschenk Gottes sind. Die Wahrheit kommt sowieso früh genug ans Tageslicht. Wer die Leidenschaft über die erste Euphorie hinaus noch ein Weilchen erhalten will, sollte auch unangemeldete Besuche im Badezimmer vermeiden. Erotik braucht Geheimnis und Distanz, zwei Dinge, die in einer Dauerbeziehung meist viel zu schnell verloren gehen.

Leider hat sich diese Erkenntnis noch nicht überall durchgesetzt, und so wird man im Bett oft genug mit indiskreten Fragen gelöchert. Bei den folgenden Klassikern ist es völlig in Ordnung, wenn Sie es mit der Wahrheit nicht ganz so eng sehen:

«Mit wie vielen Männern/Frauen hast du schon geschlafen?» Lassen sich Ihre Sexualpartner leicht an den Fingern einer Hand abzählen, nur raus mit der Wahrheit. Ansonsten empört «Ich führe doch keine Strichliste» antworten. Ihre sexuelle Vergangenheit gehört Ihnen. Niemand hat ein Recht auf lückenlose Aufklärung. So archaisch das klingt: Viele Männer können immer noch sehr schwer damit leben, dass eine Frau mehr sexuelle Erfahrung hat als sie. Und viele Frauen fühlen sich abgewertet, wenn ein Mann schon zu viele andere Damen vor ihnen begehrt hat. Beide Geschlechter möchten sich gern die Illusion bewahren, der andere sei nicht so leicht zu haben.

«Woran hast du gerade gedacht?» Vorsicht, ebenfalls hochexplosives Gebiet! Eine ehrliche Antwort – zum Beispiel «An die Lesben-Nummer aus dem Porno, den ich neulich auf der Dienstreise geguckt habe» oder «An meinen Chef» – kann zu unabsehbaren Verwicklungen führen. Ehrliche Seelen sagen daher mit einem maliziösen Lächeln auf den Lippen: «Die Gedanken sind frei.» Wer kein Problem mit kleinen Notlügen hat, raunt: «An eine Szene, die wir demnächst unbedingt nachstellen müssen.»

«Hat's dir gefallen?» Wenn die zutreffende Antwort eigentlich «Nein» lauten müsste, Ihnen aber etwas liegt an dem Fragesteller, dann sagen Sie einfach: «Ja», und – ganz wichtig – nutzen die nächste Gelegenheit, um ihm klar zu machen, wie es NOCH schöner werden könnte. Ein «Ging so», «Nö» oder «Na ja» als Antwort hätte die Wirkung einer Atombombe auf das Ego eines halbwegs sensiblen Menschen. Der egoistische Rüpel, der sich durch einen dummen Zufall in Ihr Bett verirrt haben muss, hat keine Schonung verdient? Säuseln Sie «Einmalig war's» – und nehmen Sie das wörtlich. Dass er nie wieder in Ihr Bett darf, ist Strafe genug.

«Findest du mich zu dick?» Nur eine einzige Reaktionsweise ist hier möglich: Ein entrüstetes Dementi gefolgt von vielen süßen Komplimenten.

«Findest du sie (bei Männern: ihn) zu klein?» Antwort siehe letzte Frage.

Die Wahrheit, die Wahrheit und nichts als die Wahrheit ist gefordert, wenn mehr auf dem Spiel steht als ein angekratztes Selbstbewusstsein. Kein Geheimnis machen darf man aus ansteckenden Krankheiten (siehe auch «Juckreiz») oder – für manchen vielleicht ähnlich lästig: Ehegatten und festen Beziehungen. Bei der Frage nach dem letzten Aidstest ist Flunkern ebenso tabu wie beim Thema Verhütung. Auch über die Ernsthaftigkeit Ihrer Absichten sollten Sie den anderen – zumindest auf Nachfrage – nicht im Unklaren lassen. Wer ein schnelles Abenteuer sucht, aber beim Rendezvous auf der «Ich-suche-den-Partner-fürs-Leben»-Gitarre spielt, weil er glaubt, das sei die effektivere Abschleppmethode, bekommt Hausverbot im Club der G.I.B.s.

XXL

Die Rede ist von einem Penis in Xtra-Large. Meist ist sein Besitzer zusätzlich mit einem guten Selbstbewusstsein ausgestattet, was manchmal dazu führen soll, dass er sich im Bett nicht weiter groß bemüht, weil er glaubt, es reiche, seinen Rüssel einfach nur auszupacken. Wenn die entsprechende Dame ebenso großzügig geschnitten ist, geht das vielleicht sogar gut. Wenn nicht, sollte sich Mister Big beim Warm-up besonders bemühen. Denn: Je erregter und feuchter sie ist, desto leichter kann sie ihn aufnehmen. Im Zweifel lässt sich auch mit etwas Gleitgel nachhelfen. Ebenfalls eine Frage der Höflichkeit: keine unkontrolliert tiefen Stöße und Stellungen, die Schmerzen verursachen.

Y-Chromosom

Ihm hat er seinen Larry zu verdanken. Was ihn aber nicht davon abhalten sollte, sich um ihre Klitoris zu kümmern.

Zungenkuss

Vergessen Sie nicht, wie erregend ein French Kiss sein kann – vorausgesetzt, Sie haben vorher nicht Döner Kebap oder Spaghetti aglio e olio gegessen. Und noch ein paar Benimm-Sünden gibt es in puncto Küssen: Gruselig sind Kandidaten, die einem ihre Zunge wie ein totes Stück Fleisch in den Mund stecken – nach dem Motto: Und jetzt mach was draus. Ebenfalls abtörnend: Küsser mit Forscher-Ambitionen, die mit ihrem Lappen den letzten Winkel der Backentasche erkunden wollen; Sabberer; Stress-Küsser, die mit der Zunge hektisch rein- und rausfahren; Lippen-Zerbeißer; schüchterne Züngler. Ein richtig guter French Kiss fühlt sich an wie Eis mit Sahne, wie Yin und Yang, wie Mit-dem-Universum-eins-Werden …

Testen Sie Ihren G.I.B.-Faktor!

Hier kommen 40 Fragen, die einiges über Ihre Eigenschaften als Liebhaber verraten – vorausgesetzt, Sie beantworten sie ehrlich. Bei der Auflösung habe ich ein etwas anderes Prinzip gewählt, als man es sonst von Psychotests kennt. So finden Sie nach den Testfragen nicht nur die Punkteverteilung, sondern auch zu jeder der Fragen eine kurze Erläuterung. Das soll dazu beitragen, mögliche Wissenslücken zu schließen, und Ihnen darüber hinaus helfen, Ihre individuellen Stärken und Schwächen zu erkennen.

1. Glauben Sie, dass sich an der Qualität des Liebeslebens die Qualität einer Beziehung ablesen lässt?
   a) Guter Sex ist ein Zeichen, dass man auch sonst zueinander passt.
   b) Wenn es in der Liebe kriselt, kann sich das negativ auf das Liebesleben auswirken.
   c) Sex und Liebe haben nichts miteinander zu tun.

2. Welche Beinhaltung erlaubt in der Missionarsstellung das tiefste Eindringen?
   a) Wenn sie die Beine zur Brust zieht.
   b) Wenn sie die gestreckten Beine spreizt.
   c) Wenn sie die Beine geschlossen hält.

3. Was ist Ihnen beim Sex das Wichtigste?
   a) Meine Befriedigung.
   b) Die Befriedigung meines Partners.
   c) Das Gefühl, begehrt zu werden.

4. Kreuzen Sie alles an, wofür Sie beim Liebesspiel spontan mindestens zwei Verwendungsmöglichkeiten finden:
a) Kerze.
b) Seidentuch.
d) Haarbürste.

5. Zum Geburtstag bekommen Sie einen Gutschein für einen Fallschirmsprung. Was wäre typisch für Sie?
a) Mich reizt der Gedanke, aber ich habe auch etwas Bammel. Deswegen lasse ich den Gutschein erst einmal liegen.
b) Ich brauche diesen künstlichen Kitzel nicht, um mein Leben spannend zu gestalten. Ab in den Papierkorb damit.
c) Ich löse ihn bei nächster Gelegenheit ein. Man soll ja alles im Leben mal probiert haben.

6. Was tun Sie, um Ihr Liebesleben zu pflegen? Kreuzen Sie bitte alle zutreffenden Punkte an:
a) Ich nehme mir ganz bewusst Zeit für intime Stunden mit meinem Partner.
b) Ich hole mir Anregungen durch die Lektüre entsprechender Bücher und Zeitschriften.
c) Ich schlage meinem Partner regelmäßig neue Stellungen, Spielchen, Experimente vor.
d) Ich versuche, den anderen immer wieder zu überraschen, zum Beispiel mit einer Einladung in ein Hotel, aufregender Wäsche, Outdoor-Sex etc.

7. Welche Rolle spielen Sie im Bett?
a) Eher die aktive.
b) Eher die passive.
c) Mal so, mal so.

8. Das erste Mal mit einem neuen Lover – was wäre typisch für Sie?
a) Der erste Sex entwickelt sich aus einer schönen Situation mit einem Menschen, den ich schon etwas besser kenne.
b) Ich kann mich sehr leicht fallen lassen, auch wenn ich meinen Sexpartner kaum kenne.
c) Ich brauche ein paar Dates und Drinks, aber dann stürze ich mich kopfüber ins Abenteuer.
d) Beim ersten Mal bin ich ziemlich aufgeregt, es fällt mir schwer, mich zu entspannen.

9. Was sollte bei Analverkehr immer im Spiel sein?
a) Ein Anal-Dildo.
b) Geduld und Vertrauen.
c) Eine Portion Masochismus.

10. Schätzen Sie mal: Rund wie viel Prozent der Frauen kommen durch Geschlechtsverkehr allein nicht zum Orgasmus?
a) 30 Prozent.
b) 50 Prozent.
c) 70 Prozent.

11. Sie entdecken einen handgeschriebenen Brief, den Ihr Partner nicht abgeschickt hat. Was tun Sie?
a) Gar nichts. Das ist seine Privatsache.
b) Ich lese ihn heimlich.
c) Ich frage ihn am Abend offen danach.

12. Ihr Partner gesteht Ihnen, dass er sich regelmäßig selbst befriedigt. Was sagen Sie?
a) Darf ich irgendwann mal zusehen?
b) Reicht dir der Sex mit mir nicht?
c) An wen denkst du dabei?

13. Wie sieht Ihr täglicher Weg zur Arbeit, Uni o. Ä. aus?
a) Ich habe verschiedene Routen, für die ich mich je nach Laune entscheide.
b) Ich habe einen Standardweg, von dem ich selten abweiche.
c) Ich nehme immer den schnellsten Weg.

14. Welche Stelle ist beim Mann am erogensten?
a) Die Hoden.
b) Die Eichel.
c) Der gesamte Penis.

15. Kommt es vor, dass Sie bei großem Gefühlskino weinen müssen?
a) Nein. Ist doch nur ein Film.
b) Ja. Das kann sogar sehr schön sein.
c) Passiert schon, ist mir aber eher unangenehm.

16. Tauschen Sie sich mit guten Freunden über Ihr Sexleben aus?
a) Nein. Das geht nur mich und meinen Partner etwas an.
b) Ja. Das ist doch ein interessantes Thema.
c) Nur wenn ich mit einem Problem allein nicht weiterweiß.

17. Klinken Sie sich für einen Moment aus und phantasieren Sie eine Sexszene mit mehr als zwei Beteiligten. Eine leichte Übung für Sie?
a) Ich sah die Szene deutlich vor mir.
b) Ich hatte Mühe, mir das vorzustellen.
c) Ich war gleich ziemlich erregt von der Vorstellung.

18. Halten Sie sich für besonders weiblich (bei Männern: männlich)?
a) Ja, ich habe ausgeprägt weibliche/männliche Wesenszüge.
b) Im Vergleich zu meinen Geschlechtsgenossen bin ich weniger Frau/Mann.
c) Ich habe sowohl weibliche als auch männliche Eigenschaften.

19. Sind Sie in der Lage, Ihren Orgasmus zu kontrollieren?
a) Normalerweise kann ich den Zeitpunkt beliebig lange hinauszögern.
b) Häufig klappt das ganz gut, nur manchmal spielt mir mein Körper einen Streich.
c) Mir fällt es schwer, meinen Höhepunkt zu kontrollieren.

20. Wie bringt Mann eine Frau statistisch gesehen am zuverlässigsten zum Höhepunkt?
a) Beim Oralsex kommt es ihr am leichtesten.
b) Ausdauernder Geschlechtsverkehr ist immer noch die beste Strategie.
c) Gute Handarbeit ist unschlagbar.

21. Welches Schlafverhalten trifft am ehesten auf Sie zu?
a) Ich bin ziemlich schnell weg und habe einen tiefen Schlaf. Manchmal überhöre ich sogar den Wecker.
b) Ich habe einen sehr leichten Schlaf, werde in der Nacht regelmäßig wach und habe dann Probleme, wieder einzuschlafen.
c) Abends brauche ich etwas länger zum Einschlafen, weil mir noch so viele Dinge durch den Kopf gehen. Aber ansonsten schlafe ich tief.

22. Wie organisieren Sie Ihren Urlaub gewöhnlich?
a) Ich bin der Typ, der gerne ins Blaue hinein fährt, ohne sich vorher festzulegen.
b) Ich buche Flüge und die erste Übernachtung im Voraus. Der Rest ergibt sich.
c) Im Urlaub will ich nicht noch organisieren müssen. Ich buche alles von zu Hause aus.

23. Kreuzen Sie alle Dinge an, die sich in Ihrem Schlafzimmer befinden:
a) Massageöl.
b) CD-Player.
c) Erotische Literatur.
d) Spiegel.
e) Fernseher.

24. Wie würden Sie reagieren, wenn Ihr Partner eine sexuelle Spielart vorschlägt, die Sie ablehnen?
a) Ich lasse mich ihm zuliebe darauf ein.
b) Ich weiche dem Thema aus und hoffe, dass er es vergisst.
c) Ich sage, dass ich keine Lust darauf habe.
d) Ich sage: «Lass mich darüber nachdenken», und versuche, herauszufinden, was genau mich daran stört.

25. An einem stressigen Bürotag bekleckern Sie Ihr Hemd. Der Fleck lässt sich nicht rauswaschen – wie reagieren Sie?
a) Ich kann's nicht ändern. Also vergesse ich den Fleck möglichst schnell wieder.
b) Ich flitze ins nächste Geschäft und kaufe mir ein frisches Hemd.
c) Ich erzähle allen Kollegen/Kunden von meinem Malheur und entschuldige mich für den Zustand meiner Kleidung.

26. Wie oft reden (haben) Sie in Ihrer (letzten) Beziehung über Sex (geredet)?
    a) Einmal in der Woche oder häufiger.
    b) Etwa einmal im Monat.
    c) Ungefähr alle halbe Jahre oder seltener.

27. Wo würden Sie nach dem G-Spot suchen?
    a) An der Scheidenvorderwand.
    b) Unterhalb des Venushügels.
    c) In den Tiefen der Vagina.

28. Zu welchem Buch würden Sie am ehesten greifen, wenn Sie sich entscheiden müssten?
    a) Einem Krimi.
    b) Einem Liebesroman.
    c) Einem Ratgeber.

29. Sie wollen mit einem Bekannten in eine neue Szenekneipe, doch kurz vorher sagt er ab. Was tun Sie?
    a) Ich gehe alleine hin, kein Problem.
    b) Das hängt von meiner Tagesform ab.
    c) Alleine habe ich keine Lust, das ist mir zu öde.

30. «Guter Sex ist eine Frage der richtigen Chemie. Das kann man nicht lernen.» – Wie finden Sie diese Aussage?
    a) Ganz meine Meinung.
    b) Großer Blödsinn.
    c) Da ist was Wahres dran.

31. Kreuzen Sie alle Dinge an, die auf Sie zutreffen:
    a) Ich mache mindestens einmal in der Woche Sport.
    b) Wenn auf einer Party getanzt wird, bin ich dabei.
    c) Ich liebe es, massiert zu werden.
    d) Ich gehe gerne in die Sauna.

32. Wie groß ist die Klitoris?
   a) Bis zu zwei Zentimeter lang.
   b) Bis zu sieben Zentimeter lang.
   c) Bis zu elf Zentimeter lang.

33. Sie stehen nackt vor einem großen Spiegel. Was denken Sie?
   a) Schade, dass mich gerade niemand anders so sehen kann.
   b) Ein paar Kilo weniger wären perfekt.
   c) Oje! Morgen gehe ich ins Fitnessstudio.

34. Denken Sie an Ihre Kindheit zurück: Wie sah es in Ihrer Familie mit Zärtlichkeiten aus?
   a) Gelegentlich gab es Zärtlichkeiten, wenn auch nicht im Übermaß.
   b) Bei uns ging man körperlich immer ein bisschen distanziert miteinander um.
   c) Bei uns wurde früher viel gekuschelt und geschmust.

35. Wie essen Sie?
   a) Schnell und gierig.
   b) Langsam und bedächtig.
   c) Ich gebe mir Mühe, weder zu schlingen noch zu trödeln.

36. Gehen Sie bei einem neuen Liebhaber auf Nummer sicher und praktizieren Sie Safer Sex?
   a) Ich weiß, dass ich eigentlich ein Kondom benützen sollte, aber ehrlich gesagt: Im Eifer des Gefechts mache ich es doch manchmal ohne.
   b) Ich gehe kein Risiko ein. Safer Sex ist für mich Pflicht.
   c) Nein, denn ich bin weder schwul, noch nehme ich Drogen.

37. Wie sexy sind Sie? Geben Sie sich eine Schulnote:
    a) Sehr gut.
    b) Gut.
    c) Befriedigend.
    d) Ausreichend.

38. Wie halten Sie es mit der Selbstbefriedigung?
    a) Das hat für mich grundsätzlich wenig Reiz.
    b) Nur in Singlezeiten.
    c) Ich befriedige mich regelmäßig selbst.

39. Was versteht man unter Refraktärphase?
    a) Die fruchtbaren Tage um den Eisprung herum.
    b) Die Phase vom Beginn der Erregung bis zum Orgasmus.
    c) Die Zeit, die ein Mann nach der Ejakulation braucht, bis er wieder einsatzbereit ist.

40. Was tun Sie, wenn Ihr Lover sich im Bett etwas ungeschickt anstellt?
    a) Ich sage es ihm sofort.
    b) Ich sehe darüber hinweg, um ihn nicht zu verletzen.
    c) Ich erkläre ihm zu einem späteren Zeitpunkt, wie er mir mehr Freude machen könnte.

Auflösung

Zu Frage 1: Zu glauben, dass Sex nichts mit Liebe zu tun habe, ist ebenso ein Trugschluss wie die Annahme, eine Beziehung sei so gut wie ihr Sexleben. Wahr ist hingegen, dass befriedigender Sex eine Kraftquelle für die Beziehung ist. Und dass Machtspiele in der Partnerschaft Gift für die Erotik sein können.

a) 0
b) 1
c) 0

Zu Frage 2: Wenn sie die Beine anwinkelt, kann er besonders tief eindringen. Glauben Sie nicht? Dann probieren Sie's aus!

a) 1
b) 0
c) 0

Zu Frage 3: Ein G.I.B. weiß, dass Sex nur dann zur Erfüllung wird, wenn auch der Partner viel Spaß an der Sache hat. Wer im Bett vor allem Wert auf Selbstbestätigung legt, der hat ein Problem mit seinem Ego.

a) 1
b) 2
c) 0

Zu Frage 4: Hier geht's um Ihren Einfallsreichtum und Ihre Verspieltheit im Bett.

a) 1
b) 1
c) 2

Zu Frage 5: Abenteuerlust und Mut sind Eigenschaften, die dafür sorgen, dass es im Bett nicht so schnell langweilig wird.

a) 1
b) 0
c) 2

Zu Frage 6: Ein gutes Sexleben braucht genauso viel Engagement wie jedes andere Hobby. Von nichts kommt nichts!

a) 1
b) 1
c) 1
d) 2

Zu Frage 7: Auf den Partner zugehen, Initiative ergreifen, Verantwortung übernehmen – das sind Verhaltensweisen, die auch in erotischer Hinsicht gut kommen. Am besten ist es natürlich, wenn das Verhältnis von Geben und Nehmen ausgeglichen ist. Doch da der Mensch – gerade bei Psychotests – dazu neigt, sich selbst in besonders günstigem Licht zu sehen, gibt's für die Antwort «Mal so, mal so» trotzdem nur einen Punkt.

a) 2
b) 0
c) 1

Zu Frage 8: Mit einer flüchtigen Bekanntschaft auf der Stelle hemmungslosen Sex haben zu können, ist nicht unbedingt eine erstrebenswerte Eigenschaft. Eine Portion Misstrauen und Vorsicht ist gerade bei einer so intimen Sache wie Sex eine gesunde Reaktion. Viele von uns neigen dazu, die eigene Schüchternheit mit ein paar Gläschen Alkohol auszutricksen. Besser: sich hingeben, wenn man wirklich bereit dafür ist.

a) 2
b) 1

c) 0
d) 0

Zu Frage 9: Kondome und (fettfreies) Gleitmittel sind wichtige Accessoires beim Analsex. Aber mindestens ebenso wichtig sind Vertrauen und Geduld. Wenn diese beiden Dinge im Spiel sind, muss Sex nach Art der Griechen auch nicht wehtun.
a) 0
b) 2
c) 0

Zu Frage 10: Mann lese, staune und ziehe die richtigen Konsequenzen. Welche das sind? Sehen Sie sich Frage 20 an!
a) 0
b) 0
c) 1

Zu Frage 11: Natürlich ist es nicht gerade ein Zeichen moralischer Größe, einen Brief des Partners heimlich zu lesen. Doch falls Sie so ehrlich waren, diese Antwort anzukreuzen, sind Sie mit Sicherheit ein sehr neugieriger und impulsiver Mensch. Das bedeutet: zwei Pluspunkte für Ihr G.I.B.-Konto!
a) 0
b) 2
c) 1

Zu Frage 12: Der Umstand, dass Ihr Partner noch ein Verhältnis mit seiner Hand hat, sollte Sie nicht beunruhigen. Sehen Sie ihm lieber mal zu, mit Sicherheit können Sie noch was lernen.
a) 2
b) 0
c) 0

Zu Frage 13: Auch beim Sex kann es manchmal sehr schön sein, auf verschlungenen Pfaden zu wandeln statt immer den schnellen, vertrauten Weg zum Ziel zu wählen …

a) 2
b) 0
c) 0

Zu Frage 14: Okay, okay, keine wahnsinnig schwierige Frage. Aber trotzdem wichtig!

a) 0
b) 1
c) 0

Zu Frage 15: Weinen Sie ruhig im Kino, ohne sich dafür zu schämen. In eine Stimmung eintauchen, den Gefühlen freien Lauf lassen, seien sie nun himmelhoch jauchzend oder zu Tode betrübt – das ist eine Fähigkeit, die männliche wie weibliche G.I.B.s auszeichnet.

a) 0
b) 2
c) 1

Zu Frage 16: Es kann sehr aufschlussreich und entlastend sein, wenn man feststellt, dass andere Menschen in puncto Sex ähnliche Probleme, Freuden, Ängste, kurz: Erfahrungen haben wie man selbst. Sie müssen ja nicht gleich alle intimen Details ausplaudern …

a) 0
b) 2
c) 1

Zu Frage 17: Eine bewegte Phantasie hat beim Sex noch nie geschadet.

a) 1
b) 0
c) 2

Zu Frage 18: Sich an traditionelle Rollenvorstellungen zu klammern, hilft nicht weiter bei der Suche nach den eigenen sexuellen Vorlieben.

a) 0
b) 0
c) 2

Zu Frage 19: Gemeinhin sagt man, dass Sex besonders toll ist, wenn man jegliche Kontrolle aufgibt. Das stimmt so nicht: Beispielsweise ist eine gute Körperbeherrschung Voraussetzung für ein befriedigendes Liebesleben.

a) 2
b) 1
c) 0

Zu Frage 20: Seine Zunge ist der wahre Zauberstab – zumindest findet das ein Großteil der Frauen.

a) 1
b) 0
c) 0

Zu Frage 21: Wenn Sie gewöhnlich schnell einschlafen und tief abtauchen, weist das darauf hin, dass Sie es verstehen, Sorgen und Probleme aus dem Schlafzimmer zu verbannen.

a) 2
b) 0
c) 1

Zu Frage 22: Spontaneität ist eine gute Sache – auch in der Horizontalen. Unschlagbar ist diese Eigenschaft, wenn dazu noch ein wenig Sinn für Planung kommt.

a) 1
b) 2
c) 0

Zu Frage 23: Die Glotze im Schlafzimmer sollte kein Dauerzustand sein. Schließlich ist unser Fernsehprogramm meistens nicht sehr prickelnd.

a) 1
b) 1
c) 1
d) 1
e) 0

Zu Frage 24: Letztlich tun Sie weder Ihrem Partner noch sich selbst einen Gefallen, wenn Sie sich auf Praktiken einlassen, die Ihnen unangenehm sind. Wichtig ist nur, dass Sie nicht einfach «Nein» sagen, sondern ergründen, was hinter Ihrem Widerwillen steckt.

a) 0
b) 0
c) 1
d) 2

Zu Frage 25: «Glücklich ist, wer vergisst, was nicht mehr zu ändern ist.» Eine gewisse Nonchalance gegenüber kleinen Fehlern und Pannen trägt ganz entschieden zu einer entspannten Atmosphäre im Schlafzimmer bei.

a) 1
b) 0
c) 0

Zu Frage 26: Reden Sie darüber! – Das ist die therapeutische Binsenweisheit schlechthin. Nichtsdesto trotz ist das auch in Sachen Erotik ein guter Tipp, denn Sie und Ihr Partner haben mit Sicherheit unterschiedliche sexuelle Wünsche und Bedürfnisse. Wenn Sie sich nicht auf dem Laufenden halten, lieben Sie aneinander vorbei. Außerdem kann das Reden über Sex auch sehr anregend wirken. Wie das funktioniert, steht im Kapitel «Das Ohr liebt mit».

a) 2
b) 1
c) 0

Zu Frage 27: Ob es den G-Punkt überhaupt gibt, ist nach wie vor nicht ganz klar. Trotzdem sollten Sie wissen, wo Sie danach suchen können.

a) 1
b) 0
c) 0

Zu Frage 28: Wenn Sie sich für den Liebesroman entschieden haben, spricht das dafür, dass Gefühle und Phantasie eine große Rolle in Ihrem Leben spielen.

a) 0
b) 1
c) 0

Zu Frage 29: Mut, Entdeckergeist, Autonomie – für diese Eigenschaften gibt es hier einen G.I.B.-Punkt.

a) 2
b) 1
c) 0

Zu Frage 30: Natürlich muss es knistern zwischen zwei Menschen, damit im Bett überhaupt was geht. Trotzdem ist guter Sex kein Himmelsgeschenk, die hohe Kunst der Erotik ist lernbar.

a) 0
b) 1
c) 0

Zu Frage 31: Ein G.I.B. fühlt sich wohl in seinem Körper und spürt ihn gerne – beim Sport, beim Tanzen, Schwitzen oder bei der Massage.

a) 1
b) 1
c) 1
d) 1

Zu Frage 32: Falls Sie hier daneben getippt haben, trösten Sie sich: Auch in der medizinischen Welt ist es noch gar nicht so lange bekannt, dass die Klitoris sich im Körperinneren auf die stolze Länge von bis zu elf Zentimetern erstreckt.

a) 0
b) 0
c) 1

Zu Frage 33: Wer den Spiegel zum Freund und nicht zum Gegner hat, fühlt sich auch ohne Kleidung selbstbewusst und erotisch.

a) 2
b) 1
c) 0

Zu Frage 34: Ein wissenschaftlich untersuchter Fakt: Menschen, die in ihrer Kindheit wenig körperliche Zuwendung erfahren haben, tun sich als Erwachsene oft schwer mit Zärtlichkeiten.

a) 1

b) 0
c) 2

Zu Frage 35: Das Essverhalten sagt einiges darüber aus, wie wir andere schöne Dinge des Lebens zu genießen pflegen. Eher hinderlich beim Genuss: von den Eltern eingetrichterte Benimmregeln.

a) 1
b) 2
c) 0

Zu Frage 36: G.I.B. bedeutet auch, dass man mit Verantwortung liebt. Wer glaubt, dass Safer Sex nur Homosexuelle und Junkies betrifft, hat das noch nicht begriffen.

a) 0
b) 2
c) 0

Zu Frage 37: Selbstbewusstsein macht sexy!

a) 2
b) 1
c) 0
d) 0

Zu Frage 38: Wenn Sie dieses Buch aufmerksam gelesen haben, wissen Sie, warum hingebungsvolle Selbstbefriedigung so gut ist für Ihr Liebesleben. Auch wenn Sie in einer festen Beziehung leben. Sonst nochmal im Kapitel «Mehr Spaß allein» nachschlagen.

a) 0
b) 1
c) 2

Zu Frage 39: Seine Schlappheit danach hat einen hochseriösen Namen.

a) 0
b) 0
c) 1

Zu Frage 40: Wie gut ein Liebhaber ist, hängt häufig von der Kommunikationsfähigkeit seines Partners ab. Auf die Kombination von klaren Worten und diplomatischem Geschick kommt es an.

a) 1
b) 0
c) 2

Welchen G.I.B.-Faktor haben Sie?

78 bis 63 Punkte: sehr hoch

Meinen Glückwunsch! Sie haben die besten Voraussetzungen zum Superlover, wissen viel über die Geheimnisse der Erotik, sind einfühlsam, zupackend, mutig, sexy, kommunikativ. Eigentlich hätten Sie dieses Buch schreiben können. Fast zu perfekt, um wahr zu sein!

62 bis 47 Punkte: hoch

Hiermit haben Sie es schriftlich: Sie sind ein G.I.B. – Ihr Sexquotient ist überdurchschnittlich hoch, was Ihr Partner hoffentlich zu schätzen weiß. Oder sind Sie einfach nur ein besonders aufmerksamer Leser? Wie dem auch sei: nicht nachlassen, weiter so!

46 bis 31 Punkte: mittel

Sie haben Ihr erotisches Potenzial noch nicht voll ausgeschöpft, auch wenn Sie auf dem besten Weg dazu sind. Möglicherweise liegt es daran, dass Sie den richtigen Partner dazu noch nicht gefunden haben. Kann auch sein, dass Sie sich mit Ihrer Schüchternheit oder Kopflastigkeit ein wenig selbst im Weg stehen. Wie dem auch sei: Versuchen Sie ganz bewusst, Ihr sexuelles Ich zu entdecken und zu fördern. Das braucht Zeit und Energie – aber es lohnt sich!

30 bis 15 Punkte: niedrig

Ihr G.I.B.-Faktor ist nicht besonders hoch, doch das ist kein Grund, zu verzweifeln. Schließlich ist unser Sexualverhalten ja nicht angeboren, Sie können Ihre Liebhaber-Qualitäten neu entdecken und gezielt verbessern. Wenn Sie Ihre Testergebnisse genauer unter die Lupe nehmen, werden Sie herausfinden, wo die einzelnen Schwachpunkte liegen, an denen Sie ansetzen können.

14 Punkte und weniger: sehr niedrig

Wie es aussieht, haben Sie mit Sexualität bisher nicht sehr viele lustvolle Erfahrungen gemacht. Schade! Sie sind blockiert – vielleicht durch abschreckende Erlebnisse oder ein niedriges Selbstwertgefühl. Sicher ist, dass Sie in puncto Sex ganz eigene Vorstellungen haben. Versuchen Sie, Ihre bisherige Sichtweise nicht für die einzig wahre zu halten, sondern sich ohne Vorbehalte zu informieren.

Stichwortverzeichnis